Christophe Fauré

VIVIR EL DUELO

La pérdida de un ser querido

Traducción del francés
de Antonio Francisco Rodríguez

editorial Kairós

Numancia, 117-121
08029 Barcelona
www.editorialkairos.com

Título original: VIVRE LE DEUIL AU JOUR LE JOUR
© Albin Michel, 1995

© de la edición en castellano:
2004 by Editorial Kairós, S.A.

Primera edición: Noviembre 2004
Segunda edición: Diciembre 2016

ISBN: 84-7245-580-7
ISBN: 978-84-7245-580-1
Depósito legal: B-43.472/2004

Fotocomposición: Beluga y Mleka, s.c.p. Córcega 267. 08008 Barcelona
Impresión y encuadernación: Ulzama digital

A Gyalwa Karmapa
Thaye Dorje

El dolor…
Es la amarga poción mediante la cual el médico que hay en vosotros sana vuestra alma enferma. Fiaos, entonces, del médico, y bebed su remedio en silencio y tranquilamente, porque a su mano, aunque sea pesada y ruda, la guía la mano dulce de lo invisible, y la copa que ofrece, aunque os queme los labios, ha sido modelada por la arcilla que el alfarero humedeció con sus lágrimas sagradas.

KHALIL GIBRAN,
Le Prophète

SUMARIO

Mayo de 1987.
Hospital del Instituto Pasteur de París

Por primera vez descubro, como médico y como persona, un rostro de la enfermedad y de la muerte que me era hasta entonces desconocido: el sida, cuyas cuatro letras provocan todavía hoy el miedo y la exclusión, comenzaba su terrible andadura...

Junto a esos hombres y mujeres infectados por el virus, se encontraban sus allegados, igualmente destrozados por la violencia de la enfermedad: amigos, compañeros, padres, cónyuges, hijos... Todos, inmersos en la duda y la angustia de los albores de la epidemia, realizaban el despiadado aprendizaje de la pérdida y del duelo. Duelo por la pérdida de la propia existencia, para unos, duelo por la ausencia de las personas amadas, para otros.

Permitiéndome caminar con ellos, en el hospital y trabajando como voluntario en el seno de la asociación SIDA, rodeado por preguntas sin respuesta y por la incertidumbre, me hicieron tomar conciencia de cómo el duelo, con sus múltiples repercusiones en la vida de cada uno, era un aspecto fundamental a la hora de aprehender globalmente la realidad de la epidemia. Así, mientras la calidad del tratamiento y del apoyo psicológico específico suministrado a pacientes infectados de manera directa por el virus no dejaba de crecer, nada en cambio se proponía a los que, una vez acontecida la defunción, volvían simplemente a casa... no había, a partir de entonces, sitio para ellos en el hospital. ¿Existía, por otra parte, algún lugar donde atender su duelo en la estructura hospitalaria?

Fue en la unidad de cuidados paliativos que dirige el doctor Michèle Salamagne en el hospital Paul-Brousse de Ville-juif donde descubrí el concepto de **"cuidados paliativos"**. Este movimiento, iniciado en Inglaterra a principios de los años sesenta y luego muy difundido en los países anglosajones, no llegó verdaderamente a Francia hasta principios de los años ochenta. Los cuidados paliativos tienen como cometido la atención física, psicológica y espiritual de los enfermos terminales y de sus allegados. Gracias a la alternativa de los cuidados paliativos, que preconizan un acercamiento global al individuo, el sufrimiento de las personas en duelo tras la pérdida de un ser querido ha comenzado a ser verdaderamente tenido en cuenta y estudiado como tal. Un hecho se imponía frente a ellos: existía un casi total desconocimiento de la realidad cotidiana del duelo y del proceso que implica.

Más tarde, como psiquiatra, me ha sorprendido en muchas ocasiones el lugar preponderante y casi omnipresente que ocupan la pérdida y el duelo en lo que me contaban mis pacientes. Esas "rupturas" en su historia personal eran, por otra parte, muy rara vez identificadas como posibles causas de sus problemas actuales. Entre las personas que hablaban de pérdidas determinantes y significativas en el decurso de su existencia, pocas eran las que espontáneamente establecían un vínculo entre algunos de sus problemas físicos o psicológicos presentes y sus duelos pasados. Podría tratarse, según el caso, tanto de un allegado desaparecido como de la pérdida del afecto de un pariente, de un bien material, de un ideal o del hundimiento de las secretas esperanzas o los sueños. No se reconocía en la pérdida de antaño la razón de la depresión o la disfunción familiar actual... No se asociaba el sentimiento de abandono padecido en la infancia con el sentimiento de inseguridad presente. Tan pronto la mente establecía relaciones, éstas eran relegadas a un papel secundario, o se las despojaba de cualquier influencia real que pudieran ejercer sobre lo que los pacientes estaban viviendo. La ignorancia de lo que es verdaderamente el duelo, en tanto proceso normal e ineludible que se desencadena después de cada muerte, era un factor de dispersión en su progreso psicológico.

Ahora bien, no se puede reconocer y medir la amplitud de las consecuencias de un mecanismo psicológico, sobre las cuales se va a trabajar, si no se aprecian en su verdadero valor la importancia, la realidad y la pertinencia de este mismo proceso... Aquí se impone una pregunta: ¿qué lugar se concede al duelo en nuestra sociedad y, de un modo más específico (y éste es el objetivo del presente trabajo), al duelo tras la muerte de alguien cercano?

La ciencia y la tecnología han relegado a la muerte únicamente al ámbito de la medicina; se intenta eliminarla ocultándola en los hospitales, donde fallecen más del setenta por ciento de las personas. Al querer desterrar la muerte se ha confinado en el silencio al duelo, que es su consecuencia inmediata. Así, cuando se agotan las palabras referentes a la muerte, se agotan también las que atañen al duelo, y deliberadamente nuestra sociedad occidental se ha desprendido de un conocimiento ancestral que nutría a cada uno, como individuo y como miembro de una comunidad.

No bastando con vaciarlo de su contenido psicológico, religioso y social, el duelo se ha visto progresivamente investido de falsas creencias e ideas erróneas en cuanto a su verdadera naturaleza. Se han instaurado reglas de comportamiento que excluyen toda referencia al pasado, y lugares comunes que nada tienen que ver con los imperativos del proceso del duelo. Cada cual debe suscribir estos criterios y actuar en consecuencia. Así, la persona que vive un duelo se encuentra hoy, no sólo sometida al sufrimiento de su pérdida y a la ola de emociones que acompañan lo que se ha dado en llamar "el trabajo del duelo", sino que debe, además, enfrentarse a la confusión que engendra el desconocimiento profundo del proceso en el que está inmersa. Se ve abocada a sufrir la presión de unos principios sociales en total contradicción con la dinámica psíquica

que se pone en marcha de modo natural después del fallecimiento del ser querido.

Rehabilitar el duelo, su verdadera naturaleza y su función,
es un proyecto demasiado ambicioso para que este simple libro pueda bastar. Se ha tratado, no obstante, de hacerlo lo más
claro, lo más directo y lo más accesible posible, sin perder de
vista que la complejidad del duelo es tal que resulta inevitable
hallar enormes lagunas... Porque el duelo no se limita a la pérdida de un ser querido, como hemos dicho anteriormente: cada
ruptura, cada abandono, cada renuncia implica, en un nivel o
en otro, un "trabajo del duelo" donde uno aprende a asimilar
una nueva realidad, a menudo a su pesar. Aunque el propósito
de este libro es el de centrarse en los procesos psicológicos
subsiguientes al fallecimiento de una persona querida, es evidente que los mecanismos que se activan en el resto de casos,
de pérdida o ruptura, son similares, cuando no idénticos.

Este libro se compone de tres partes distintas que se ofrecen,
no obstante, en una relación de estrecha complementariedad.
Es difícil, en efecto, establecer una cronología o una clasificación en el torbellino de sentimientos y emociones que desencadena la muerte de un ser querido. Todo "se experimenta" simultáneamente, de forma en apariencia caótica y anárquica, con
momentos de pausa, con "treguas" inesperadas que sumen en
la perplejidad tanto como los violentos asedios del duelo.

La primera parte ofrece indicaciones teóricas tendentes a
explicar por qué el duelo es un proceso necesario e ineludible
para salvaguardar, tanto como sea posible, el equilibrio interior después del cataclismo que engendra la muerte de un ser
querido.

La segunda parte propone una descripción del proceso del
duelo con sus diferentes etapas y las diversas reacciones que
es posible encontrar.

En la tercera se exploran detalladamente ciertos "tipos" de

duelo, tratando de resaltar el carácter específico de cada uno de ellos. Así, se encontrará el duelo del cónyuge, el duelo del niño, el duelo de los padres. Les invito a leer cada uno de los capítulos, incluso si piensan que no les conciernen: el ser humano no se compone de compartimentos estancos, y, así, es posible que leyendo acerca del duelo del niño encuentren un eco y una mejor comprensión de lo que están viviendo, cuando han perdido a su marido o a su hermana...

La cuarta parte, finalmente, pretende ser lo más práctica posible. No se encontrará en ella ninguna "receta". Afirmemos que, en principio, no existe ninguna. Lo que se propone, en cambio, es un conjunto de "tareas" que constituyen el armazón del proceso de duelo. Se aborda de manera concreta el trabajo del duelo en la vida cotidiana. Hallará qué puede hacer uno mismo cuando se impone el duelo y lo que constituye *realmente*, para uno, el trabajo del duelo. Su último epígrafe, "Ayudar", trata de aportar algunas respuestas a quienes deseen prestar su apoyo a una persona en pleno proceso de duelo.

Hay, sin embargo, una verdad irrefutable, y nadie ha de llamarse a engaño: ningún libro del mundo, ninguna explicación, por adecuada y sabia que sea, bastará para atemperar la angustia y aliviar el sufrimiento. Cuando duele, duele, aunque se comprendan en sus más ínfimos detalles los mecanismos que generan el dolor... pero tengo la íntima convicción de que una mejor comprensión de lo que se está viviendo en el decurso del duelo puede ayudar, siquiera levemente, a sobrellevarlo.

Aquí empieza el camino. Si leyendo estas páginas consiguen leer, entrelíneas, más allá de lo que no haya sabido expresar, y si eso redunda en un paso suplementario hacia un mejor conocimiento de sí mismos, entonces este libro habrá cumplido su misión.

CHRISTOPHE FAURÉ
Abril, 1995

1. ¿QUÉ ES EL DUELO?

Una historia vital

Un día aprendí a amar: durante un mes, un año, durante diez, veinte años... quizá más tiempo. El amor que se fraguó entre esa persona y yo estaba tejido de innumerables vínculos de los que sólo fui consciente cuando se rompieron definitivamente.

Desde que nos conocimos, y como resultado de un paciente trabajo emocional, aprendí a construir un lugar, en mi vida, para esta mujer..., para este hombre..., para este niño... Uno de los lazos que me unían a él o a ella se llamaba complicidad, otro intimidad, otro connivencia, otro tenía el sabor de nuestros recuerdos de juventud, de los secretos y los momentos efímeros de los que éramos los únicos depositarios. Otro más hizo de ella, de él, mi compañera o compañero. Nuestros cuerpos se habían habituado el uno al otro y necesitaban esas caricias sin las cuales parecía imposible vivir. Estos vínculos múltiples, conscientes e inconscientes, tejían la trama de nuestras vidas y alimentaban, en un intercambio recíproco y continuamente sostenido, la esencia misma de nuestra relación. Constituían nuestra única alquimia, en la que se mezclaba y resonaba lo afectivo, lo emocional, lo intelectual y lo espiritual. Y así éramos felices.

17

Contribuían a investirnos de un papel, un lugar preciso que nos definía como padre o madre, hermanos o hermanas, amigos o compañeros... Habían creado una parte de nuestra identidad y se erigían en referencias que nos permitían existir en el mundo. Poco importa si esos lazos eran de amor o de odio, de complicidad o de rencor porque, al margen de su naturaleza, nos situaban ante el otro y ante nosotros mismos. Así, día tras día, reforzábamos esos lazos mediante una serie infinita de acciones que hacían vivir nuestra relación. Entre nosotros existía un intercambio de energía psíquica que insuflaba vida en nuestra relación. La energía que derramábamos el uno en el otro se transmitía en un libre flujo y reflujo que redundaba en la creación de otros vínculos, otros recuerdos, otras emociones...

La muerte me arrebata al ser querido.

Al principio no lo he comprendido. Es demasiado absurdo como para que llegue a asimilar lo que ha ocurrido. Repentinamente, de la noche a la mañana, se interrumpe ese intercambio de energía. Ya no sabía qué hacer. Ya no sabía qué decir. Sólo quedaba el espantoso dolor que me invadía, impotente. ¿Dónde buscar para encontrar lo que había perdido? Continuaba depositando toda mi energía en una relación... que ya no existía. Trataba de alimentar un vínculo cuyo soporte, en carne y hueso, había desaparecido de la superficie de la Tierra. Desde entonces, mi energía errante, acorralada, buscaba volcarse en el más pequeño objeto, en el menor elemento de la vida cotidiana. Me sentía como a la entrada de una caverna en la que gritaba su nombre, sin que ningún eco volviera a mí. Antes necesitaba este eco; me tranquilizaba y me fortalecía: «Eres importante para mí», «Le das un sentido a mi vida», «Doy un sentido a la tuya». También me decía: «Te quiero y para mí tú estás más allá de nuestros conflictos, más allá de nuestras disputas y de nuestras diferencias». A partir de ese momento, ya no queda nadie, ya no queda nada. Sin embargo, continúo existiendo, sorprendido y cansado al darme cuenta de ello. Continúo viviendo aun cuando tengo la impresión de no ser más que una cáscara vacía que proyecta una ilusión de vida sobre los demás. Querría esconderme en el fondo de mí mismo con él, con ella.

Pero he aquí que algo se acerca a mí. A través de la niebla de mi sufrimiento, oigo que se me habla de un trabajo que hay que hacer. ¿Un trabajo? Algo en mí se resiste, porque esto es precisamente lo que temía escuchar. ¿El duelo? "¿Hacer el duelo?". Estas palabras me atemorizan, las rechazo; ¡hacen que surja en mí el enfado hacia las personas que quieren arrastrarme a este camino! No sé de qué se trata, pero siento que todo en mí se opone ferozmente a ello. El duelo es algo en lo que no quiero participar. ¡Estoy seguro de poder evitarlo! A lo mejor funciona para los demás, pero no para mí. ¿No entendéis lo que me estáis pidiendo? ¡No, eso nunca! Por favor, deteneos… Dejadme tranquilo con vuestro "trabajo de duelo"… Todo lo que quiero es volver a encontrar al ser querido. Nada más.

He buscado por todas partes, en un estado de confusión y angustia en que ya no me reconocía a mí mismo.

Sin embargo, imperceptiblemente, de mala gana, lo he comprendido: he comprendido que ya no habrá vuelta atrás, que ya nada alimentará ese vínculo. Se acabó el flujo y el reflujo. He comprendido que en cada nueva situación, como irme de vacaciones sin esa persona, celebrar la Navidad sin ella, o no poder compartir nunca más las canciones que le gustaban, me encontraba ante un recuerdo, pero también ante la emoción al que iba asociado: ahí estaba mi dolor. No era tanto la evocación de este recuerdo lo que me partía el alma como el sentimiento doloroso que se apoderaba de mí cuando aquél emergía a mi conciencia. Esta lenta suspensión libidinal ha durado un tiempo infinito que no conseguía medir puesto que no obedecía al ritmo de los días que pasan. He comprendido que, si quería darme la oportunidad de seguir viviendo, tenía que renunciar a este intercambio, como era cuando vivía el ser querido. Era necesario que aprendiera a encontrarlo de otro modo, en otro nivel de mi ser.

Entonces consideré una alternativa. Si decidía no sentir nada para no sufrir, me imponía la obligación de olvidarlo todo, de "pasar página" lo antes posible. Pero el precio que habría de pagar era desmesurado y estaba más allá de lo que me era posible soportar, porque borrar el recuerdo era como experimentar una segunda pérdida. Era como si me desprendiera voluntariamente de lo que constituía el centro mismo de nuestra relación. Permanecía obcecado en la no aceptación de su ausencia para no sufrir ningún dolor. Sin embargo, había otro camino: podía negarme a que el duelo equivaliera al olvido. Para poder recuperar el vínculo primero tenía que renunciar a él. ¡Qué paradoja! Tenía que soltar lastre para volver a apropiarme de aquello que había aceptado abandonar dolorosamente. Al principio no entendía qué quería decir esto; no parecía tener ningún sentido... Y no obstante, he llegado progresivamente a la comprensión de lo que cambiaba en mí. Me he percatado de que sólo siguiendo este extraño camino lograré recuperar, en otro nivel, lo que creía haber perdido para siempre. Con alivio pero también con cansancio –porque ha sido un trabajo largo y penoso–, he aprendido a recrear en mí otro tipo de relación con el ser querido: gracias a que he podido enfrentarme de pleno a la violencia de su ausencia, he podido recuperarla en un vínculo interior, donde sabía que no volvería a perderla.

Conseguir esto me ha llevado tiempo, mucho más del que imaginaba al principio. Ha durado tanto que a menudo he pensado que no lo lograría. Pero ahora este nuevo vínculo está en mí. Encuentra su lugar junto a lo vínculos del pasado, con las imágenes de otro tiempo y los recuerdos que acojo en mi memoria. Su evocación ya no me aniquila. He inscrito su presencia indeleble en la historia de mi existencia, una vida que acepto continuar escribiendo serenamente... sin él, sin ella.

Un proceso de cicatrización

Adoptemos una imagen: imagina que estás en vuestra cocina preparando la comida. En el fuego hay un recipiente lleno de aceite. De repente ocurre un accidente: mal colocado sobre la cocina, se desestabiliza y su contenido se derrama en tu mano, quemándola gravemente. Es un traumatismo; te coge desprevenido. Tienes dos posibilidades:

–Decides eliminar el dolor: tomas analgésicos y envuelves la mano en una venda hasta que todo concluya... Te dices que con el tiempo las cosas se arreglarán por sí mismas. Tienes otras prioridades en la vida y no vas a dejarte paralizar por este accidente en el trayecto. Tomas la decisión de no ocuparte de ello y dejarlo estar.

Sin embargo, aun cuando no la tienes en cuenta, la herida continúa existiendo. Se producirá *un proceso natural de cicatrización* tanto si lo deseas como si no. Tu mano empezará a curarse sola... pero ¿en qué condiciones? Los tejidos se reconstruirán como puedan con las adherencias cutáneas y las retracciones de los tendones; puede haber una infección. Con el tiempo, la cicatriz no habrá cerrado adecuadamente. Te arriesgas a no poder mover la mano como antes. El hecho de no tener en cuenta la herida, hoy, puede hipotecar el futuro...

–Tienes otra solución: ante esta herida repentina, *decides acompañar activamente el proceso de cicatrización*. Es una decisión tomada con plena conciencia ante una situación que no has elegido. Esto significa que te procurarás los medios para curar tu mano del mejor modo posible. Consultarás a un médico. Éste examina tu lesión y te adjudica una enfermera que elabora contigo un plan de curas. Día tras día, durante muchas semanas, ella quita las vendas, elimina cuidadosamente la piel muerta a fin de mejorar la cicatrización, aplica diversas pomadas antisépticas para prevenir la infección.

Todos estos cuidados duelen –a veces son muy dolorosos–, pero aceptas el dolor porque tienes la convicción de que *este dolor es necesario si realmente quieres cuidar la mano herida.* Gracias a la atención sostenida que le dedicas, tu mano cicatrizará en condiciones óptimas. *Más tarde, será de nuevo ágil y funcional.* Llevará *siempre* las marcas de la herida inicial, pero sus consecuencias a largo plazo serán mucho menos graves que si la hubieras descuidado.

¿Qué puede enseñarte la metáfora de la mano quemada cuando has perdido a un ser querido? O bien a esperar que con el tiempo –sólo con el tiempo– todo vuelva poco a poco a su lugar… percatándote de que esto no basta… O bien a decidir afrontar activamente lo que ocurre ahora en tu vida. Esto no atenuará el dolor, que es desgraciadamente inevitable, pero eliges actuar y no vivir pasivamente los acontecimientos. A esta actuación se la conoce como "trabajo del duelo".

Por tanto, por un lado está *el proceso de duelo* y por otro *el trabajo del duelo*, que procede de la decisión valiente de acompañar el proceso de curación interior.

El trabajo del duelo permite canalizar el dolor inscribiéndolo en una estructura coherente y que tiene sentido: es el plan de curas que la enfermera establece contigo para tratar tu mano. Pero también es mucho más: este trabajo es la garantía de que no volverás a perder al ser querido. En efecto, con el trabajo del duelo creas las condiciones para acogerlo permanentemente en ti, en ese lugar interior que a lo largo de los años nada podrá cuestionar. Esa persona estará siempre contigo. La palabra "duelo" da miedo porque se confunde erróneamente con el olvido del ser querido. ¡Esto es falso, porque lo que ocurre es justo lo contrario! **El trabajo del duelo es la garantía de que no olvidaremos.**

En todo el mundo hay miles de personas que han vivido o viven el mismo sufrimiento que hoy te desgarra. No estás solo en este camino, aunque siga siendo un camino intrínsecamente solitario. Necesitas tiempo para llegar, tú también, al final del túnel… Gracias al trabajo del duelo aprenderás a vivir sin la presencia del ser querido. Como ocurre con una herida física, siempre quedará una cicatriz. Del mismo modo que una vieja herida puede doler en función de las circunstancias, la cicatriz del duelo dolerá a lo largo de los años: un hijo se casa y su padre no está ahí para estrecharlo entre sus brazos, se celebra el nacimiento de un nieto que nunca conocerá a su abuela... El dolor siempre estará ahí, pero será más tolerable, menos violento; ya no tendrá la intensidad devastadora de los primeros momentos. A veces, incluso nos sorprenderá experimentar cierto placer al volverlo a sentir...

Una experiencia personal y legítima

No puede limitarse la experiencia del duelo sólo al sufrimiento por la pérdida de un ser querido. Es algo mucho más grande, mucho más vasto. En efecto, todas las dimensiones de un ser son convocadas por este dolor que impregna e invade todos los aspectos de la vida: es en principio **una experiencia física** en la que el cuerpo habla y expresa su dolor a través de un agotamiento que ningún descanso parece poder compensar. Es también **un estado psicológico** que asusta por su intensidad: una marea de pensamientos y sentimientos inunda la mente sin tregua, hasta tal punto que la persona se pregunta si podrá vivir sin este estado emocional. Por último, es **un acontecimiento social y relacional** que pone profundamente en entredicho las relaciones con uno mismo y con los demás. Se asume rápidamente que hay un desfase entre lo que uno vive y lo que comprenden los demás; de ello deriva, frecuentemente, una incomprensión mutua. Además, la persona se siente diferente, pero ignora en qué sentido está cambiando y cómo reorganizará su relación con el mundo. Todo se vuelve confuso, y permanece confuso durante mucho tiempo; las certidumbres se derrumban, las referencias se desploman...

Es esencial comprender lo que ocurre. La comprensión del proceso del duelo no te permitirá ahorrarte el dolor. El hecho de saber no implica que duela menos. Pero al saber se atribuye un sentido distinto al sufrimiento, y es una diferencia importante. Ya no se sufre en el vacío, se comprende que hay una coherencia interna en lo que se está viviendo.

Antes de ir más lejos y de explorar en detalle las diferentes fases del proceso de duelo, conviene detenerse en algunos de los grandes principios que lo definen. Más tarde nos servirán de marco de referencia.

Sólo hay duelo si hay afecto

Si no hay afecto, no hay duelo. Están íntimamente vinculados, uno determina al otro. Recordemos, por ejemplo, los atentados del 11 de septiembre en Nueva York. Murieron miles de personas. Sin embargo, al día siguiente nuestra vida volvió a su curso normal; nada fundamental quebrantó nuestra existencia porque ningún vínculo específico nos unía a ellos. En cambio, si uno de ellos hubiera sido nuestro hermano, nuestro hijo o nuestra mujer, nuestra vida se habría visto sacudida para siempre.

De este modo, si no existe ningún vínculo entre uno mismo y el difunto, no hay necesidad psíquica de un proceso de duelo. Por esta razón, uno puede verse más afectado por la muerte de un gran amigo que por la defunción de un tío con el que sólo se mantenía una relación formal en las reuniones familiares. Los vínculos de sangre no son lo que determinan la intensidad del duelo; lo que fundamentalmente entra en juego es el grado de afecto hacia la persona desaparecida.

A cada persona, su duelo

En otras palabras, nunca pueden compararse dos duelos. Desde luego, se podrán rastrear siempre líneas generales comunes en el desarrollo del proceso; analizados más específicamente, sin embargo, encontramos que los modos de pensar y reaccionar difieren por completo de una persona a otra. No existe un duelo "prototípico", ni hay una "buena" o "mala" manera de desarrollarlo: sólo existe lo que una persona vive, día tras día, tras la muerte de un ser amado, y lo que vive es verdaderamente único y se encuentra más allá de toda comparación con un modelo preestablecido.

Así, cuando una familia afronta la muerte de uno de sus allegados, los modos de "estar en duelo" serán diferentes. Cada uno evolucionará según su propio ritmo. No existen normas absolutas. Ciertos conocimientos permiten evitar conflictos vinculados a una incomprensión mutua en el seno familiar. Si, por ejemplo, una pareja pierde a su hijo, cada uno de los progenitores se comprometerá en el proceso de duelo que le es más propio. Teniendo en cuenta la evolución periódica del duelo, es probable que el padre experimente, durante algunos días, una especie de tregua en su dolor... mientras su mujer se encuentra en la cúspide, sumida en una desolación que contrasta con la aparente "serenidad" del marido. Es entonces cuando emergen amargos reproches. Ella le dirige, más o menos directamente, acusaciones que marcan la frustración de no ser comprendida en su dolor: «No querías de verdad al niño... de otro modo no te mostrarías tan indiferente. Eres insensible a lo que siento, eres incapaz de entender cuánto me duele...». Estos reproches no harán sino aumentar el desgarro y la confusión de la pareja, pues ellos mismos ignoran los procesos que están incubando... Luego, al fin, la madre experimenta una ligera mejoría, mientras que el padre, obedeciendo a los impulsos y a los ritmos de su propio duelo, se hunde a su vez en la más profunda desesperación... y el mecanismo se invierte.

El ser humano consta de múltiples facetas: física, mental, emocional, espiritual, etc. Cada persona avanza en su duelo según el ritmo que le es más propio. Así, por ejemplo, se puede haber aceptado la muerte *intelectualmente*, mientras que *emocionalmente* asumir esta realidad puede llevar muchos meses. Pueden darse todos los ejemplos... Ello nos advierte de lo prudentes que hemos de ser a la hora de juzgar el modo en que una persona debe comportarse en el transcurso de su duelo. Porque el hecho de haber vivido un duelo no significa que puedan comprenderse los demás, o establecer lo que es "normal" o "anormal" en el duelo de otro. La persona es, y sigue siendo, el único punto de referencia.

El proceso de duelo se efectuará tanto si se desea como si no

Como hemos señalado antes, el duelo es un proceso *natural* que tiende a la curación psíquica. Pero en ocasiones, debido a múltiples razones que abordaremos más adelante, el proceso se interrumpe, parece quedar en suspenso... pero es una ilusión pensar que por ello ha concluido.

Si el proceso se vuelve a activar después de muchos meses, o incluso muchos años, se tiene a menudo la sorpresa de reencontrar el propio dolor intacto, en el punto en el que se había dejado, y resulta desconcertante tener que enfrentarse a ese sufrimiento que se imaginaba extinto después de tanto tiempo. Es inútil, por tanto, creer que podemos evadirnos del sufrimiento que conlleva la separación tratando de "cortocircuitarlo", consciente o inconscientemente... porque el sufrimiento permanece ahí, siempre presente, siempre paciente, agazapado en las sombras, aguardando el momento propicio para reaparecer y reclamar su legítimo estado.

La señora C. había perdido a su bebé hacía más de veinticinco años. Una parte de ella misma había consumado el doloroso trabajo del duelo y había recuperado la alegría de vivir gracias al amor de su familia... Algo quedaba, sin embargo, en las sombras, oculto en un armario de su habitación. Un armario que permaneció intacto tras la muerte del bebé. Allí, después de veinticinco años, una parte de su sufrimiento de entonces continuaba cristalizado en la ropa de niño, la cuna, los enseres de baño, los juguetes que formarían parte de la vida del pequeño. A lo largo de los años, la madre no pudo deshacerse de aquellos objetos acumulados en los estantes. El dolor que allí se concentraba permanecía intacto, siempre presente, siempre vivo, esperando pacientemente que se le tuviera en cuenta. Aquellos objetos constituían otros tantos vínculos de los que no había podido desprenderse. Un día, su nuera descubrió, fortuitamente, estas reliquias del pasado, y comprendió la dimensión de lo que allí estaba en juego. Le propuso ayudarla a afrontar las emociones que habían quedado enquistadas tras las puertas cerradas de aquel armario.

Al atreverse, finalmente, a tocar aquellos objetos, bien para deshacerse de ellos, regalarlos o para conservarlos, la señora C. volvió a encontrar intacto, después de veinticinco años, el dolor del que se había evadido en el pasado. Era ahora, en el presente, cuando asumía al fin esa parte de sí misma, silenciada en otro tiempo. La señora C. aceptó acoger en ella las emociones que había ahogado para que no le hicieran daño, emociones que clamaban por su legítimo lugar en su historia personal.

¿Puede juzgarse algo así? ¿No es acaso normal y humano desear alejar todo lo posible la pena y el dolor? ¿Quién tiene ganas de sufrir? ¿Quién no quiere protegerse? Es un deseo, es una necesidad tan legítima, tan comprensible… pero el duelo obedece a otra lógica. Tiene sus propios imperativos: tenderá siempre a la confrontación con las emociones para poder liberarse más tarde de su asedio. Esta confrontación se hará en el presente… o bien años más tarde. Pero, si es así, existe el riesgo de verlas resurgir bajo formas inesperadas, a menudo desviadas de la fuente original que es el duelo del pasado.

La única manera de salir del túnel es entrar en él.

El duelo presente reactiva los duelos del pasado

Por duelos del pasado entendemos todas las pérdidas, las separaciones, los abandonos, las rupturas que se han producido en una vida. Cada uno de estos acontecimientos ha provocado una herida que, a su vez, ha puesto en marcha un proceso psíquico de "cicatrización". El proceso de duelo actual camina en el mismo sentido: moviliza los mismos recursos interiores de épocas pasadas, y es así como se "reactivan", consciente o inconscientemente, las "cicatrices" del pasado.

> Catherine ha perdido a su hijo en un accidente de coche. En el transcurso de los meses que siguen a su muerte, ella describe con una cierta sorpresa los recuerdos olvidados del pasado que emergen repentinamente en su memoria: su dolor de niña cuando descubrió que había sido adoptada, su desgarro al abandonar la casa de su infancia para casarse, la penosa experiencia de un divorcio diez años después... Era como si todos esos "duelos" del pasado se aprovecharan del proceso de cicatrización actual para tratar de "metabolizarse" y sanar a su vez.

De hecho, hay dos vertientes en este fenómeno de reactivación: si los duelos del pasado (ya se trate de personas fallecidas o no) han sido armoniosamente asimilados desde un punto de vista psicológico, la reactivación de estos acontecimientos pasados puede facilitar el desarrollo del duelo presente, ayudando a la persona a apoyarse en las experiencias y enseñanzas de otro tiempo.

Y a la inversa, si los duelos han "fracasado", han quedado "bloqueados", o no han encontrado una resolución aceptable desde un punto de vista psíquico, es muy posible que emerjan en la situación actual reclamando lo que se les debe... hasta el punto de llegar, a veces, a "parasitar" verdaderamente el desarrollo del duelo presente.

Así, una pregunta que podría ser útil hacer a todo el que viviera un duelo sería: «¿Qué has perdido en el pasado? ¿Cuáles son tus duelos anteriores, esos sufrimientos que no han sido expresados jamás, cuyo nombre no ha sido pronunciado?».

Éste es quizá un modo de ayudar a la persona a tomar conciencia de sí misma y a reconocer la legitimidad de un dolor que ha ignorado y que ahora pide que se ocupen de él...

El duelo no es un proceso lineal

«El duelo no es un estado sino un proceso», explica el psiquiatra inglés Colin Parkes. Está hecho de rupturas, de rápidas progresiones y de retrocesos. Por lo tanto, no hay que esperar un desarrollo lineal. Es importante saberlo, si no la persona puede hundirse en la desesperación cuando el dolor parece agravarse con el tiempo, volviéndose más duro que al principio. Hay una lógica detrás de todo esto. Comprenderla no evitará el dolor, pero permitirá establecer una referencia con lo que se está viviendo. Aunque suframos, comprendemos que no vamos a la deriva.

Los rostros del sufrimiento

El tiempo del duelo es un tiempo que transcurre en torno a la relación con el ser querido y sería un error limitarlo sólo a la experiencia de la ausencia. En efecto, implica *toda* la relación. También podemos señalar que *la tonalidad del duelo está directamente condicionada por todo cuanto se haya vivido anteriormente en la relación, antes de la muerte.* ¡Esto amplía de golpe la perspectiva acerca de la experiencia del duelo! Como consecuencia, no puede imaginarse un auténtico trabajo de duelo si no se tiene en cuenta el conjunto de la relación: ahí se encuentran los retos y las claves del trabajo que emprendemos.

Lo que se ha vivido antes de la muerte

La intensidad del duelo y el significado que se le concede dependen muy estrechamente de la percepción que se tiene del desaparecido, dicho de otro modo, de la **naturaleza de la relación** que se mantenía con el difunto.

Si empiezo a explorar mi relación con esta persona que he amado, ¿qué encontraré? ¿Era una guerra continua? ¿Una serie interminable de conflictos? ¿Silencios tensos y veladas imposturas? ¿Era una relación amistosa, con la justa comprensión de lo que yo era en tanto ser humano? ¿Era ya la armonía, ya el enfrentamiento, como en todas las relaciones humanas?

El clima psicológico de la relación con la persona desaparecida tenderá a imponerse en el duelo. Es él el que conferirá la tonalidad afectiva al trabajo que será preciso desarrollar.

Si, por ejemplo, un padre se ha mostrado frío o rígido con su hijo criticándolo sin cesar, se instala entre ellos una enorme distancia afectiva, urdida por los reproches y el rencor recíprocos.

Si el hijo acaba de morir, esa misma distancia emergerá en el transcurso del duelo. El padre tendrá que enfrentarse a ese abismo sin fondo si repentinamente toma conciencia de él: se percata de que todo lo que ha sentido con su hijo, mientras vivía, vuelve hoy a la superficie. Se percata de todas las ocasiones, ahora perdidas para siempre, de acercarse a su hijo y conocerlo de verdad.

Puede reprocharse amargamente su frialdad y la dureza de sus reproches. Haga lo que haga, tendrá que atravesar el duelo con ese peso sobre sus espaldas. Se arrastra siempre en el duelo la "tonalidad afectiva" de lo que se ha vivido con la persona desaparecida, ya se haya consumado en el amor o en el odio...

¿Cuál era mi **grado de dependencia** en relación a la persona fallecida? He de preguntarme por la naturaleza de estos vínculos, porque mientras más dependiente fuera de ella (ya sea materialmente, emocional o psicológicamente, o bien socialmente...), más viviré su ausencia como un pozo sin fondo después de su muerte: me encuentro de pronto incapaz por completo de asumir económicamente mi vida... o de ser independiente a nivel afectivo, pues nunca llegué a serlo puesto que el otro lo hacía todo por mí. Debo asumir en mi duelo las consecuencias de mi dependencia: cuanto mayor es la dependencia, mayores serán las dificultades para activar los mecanismos necesarios que he de poner en funcionamiento para aprender a vivir sin ella.

¿Se trata de una dependencia psicológica en la que me era imposible actuar sin contar con la previa aprobación y el consejo del otro? ¿Existía una dependencia social en la que el compañero desaparecido hacía las veces de "motor" de la pareja, asegurando una apertura al exterior?

Parece evidente que una relación de dependencia constituirá una fuente de angustia e inseguridad en el desarrollo del duelo... porque el otro ya no está ahí para hacerse cargo de todo... Yendo un poco más lejos, podemos decir que el hecho de tomar conciencia de esta dependencia puede, en el transcurso del duelo, inducir a la cólera hacia el fallecido, con el sentimiento de haberse dejado encerrar en la necesidad que se tenía del otro y de verse hoy, de este modo, completamente vulnerable.

Sería posible multiplicar hasta el infinito los ejemplos que muestran cómo la naturaleza de la relación que se mantenía con el difunto influirá en el duelo subsiguiente. Éste es, quizás, uno de los elementos determinantes en el desarrollo del proceso, puesto que el tiempo del duelo es una verdadera revisión de todo cuanto se ha vivido con el desaparecido, a veces incluso en sus más ínfimos detalles. En efecto, este regreso al pasado se impregnará del "contenido afectivo" de la relación (ya sea éste positivo o negativo), reactivándolo abruptamente en el presente, con las consecuencias que ello entraña. De este modo, hacer un ejercicio retrospectivo para explorar la naturaleza de la relación con el difunto constituye una ayuda considerable: gracias a la iluminación directa que proyectamos sobre los lazos que unían a la persona que vive su duelo con la que acaba de morir, podremos comprender realmente sus reacciones y sus sentimientos presentes.

Por otro lado, tenemos el **tiempo de asistencia**, es decir, el tiempo que se pasa junto a alguien que está enfermo. Este tiempo varía de una persona a otra: una joven de treinta años cuida a su madre, enferma de cáncer de mama, durante quince años, mientras que un padre empieza a cuidar de su hija, afectada por el sida, sólo tres meses antes de su muerte, porque la joven no había querido revelar su enfermedad hasta entonces... Por otra parte, este tiempo no existe para muchos, cuando el marido cae fulminado por un ataque cerebral, un hijo se ahoga o una hermana se suicida...

"Asistir" a un moribundo es el término que se emplea para describir el largo camino que se recorre con la persona enferma, tratando de llegar donde ella se encuentra y de seguirla, si se puede, adonde quiere ir.

La enfermedad nos obliga a acompañar a aquel que se va. No existe elección posible: *es* así, tanto si lo queremos como si no... y, la mayor parte del tiempo, nada se desarrolla como se había previsto o imaginado. Así, deseamos que el fin sea apacible, y la muerte llega en el dolor y la desesperación; esperamos, después de meses, una muerte que no llega, y una secreta impaciencia se insinúa en nosotros, a la par que un agotamiento físico y psicológico que hace virtualmente imposible todo esfuerzo suplementario; se quiere estar presente en los últimos instantes, y la muerte, en cambio, llega justo en el momento en el que habíamos regresado a casa para descansar un poco.

La asistencia es ya una confrontación con una realidad que no se puede cambiar, a pesar de los esfuerzos desplegados para que sea de otro modo.

Es el primer contacto con lo irreparable, paralelamente a la dolorosa toma de conciencia de los propios límites y de la impotencia para cambiar lo que, cada día más, escapa a todo control...

Se encuentra uno sometido a dos fuerzas que actúan en direcciones contrarias. Una es un movimiento que nos empuja a permanecer en todo momento junto a la persona enferma. La enfermedad exige siempre más tiempo y energía por parte de los más allegados. A menudo constituye un tiempo de intensa proximidad en el que a veces se descubre una intimidad desigual hasta ese momento, una intimidad que se puede buscar y temer a un tiempo. Se vive sometido a la presión creciente, sin treguas, del día a día.

El otro movimiento es, a menudo, aún más inconsciente; es como un distanciamiento interior, un movimiento de retirada en relación al enfermo, como si, en un nivel muy profundo de uno mismo, se presintiera lo que está pronto a llegar, como si se anticipara, angustiosamente, la intensidad del dolor venidero, y ese movimiento de repliegue fuera una primera tentativa para protegerse. A veces es imperceptible, pero nos percatamos de que hay cosas que ya no hacemos, o que no queremos hacer. Nos resulta cada vez más penoso responder a las llamadas telefónicas, anticipamos las visitas con angustia, y, aunque nos sublevemos contra ello, algo en nosotros tiene miedo, se retrae ante el sufrimiento del presente y de aquel, percibido apenas en los limbos de la conciencia, que se perfila en el futuro. Así, los primeros mecanismos de distanciamiento del dolor de la separación empiezan a trabajar subrepticiamente.

A ello se añade, paralelamente, el miedo real, incluso el pánico, de enfrentarse al final de la vida del ser amado…

Lo inevitable, aunque uno se haya preparado a lo largo de los años, es percibido como una aberración, una monstruosidad. El propio universo es violentamente desgajado de sus raíces y puesto en peligro, y los días se suceden con una angustia visceral, jalonados por visitas a los médicos, al hospital, por los tratamientos… Todo carece de sentido, se tiene la impresión de "pilotar a ciegas", sin ninguna señal, hasta el punto de que se abrigan deseos de marcharse, de abandonarlo todo, porque es demasiado duro, porque no se puede más, aunque sabemos muy bien que nunca lo haremos.

Así, estos dos movimientos simultáneos, uno de retirada, el otro de acercamiento, ponen el corazón, el cuerpo y el espíritu bajo una gran tensión. Crece la presión, y es en este clima de intensidad emocional donde pueden darse las circunstancias que influirán en el desarrollo del duelo posterior.

La vida conyugal de la señora D. era un infierno. A lo largo de los años, sus días no eran más que una sucesión de disputas, en ocasiones agresiones físicas, que ella soportaba, según contaba, «por los niños». Finalmente, el último de los hijos abandonó el hogar, y ella empezó a abrigar la idea de divorciarse. Cuando se decidió a contárselo a su marido, a éste le acababan de diagnosticar un cáncer de estómago en fase de metástasis. La señora D. vio cómo todas sus resoluciones se desplomaban; decidió no revelar sus intenciones y guardar silencio, reprimiendo su cólera y su frustración en lo más profundo de su ser. El cuidado de su marido resultó particularmente pesado y difícil. Conforme avanzaban los meses, él se volvió más y más dependiente de ella y necesitaba en todo momento sus cuidados y su presencia. Ella lo acompañó hasta el final de manera encomiable, pero, trás el rostro preocupado por la salud de su esposo, latía una rabia impotente contra él. ¿Cuántas veces había deseado que él muriese? ¿Cuántas veces había secado sus lágrimas de frustración y de despecho por haberse ligado así a un hombre cuya presencia le era insoportable? ¿Cuántas veces había deseado marcharse, escindida entre el odio a su marido y "algo indefinible" que subsistía de su amor por él? ¿Cuántas veces había tenido miedo, paradójicamente aterrada por la idea de su muerte y la perspectiva de convertirse en viuda?

Tras la muerte de su marido, ella esperó un alivio que no llegó... y fue un enorme sentimiento de culpabilidad lo que hizo presa en ella. Empezó a reprocharse todo cuanto había dicho o pensado en relación a su esposo, que, progresivamente, llegó a convertirse en "el marido ideal", engalanado con todas las virtudes.

La señora D. trató de encontrar en la idealización de su cónyuge el medio de acallar el sentimiento de culpa que le causaba el haber deseado que desapareciera de su existencia. Pero cinco años después ella continúa atormentada por ese mismo sentimiento de culpa.

El ejemplo de la señora D. es en cierto modo un poco caricaturesco, pero ilustra perfectamente cómo el duelo se alimenta a la vez de la naturaleza de la relación con el difunto y de las circunstancias que rodearon su asistencia.

No existe una muerte "ideal". No hay una asistencia "ideal". Es un mito del que es preciso desprenderse, porque se convierte en una fuente de incomprensión o de sufrimiento para los allegados si los acontecimientos no se desenvuelven como habían previsto.

La muerte de la persona amada es un acontecimiento único en el mundo. No se parece a nada más, salvo a sí misma. La persona toma el camino que le es imposible no tomar, pidiendo a los que la rodean que caminen a su lado, sin interferir demasiado en el proceso que conduce al final. Ello no excluye el hecho de pelear, de batirse por la propia vida. La cuestión es, simplemente: «¿Contra *qué* he de combatir? ¿He de obcecarme en forzar a mi hijo a comer hasta la náusea, sólo porque me angustia la idea de que pueda adelgazar? ¿He de actuar de un modo casi tiránico para que siga el duro tratamiento impuesto por el médico... hasta el punto de hastiarlo o de violentarme con él si se muestra renuente? A partir de un momento determinado, ¿a qué debo conceder prioridad? ¿Cuál es el orden de prioridades? ¿Es su comodidad física o es la psicológica? ¿Es su calidad de vida en el día a día, aunque esto no esté del todo acorde con lo que debería hacerse según las prescripciones médicas?». Sí, por esto sí merece la pena luchar encarnizadamente: por reestablecer el precario equilibrio entre "calidad de vida" y "duración de la vida".

La elección implica todo un proceso de reflexión por parte del propio enfermo, pero también de sus allegados y del personal sanitario que lo atiende.

Toda la asistencia se reduce a menudo a cuanto se vive en el puro presente, en el "aquí y el ahora". Todo ocurre ahí, a la vista de todos, en su corazón... no hace falta buscar más allá. Es terrible, es increíblemente difícil, es un dolor inimaginable, pero la realidad esta ahí y no podemos hacer nada para evadirnos de ella.

Violentamente, nos negamos a ceder. No podemos aceptar que en nuestro fuero interno se ponga en marcha el doloroso proceso del duelo, y ello antes de que sobrevenga la muerte... Es necesario, sin embargo, hacer lo que nunca hemos aprendido a hacer: apurar, si es posible, la dimensión y la riqueza del instante. Los últimos meses, las últimas semanas pueden ser un tiempo precioso para la conversación, para la intimidad, para compartir. No todo se resolverá necesariamente en palabras, porque un mero gesto, una simple mirada pueden redimir toda una vida.

Es quizás la última oportunidad de perdonar, o de hacerse perdonar el pasado, de expresar el amor que se había reprimido, de tranquilizar al que está a punto de partir, asegurándole que todo irá bien tras su partida.

Las circunstancias de la muerte

No existen jerarquías en el sufrimiento. Cuando se pierde a un ser amado, el intolerable dolor por su ausencia se impone en toda su fuerza, no importa que la muerte se deba a un accidente de coche o al desarrollo de una larga enfermedad. Psicológicamente, en resumidas cuentas, el trabajo del duelo será el mismo. Apuntará a los mismos objetivos. En cambio, los últimos instantes de la vida y las circunstancias de la muerte influirán fuertemente, y a menudo por mucho tiempo, en la capacidad de movilizar los recursos defensivos y la manera de "reconstruirse" después de la muerte. ¿Hablamos de una muerte repentina, totalmente imprevista, como un accidente de carretera o un suicidio, o incluso una enfermedad fulminante? ¿Hablamos de una muerte que siguió a un cáncer de lenta gestación o a un coma prolongado? ¿Había alguien junto a su madre, su hermano o su hijo cuando se produjo la defunción? ¿Qué palabras, qué gestos se cruzaron? ¿Qué resoluciones adoptaron los médicos? El dolor de la agonía, ¿fue atenuado o suprimido? ¿Se mantuvieron unas "condiciones de vida" dignas en los últimos instantes? Etcétera.

Los últimos momentos de vida del ser amado son determinantes en el advenimiento y desarrollo del duelo. Se opera una suerte de "cristalización" en torno a las últimas horas, los últimos días o las últimas semanas. Incluso los más insignificantes acontecimientos se fijan en la memoria, con una claridad y un intensidad extraordinarias. Estos últimos instantes se recordarán durante meses, una y otra vez, hasta el punto de extenuarse completamente en la repetición sin tregua de una película de la que se conocen los más mínimos detalles.

El duelo se impregna de esas imágenes mentales que se repiten de un modo casi obsesivo.

Si se sabe que vamos a ser atacados, existe siempre el modo de prepararnos para el asalto y de anticipar, al menos en parte, la manera de protegernos y reaccionar. Por el contrario, si el ataque resulta totalmente imprevisible, la capacidad de defenderse eficazmente estará muy mermada. No se dispone del tiempo necesario para amortiguar el golpe. Nos alcanza de frente, sin defensa posible.

Ésta es la consecuencia de una **muerte brutal e inesperada**. Nos pilla tan desprevenidos que los recursos que tenemos para enfrentarnos a ella quedan invalidados por lo repentino de los acontecimientos. Se tiene la impresión de que se ha perdido todo referente con la vida cotidiana. Esta muerte brutal nos enseña, crudamente, que aquellos a quienes amamos pueden desaparecer en un instante, sin que podamos ejercer el más mínimo control o influencia sobre el devenir de los acontecimientos. Ello puede, por desgracia, enseñar a los que quedan la ansiedad, la inseguridad y la precariedad de la existencia en un mundo donde todo se percibe como un peligro potencial, y sembrar en ellos la angustia por el mañana. El mundo puede entonces concebirse como un lugar imprevisible en el que ya no es posible confiar.

La incapacidad de predecirla hace que esta muerte sea difícil de asumir; es necesario, en ese momento, encontrar un *sentido* que nos oriente en el camino del duelo. Si, en el caso de una larga enfermedad, la muerte es un resultado casi "lógico" y comprensible, la muerte repentina escapa a toda "explicación". Sin embargo, se tendrá desesperadamente la necesidad de un mínimo de información y de aclaraciones sobre lo que ha ocurrido en realidad. Incluso cuando existen pocos datos disponibles en relación al suceso, tenemos la tendencia a querer reconstruir el desarrollo de los acontecimientos. Buscaremos el más pequeño indicio que nos ayude a comprender el por qué de lo sucedido. Recordando los últimos momentos que pasamos con la persona desaparecida, estaremos al acecho de la más mínima señal que habría *podido* o *debido* ponernos sobreaviso…

Esta búsqueda de detalles reveladores abre las puertas al sentimiento de culpa: «Tendría que haberme dado cuenta de que algo no marchaba bien cuando me dijo que le dolía un poco la cabeza; siento que no actué cuando debía»; «Tenía que haberme percatado de que se encontraba cansada cuando decidió conducir». El lugar que ocupa este sentimiento de culpa es sólo un ejemplo de las diversas manifestaciones del duelo, que examinaremos más adelante, pero parece evidente que estas manifestaciones son más acusadas, más intensas y duraderas después de una muerte repentina. Subrayan la necesidad de una ayuda inmediata, en relación a la violencia del trauma.

Cuando sobreviene una muerte inesperada, uno de los sufrimientos más comunes entre los que se quedan en el mundo es el de no haber tenido tiempo de despedirse y sellar para siempre la relación con el ser amado. «En cambio –replican los que han vivido, junto a sus allegados, una larga enfermedad–, no habéis conocido el proceso de una larga decadencia, el deterioro físico y psicológico. Guardáis, intacto, un recuerdo lleno de vida.» A cada uno le corresponde su propio dolor, el proceso es idéntico. «Yo no sufro menos que tú, porque mi madre, mi padre o mi hijo hayan muerto de una u otra manera...»

La **muerte "esperada"** llega, sin embargo, con un menor grado de sorpresa. Podemos anticiparnos a ella, lo cual nos deja un tiempo muy valioso para acostumbrarnos y prepararnos.

Como se ha subrayado antes, *la calidad de la asistencia determina poderosamente la calidad del duelo...* De hecho, la asistencia al enfermo marca el principio del duelo. Se inicia el duelo por el pasado renunciando en el presente a muchas de las cosas que antes hacíamos juntos. Comienza el duelo por un futuro que habríamos podido compartir, y nos enfrentamos al duelo por el presente, porque, días tras día, asistimos a la progresiva desaparición del ser que hemos conocido.

Esta activación del proceso no conlleva un "desapego prematuro", porque hasta los últimos momentos la persona amada continúa viva, la relación con ella se mantiene, es posible compartir muchas cosas, aún pueden decirse las palabras que importan... La situación es más difícil cuando la persona enferma se encuentra sumida en un coma profundo, o en un estado de confusión tal que toda verdadera relación queda interrumpida. En este caso puede observarse cómo las personas más cercanas se distancian del enfermo: la ausencia de comunicación tiende a acelerar el proceso de desapego puesto que nada viene a avivar la relación. Y en ocasiones son necesarios todos los esfuerzos de persuasión por parte del médico y los enfermeros para hacer comprender a los allegados que, incluso en un coma profundo, el enfermo siempre está presente y que, en un determinado nivel, percibe la presencia y el cariño de quienes le rodean.

En Francia, el setenta por ciento de las personas muere en el hospital. De este modo, **el entorno hospitalario** se convierte en el escenario que condensa lo esencial del eclipse vital; de ahí que el lugar que ocupa en el proceso de duelo sea de una importancia capital.

En el hospital podemos ser testigos de lo mejor y de lo peor. En el mejor de los casos, la calidad de los cuidados y la sensibilidad conviven armoniosamente gracias a un enorme trabajo de reflexión y de compenetración en el seno del equipo médico. El equipo facultativo comprende el lugar que ocupan la familia y los allegados en la asistencia al enfermo y asume el duelo que está a punto de llegar.

En efecto, la actitud de los médicos y enfermeros es primordial en la representación que nos haremos del final de la vida del ser amado. Ser tratado con respeto, con compasión, percibir que el personal sanitario comprende el dolor y el cansancio, sentirse verdaderamente respaldado redunda en la impresión de que no luchamos solos. Es un consuelo inestimable, pues se llevará consigo en el duelo un poco de ese calor humano. Por el contrario, si la actuación médica se limita a perfusiones, a la administración de medicamentos, a máquinas sofisticadas y a palabras técnicas, faltará siempre algo esencial, sea cual sea el nivel de calidad de las atenciones prodigadas. Esto ocurre a menudo (aunque no siempre) en las unidades de reanimación, donde la tecnología ocupa un primer plano. La sobrecarga de trabajo es muchas veces tan abrumadora que les puede resultar difícil encontrar el modo y el momento para establecer una verdadera comunicación con el enfermo y sus allegados. Éstos pueden sentirse excluidos y privados de los últimos instantes del ser amado. Una situación así puede convertirse en fuente de conflictos, de hostilidad y de incomprensión, propiciando un ambiente de recelo y resentimiento. Todo ello dejará su impronta, de un modo infalible, en el duelo que se está gestando.

El **control del dolor** ocupa un lugar primordial a la hora de afrontar el final de la vida. Esto es cierto sobre todo en el caso de enfermedades como el cáncer o el sida.

En los albores de un nuevo siglo, el dolor físico parece inaceptable, ya que existen medios eficaces para atenuarlo. El dolor físico alimenta el dolor moral. Cuando algo nos duele, sólo podemos pensar en ello, es difícil concentrarse en otra cosa. El enfermo se centra de tal modo en su dolor que no le queda margen para comunicarse con sus seres queridos. El dolor se erige en obstáculo para la comunicación, y, en el transcurso del duelo, los allegados guardarán en su memoria no solamente el recuerdo de un rostro desfigurado por el sufrimiento, sino también la frustración por los momentos perdidos debido a sus efectos.

En relación con otros países europeos, como Inglaterra, Francia se halla notoriamente atrasada en lo que respecta a los métodos de control del dolor. El uso de la morfina todavía se encuentra muy restringido. Aún se le tiene miedo, se teme que induzca a una dependencia, o que, al administrarla, no estemos haciendo otra cosa que darle un "chute" al paciente. Para muchos, su uso es sinónimo de "fase terminal", y los médicos (e incluso los familiares) rechazan su prescripción porque consideran que equivale al "principio del fin". Algunos creen incluso que acelera la defunción y la comparan al "cóctel lítico" y a la eutanasia. Este recelo explicita todas las falsas ideas que se han extendido respecto a la morfina.

La morfina es uno de los mejores medicamentos para tratar con eficacia el dolor. Como todo tratamiento, no puede ser administrado de cualquier modo, porque es así como se vuelve perniciosa (como, por otra parte, cualquier medicamento administrado de forma inapropiada). Su uso se aprende con facilidad, pero aún son muchos los médicos que lo conocen mal. En todo caso, si se prescribe rigurosamente –cosa que tenemos derecho a exigir–, el enfermo, bajo sus efectos, permanece consciente y receptivo para con sus seres queridos. Se le alivia eficazmente y no se le convierte por ello en un "toxicómano" dependiente.

El duelo también llevará la impronta de las **decisiones mé-**

41

dicas que se hayan tomado: ¿es preciso continuar con el tratamiento o detenerlo, ya que se considera que, a partir de ahora,
resulta ineficaz? ¿Es mejor "desconectar" las máquinas que
prolongan la vida? ¿Quién toma esta decisión? ¿Hay algo que
objetar? ¿Cuáles serán las consecuencias en el desarrollo del
duelo? ¿Acaso no nos reprocharemos mañana lo que hemos
decidido hoy?

Del mismo modo, ¿solicitamos la eutanasia? ¿Quién se
hace responsable de este paso? ¿Quién se hace responsable de
llevarlo a cabo? ¿Y si nos equivocamos? ¿Y si tenemos razón?

El debate es demasiado amplio como para tratar de abor-
darlo aquí, pero parece claro que la *eutanasia* no es nunca un
gesto neutro, sea cual sea el sentido que se le confiera... El
duelo subsiguiente irá marcado por esta huella.

2. EL PROCESO DEL DUELO

Siempre es difícil dividir la evolución de un proceso humano en diversas etapas claramente diferenciadas las unas de las otras. Como hemos señalado antes, a cada persona le corresponde un duelo determinado. De este modo, la descripción que viene a continuación es válida sólo si consideramos desde un punto de vista *general* lo vivido por las personas que cumplen un duelo... pero resulta sin duda alguna falsa o, cuando menos, muy imperfecta si consideramos lo que experimenta cada persona en *particular*. Por tanto, procuren no "ceñirse" al texto, es decir, no se inquieten en el caso de que su experiencia no corresponda, paso a paso, a lo que describen estas páginas.

He tratado de ser lo más completo posible, examinando el mayor número de casos, pero si bien encontrarán muchos elementos que les resultarán familiares, otros les serán, por el contrario, completamente ajenos; algunos incluso no aparecerán nunca en el transcurso de su propio duelo. Mantengan siempre, por tanto, una distancia equilibrada entre lo que aquí describimos y su propia vivencia. Es su experiencia cotidiana lo que ha de primar ante todo. Resultaría estéril añadir a su dolor la preocupación y la ansiedad de no estar "acordes" con las explicaciones de un libro.

Por otra parte, es evidente que las cuatro etapas descritas aquí (sobre todo las tres últimas) se superponen, y que una distinción como la que proponemos resulta un tanto artificial. Lo esencial es observar el proceso lo más claramente posible.

Cada persona estará enseguida en condiciones de reconstruir por sí misma sus diferentes fases.

La fase de choque, estupor y negación

Él acaba de morir… Ella acaba de morir…

Cada uno extingue su aliento en esa habitación de hospital que se ve inmersa en una extraña calma, y lentamente se impone la distensión. Después de horas de agonía, percibimos, sin creerlo realmente, que este silencio supone el reposo tanto para el ser que acaba de partir como para los que le han acompañado hasta ese momento. Nadie se percata aún de que el recuerdo de los últimos momentos permanecerá grabado para siempre en la memoria de todos, y que la imagen de un rostro al que la vida ha abandonado se impondrá sin cesar en los meses siguientes. Será difícil desprenderse de la visión de ese cuerpo consumido en el cual apenas se acierta a reconocer al ser que hemos amado. Recordaremos cada pequeño gesto, cada ínfimo objeto, cada mínima palabra pronunciada en esa hora en la que el bullicio del mundo exterior dejó súbitamente de existir.

Mientras el recuerdo de los días precedentes se irá desvaneciendo poco a poco, permanecerá en la memoria, hasta la hora de la muerte, la sonrisa de aquella enfermera que encontró un momento para sentarse cuando el trabajo la desbordaba. Se sentirá durante mucho tiempo el calor de su mano y la dulzura con la que dispuso la almohada para que el padre, el hermano o el niño estuvieran más cómodos.

Pero se recordará también la soledad de velar, solo, a su compañero o compañera, perdido en medio de la noche, abandonado por un entorno que ignoraba lo ocurrido… Se recordará que la madre o el abuelo murieron en una sala de reanimación, lejos del afecto de quienes les querían… La angustia que imaginamos que sintieron cuando comprendieron que estaban solos nos atormentará meses y años más tarde…

Tras años de sufrimientos y esperanzas frustradas, a veces habremos deseado que la muerte llegara pronto. Se había vuelto difícil seguir queriendo a quien, durante tantos meses, había necesitado tanto, había exigido tanto... ¿Cómo responder a sus insistentes exigencias cuando uno mismo estaba al límite de sus fuerzas? ¿Cuántas veces no habremos sentido insinuarse en nosotros un sentimiento de rechazo? ¿No era injusto vivir esta pesadilla mientras la vida continuaba, indiferente, tras los muros del hospital? Sin atrevernos a confesárnoslo, reprochamos al ser querido que haya llegado al estado en que se encuentra. El amor llega a estar, un día, contaminado por la amargura. Inevitablemente, se sucederán momentos dolorosos en los que nos sentimos incomprendidos, en los que nos desgarramos el uno al otro.

Pero, a pesar de esta confusión, siempre hemos sabido, en lo más profundo de uno mismo, que nadie habría podido aportar al difunto lo que nosotros le hemos dado... Al compartir esa intimidad, hasta entonces acaso insospechada, descubrimos una faceta ignota en nuestro interior. Comprendemos el valor y la profundidad del amor hacia el otro, incluso si a veces no ha sido fácil demostrarlo. Nos ha sorprendido lo que permanecía adormecido en el fondo de nosotros mismos, y, si bien un día volveremos a aprender a vivir, será quizá estimulados por esa fuerza interior de la que hemos tomado conciencia mediante esta dura prueba.

Creíamos poder prepararnos para la muerte que veíamos acercarse, pero cuando llega, cuando se presenta ante nuestros ojos, no podemos creerlo. A pesar de saber que todo ha terminado y que será necesario pasar a otra cosa, una parte de nosotros mismos parece, por un tiempo, inaccesible a esta realidad.

Es la primera etapa del duelo: la del choque, la negación, la incredulidad.

La negación

De hecho, la conciencia permanece incrédula cuando la propia realidad, desnuda y sin concesiones, se impone con violencia... Sin que acertemos aún a nombrar lo que aflora en nuestro interior, sentimos confusamente, impelidos por el instinto de conservación, la necesidad urgente de protegernos. Todavía no sabemos de qué exactamente, pero en lo más recóndito del inconsciente se activan los primeros mecanismos de protección, porque una parte de uno mismo conoce muy bien lo que se avecina y se afana en preservar la conciencia, que aún no concibe el impacto ni las consecuencias de la defunción.

Esta etapa ha de ser entendida, por tanto, como un medio para protegerse contra la dimensión de lo que acaba de ocurrir. Este tiempo de "protección psíquica" permitirá asumir el primer nivel del duelo: reconocer que hemos perdido a alguien a quien queríamos. Sólo más tarde nos enfrentaremos a un segundo nivel: reconocer que esa pérdida es definitiva.

Por el momento se impone el rechazo a un acontecimiento cuya realidad no podemos aceptar. Es ese «¡No, no es posible!», que proferimos ante una realidad insoslayable. Por un tiempo necesitamos no creer de verdad en lo que acaba de ocurrir... Es como un mal sueño, una pesadilla de la que pronto despertaremos, y esa disposición de ánimo puede persistir durante horas o días... *Sabemos* intelectualmente, "en la cabeza", que la persona ha muerto, pero esa toma de conciencia no ha alcanzado aún los niveles más "viscerales", donde nos percatamos de pleno, "con el estómago", de que hemos perdido definitivamente a esa persona.

Por ejemplo, se conoce el caso de viudas que volvían a la mañana siguiente al hospital donde su marido había fallecido, para visitarlo como si no hubiera ocurrido nada... No es extraño escuchar a una madre o a un esposo hablar en términos que muestran claramente a quienes les rodean que, para ellos, no ha habido ninguna muerte y que es inútil hacerles comprender lo contrario.

Los amigos y los restantes miembros de la familia permanecen desconcertados por una negación tan rotunda. No saben cómo reaccionar cuando las personas que viven su duelo les hablan del difunto como si continuara vivo. Aunque esta actitud de rechazo rotundo no sea, desde luego, siempre tan intensa, deben comprender, por mucho que este comportamiento pueda anonadarlos y perturbarlos, que es inútil querer "forzar" las cosas. Aunque la persona, sorprendida por lo repentino de la pérdida, parezca "desfasada" en relación a los hechos, es necesario dejarle el tiempo que sea preciso. Tarde o temprano tomará conciencia de la realidad de su pérdida, pero es ilusorio (e imposible) pedirle que acepte de golpe lo que es por el momento inconcebible.

Necesita llegar por sí misma a esta constatación irreversible, dejando que se destile lentamente, y parece evidente que este delicado proceso ha de ser respetado, aunque lleve muchos días culminarlo.

La anestesia de las emociones

Esta primera etapa de choque y relativa negación explica el comportamiento de la persona en duelo durante las primeras semanas después de la pérdida. A veces sorprende la capacidad para asimilar el golpe de los acontecimientos con una (relativa) distancia en relación a ellos, incluso podemos descubrir, atónitos, la ausencia de toda emoción intensa. El abatimiento y la tristeza están sin duda presentes, pero una suerte de "anestesia" afectiva se apodera del espíritu. Esta anestesia señala la presencia y la eficacia de los mecanismos de defensa que se han puesto en marcha inconscientemente. Hay quienes se horrorizan ante este vacío de sentimientos y lo confunden, de manera equivocada, con una indiferencia monstruosa...

> Una adolescente contaba, por ejemplo, que había tenido la impresión de tener un «corazón de piedra» porque se sentía incapaz de abrigar ningún sentimiento tras la muerte de su padre. Había tomado la decisión de llevar gafas negras en el entierro para ocultar los ojos secos que no vertían una sola lágrima y disimular así la vergüenza de no sentir nada.

Este "distanciamiento" de toda emoción ha de concebirse como un "aliado" que nos permite entrar a nuestro propio ritmo en el proceso del duelo. Aunque parezca desconcertante al principio, no hay que olvidar nunca que este mecanismo inconsciente es un poderoso medio para preservarnos de la violencia de un dolor demasiado intenso y que sólo mermará cuando la persona se sienta capaz de hacerle frente en todos los estratos de su ser. Sólo entonces podrá emprender verdaderamente su trabajo de duelo sin estar sumergida por completo en sus propias emociones...

La necesidad de ver para creer

Sin embargo, existen circunstancias donde resultará más difícil salir de este sentimiento de rechazo e incredulidad frente a la muerte de un ser cercano: cuando por teléfono anuncian a unos padres que su hijo se ha matado en la montaña, cayendo en una grieta inaccesible para los equipos de rescate, cuando apenas les había dejado, rebosante de salud, unos días antes; o cuando se le comunica a una mujer que su marido se ha perdido en alta mar en el transcurso de una tempestad; en todo caso, la mente se niega a aceptar tamaño absurdo: ¿cómo pueden, en esas circunstancias y sin ninguna prueba, aceptar abandonarse al dolor?

Se necesita ver para creer, porque, sin esta confirmación visual, ¿cómo acallar esa duda insidiosa que nos hace esperar, sin descanso, un posible regreso?

> Una madre recibió un día una llamada que le comunicaba que su hijo había muerto en un accidente de coche en Brasil. El cadáver fue repatriado a Francia en un ataúd hermético y, por razones sanitarias, no fue posible abrirlo para que pudiera ver a su hijo por última vez. Todavía hoy una parte de sí misma se niega a aceptar la evidencia y, secretamente, espera volver a encontrarlo como era, cuando lo acompañó al aeropuerto para tomar un avión, hace ya cinco años...

Este ejemplo muestra con claridad cómo es importante comprobar por sí mismo que la persona querida está verdaderamente muerta: es una de las condiciones esenciales para una progresión armoniosa en el trabajo del duelo. Ver el cadáver inanimado es un medio de superar el primer nivel mencionado anteriormente: reconocer la pérdida. Los vínculos de los que hablábamos al principio se "desatan" uno a uno: contemplar el cadáver nos permitirá asumir que los lazos que entrañaban la mirada, el contacto físico y la conversación con el otro se han deshecho a partir de ahora. Incluso aunque no queramos aceptar esta realidad, la visión del cadáver nos muestra, en toda su crudeza, el hecho de que se han cortado irremediablemente.

Pero si bien es cierto que ver el cadáver sigue siendo una etapa importante para iniciar el trabajo de duelo, conviene aportar algunos matices. No ver el cadáver no es, en sí, un obstáculo capital para el desarrollo adecuado del proceso de duelo. Puede suceder que el cadáver de la persona fallecida no sea encontrado, o se encuentre en tal estado que su visión resulte traumática para sus familiares. En ese caso puede bastar con ver únicamente una parte del cadáver, como cuenta la madre que sólo pudo ver el brazo de su hija tras un accidente de coche que la había mutilado seriamente; reconoció el brazo de su hija, y eso le bastó para asumir la realidad de la defunción.

En efecto, ésta es una de las funciones esenciales de la visión del cuerpo: permitir la toma de conciencia de una realidad que rechazamos. La pérdida exige ser "encarnada" para que pueda ser aceptada. Así, si no se ha visto el cadáver, es útil organizar un ritual, religioso o de otro tipo. Esto proporciona un elemento tangible al que aferrarse, y con este soporte se iniciarán los primeros momentos del duelo.

Desde esta perspectiva, se comprende mejor el significado de ese ritual olvidado que es el "velatorio de los muertos". Antaño, la gente se tomaba un tiempo para permanecer junto al difunto. Se concedía el tiempo indispensable para que se aceptara el fallecimiento, constatando directamente esta realidad durante al menos veinticuatro horas.

Era un período de descanso después de la angustia de los últimos instantes, un momento consagrado a la oración y el recogimiento donde se reunían las fuerzas dispersas. Era también el momento de percibir cómo se constituía, a su alrededor, la red familiar y amistosa de la que se tendrá necesidad en los meses venideros.

Es interesante abrir aquí un paréntesis para reflexionar sobre lo que concierne al ritual del velatorio, pero también, de un modo más amplio, acerca de todos los rituales que suceden a una defunción (ceremonias, esquelas, expresión de condolencias, reuniones familiares, anuncios en el periódico, etc.). Estos rituales no sólo tienen una significación psicológica, como acabamos de mencionar: tienen igualmente una *dimensión social*. Ayudan a *identificarse a sí mismo como portador del duelo*. Puesto que los rituales propician también la participación de otras personas del entorno, se nos identifica y percibe como alguien que ha perdido a un ser querido. El duelo está socialmente refrendado por los demás. De aquí se derivan dos consecuencias. La primera es que nos sentimos implicados en una comunidad: es una verdadera defensa para la persona que vive su duelo; representa un parapeto, una suerte de protección exterior que ayudará a establecer un referente sólido cuando se tenga la impresión de "desconectar" en el interior de sí mismo. La segunda es que *se percibirá, en adelante, la legitimación social del "derecho al duelo"*.

En efecto, el duelo implica toda una gama de comportamientos (llanto, depresión, cólera, etc.) considerados "anormales" o fuera de lugar si no se integran en este contexto. Si el entorno "autoriza" el duelo, se aceptan estos comportamientos, se los reconoce e incluso se los estimula. Adquieren, en otras palabras, un lugar social legítimo, y se concede a la persona en duelo un "margen de actuación" que quizá no se le habría dado *fuera* del contexto del duelo.

Imaginemos un hombre y una mujer que mantienen durante muchos años una relación extramatrimonial. Paralelamente, ambos tienen sus respectivos cónyuges, sus hijos y su vida familiar. Supongamos que el hombre muere de repente en un accidente de coche. ¿Qué legitimidad social le queda a su amante? Su entorno desconocía esta relación y, desde luego, la pérdida sufrida por esta mujer no será reconocida ni validada. El lugar para las lágrimas, la desesperación y todas las transformaciones que opera el duelo no podrá desarrollarse en el seno familiar. Si ella revela su dolor, se expone a la intolerancia de su entorno, que no admitirá semejante modificación en su comportamiento porque no dispone del contexto donde integrarla. El duelo se vive entonces en una extremada soledad, sin poder compartir el propio sufrimiento con los demás, y es casi inevitable que este silencio entrañe daños psicológicos a largo plazo.

Cerremos aquí este paréntesis y volvamos al ritual del velatorio de los muertos. Empieza a reconocerse su impacto en los inicios del duelo. Pero aún queda mucho por hacer para que cambie la mentalidad sobre el tema. En efecto, muy a menudo el cadáver es rápidamente lavado y llevado al depósito, pocas horas después de la defunción. En esos casos, el entorno se ve privado de la posibilidad de tomarse el tiempo necesario para recogerse en silencio, mientras esperan a los allegados y al resto de la familia.

Dicho esto, y a pesar de que aún son necesarios grandes avances, cada vez hay más hospitales que crean lugares de acogida más adaptados, en contraste con la atmósfera triste y gélida de los depósitos de cadáveres. Además, los equipos médicos que trabajan en estos servicios deciden formarse para acoger a las familias en duelo –hay que subrayar la falta de reconocimiento a su trabajo en las funerarias.

La agitación antes del silencio

Tras la muerte, todo se modifica. Es como si la muerte pasara a formar parte del "dominio público". Se la anuncia en la prensa, por correo o telefónicamente. La familia, tanto la cercana como la lejana, se moviliza, se congrega, se reencuentra. Aquellos que no estuvieron ahí en el momento de la asistencia y los cuidados al enfermo se presentan a los más allegados, con aspecto contrito y ojos lacrimosos. En efecto, a menudo esto puede resultar un tanto forzado, una sucesión de palabras vacías que hará que muchos se desentiendan y elijan la intimidad más cálida de un círculo restringido con los más allegados. Por otra parte, puede ser reconfortante recibir tan inesperado flujo de expresiones de amistad y condolencia, sorprendiéndose del número de personas que conocieron y apreciaron a la persona cuya vida se ha extinguido.

La llegada de la familia y los amigos es una cuestión importante: será preciso recibir, atender, alojar y preparar la comida para los familiares y amigos que pueden venir de muy lejos. Por otro lado, hay que ocuparse del entierro o la incineración, elegir el ataúd, hacer los preparativos de la ceremonia, enviar las esquelas que anuncian la defunción, hacer mil llamadas telefónicas a las diversas administraciones, a los servicios fúnebres. Será preciso atender a la esposa que se desmorona, al padre que se ha desmayado, al niño que pregunta por su mamá desaparecida. Será necesario esforzarse en permanecer amable repitiendo por enésima vez cómo ha ocurrido todo, los clichés «Sí, así es la vida...», «la vida sigue...».

En esta avalancha de acontecimientos y requerimientos replegarse sobre uno mismo puede llegar a ser muy difícil. Sabemos que el dolor está ahí, expectante, a flor de piel, y que sólo espera su momento y su necesario reconocimiento. Existe mientras tanto una focalización tan intensa de la atención sobre el mundo exterior que se aplaza para más tarde la plena toma de conciencia de lo que realmente ha ocurrido... una vez que todos han regresado a sus casas, cuando nos encontremos verdaderamente solos por primera vez.

Sentimos que esta hiperactividad puede protegernos al poner una distancia entre nuestro yo y el dolor. Pero no debemos llevarnos a engaño. El hecho de que posterguemos el dolor no lo hará desaparecer.

La primera confrontación con una ausencia

Cuando la persona aún vivía, había un recíproco intercambio de palabras, de pensamientos, de gestos. Había un haz de "energía" que fluía en ambos sentidos, entre uno mismo y el otro –en términos psicoanalíticos se habla de una "investidura libidinal" del otro. Cuando el otro muere, el receptáculo de esta energía psíquica desaparece y, desgarradoramente, no se sabe dónde y cómo depositarla. La energía permanece como suspendida, "flotante", sin un punto donde concentrarse, pues el otro ya no está ahí para recibirla. Al no encontrar ningún soporte, tiende a replegarse sobre sí misma. Esto ocurre progresivamente y se conoce como "desinvestidura libidinal".

Mientras tanto, nos encontramos con una suerte de "superávit" de energía que no sabemos como emplear. El primer movimiento de vuelco en uno mismo de la energía que derramábamos en el otro constituye la primera confrontación real con la pérdida.

Cuando, en la casa ahora silenciosa después de la agitación de los últimos días, nos encontramos ante un sillón vacío, una cama que se ha vuelto demasiado grande, o juguetes que ya no sirven para nada, podemos entender que comienza el duelo. Con el correr de los días y las semanas, comenzamos a comprender el verdadero significado de la palabra "ausencia". Nos percatamos, hora tras hora, de la profundidad de la pérdida del ser querido.

Conforme pasa el tiempo sentimos cómo crece en nuestro interior un dolor desconocido cuya intensidad no para de aumentar. Nunca antes habíamos conocido nada tan larvado y violento a la vez. Es un dolor insidioso que anega cada instante y que a veces se desencadena abruptamente en una oleada invencible en la que tememos enloquecer de tanto como nos hace sufrir.

Nos da miedo perdernos en él y no poder sobrevivir a un sufrimiento de esa magnitud… Tenemos la impresión de ahogarnos, y de que nada nos puede salvar. No resulta extraño evocar incluso ideas suicidas como último recurso para aliviar nuestro dolor. Los puntos de referencia vitales estallan en pedazos, y parece que el "centro de gravedad" se hubiera proyectado fuera de uno mismo, sin que sea posible recuperarlo. Buscamos entre los que nos rodean alguien que pueda comprender, pero nadie parece asumir la intensidad de nuestro desgarro… y nos vemos condenados a la soledad de nuestro propio dolor.

Progresivamente, cuerpo y alma se ven sometidos a una increíble presión física y psicológica que necesita canalizarse por todos los medios. Se hace necesario un exutorio, algo que pueda atenuar el terrible lastre del desgarro interior, y se llega a la insoportable constatación de que no podemos hacer nada para influir en este sufrimiento.

Los episodios de "descarga" emocional

De repente, sin importar el momento ni el lugar, en la calle, haciendo cola en unos grandes almacenes o conduciendo, nos sentimos brutalmente asediados por un incontenible deseo de llorar: es más fuerte que nosotros, no podemos evitarlo, incluso aunque tratemos con desesperación de disimular las lágrimas a los ojos de los sorprendidos transeúntes… Es imposible reprimir estos sollozos, que nos asaltan de un modo tan repentino que a veces creemos que nos encontramos a punto de desplomarnos psicológicamente y, al apuro de no poder contener las lágrimas, se une la angustia de sentirnos a punto de perder la cabeza.

Este comportamiento resulta, no obstante, completamente normal y previsible. Es incluso deseable: en efecto, el organismo necesita "válvulas de seguridad" si quiere regular lo mejor posible la confusa oleada de las emociones. Dar libre curso a las propias emociones no nos expone a la amenaza de quedar varados en un punto de no retorno donde podemos perder pie.

Por el contrario, es la manera más inmediata y saludable de distender una sobrecarga emocional. La razón y la voluntad no ejercen ninguna influencia en este caso y, por otro lado, no es deseable que así sea. Nuestra cultura nos ha enseñado a "reprimir nuestro llanto" y a controlar nuestras emociones: con ello se olvida que es preciso exteriorizar esta tensión nerviosa que se manifestará, a pesar de todo, de un modo o de otro. Nos arriesgamos, en efecto, a pagar cara la "censura emocional" que nos imponemos, porque, como una tapadera sobre una olla, no hará más que aumentar la presión interior. Buscará el medio más rápidamente accesible para manifestarse... ¡y a menudo es el cuerpo el que será elegido como mediador!

¿Nos sorprende entonces que esta sobrecarga de tensión se traduzca en la aparición de violentos dolores de cabeza, en migrañas, en dolorosas contracciones musculares, en dolor de estómago, etcétera? Con todo ello, el cuerpo no hace más que expresar lo que rechazamos decirnos de otro modo.

Es difícil estipular una duración "normal", aplicable universalmente, de esta **primera etapa**: para algunos sólo durará unos horas... para otros, será preciso esperar algunos días, incluso una semana. Sólo hay que empezar a preocuparse cuando el estupor o el rechazo supere un período de tres semanas o un mes. Esto es un signo de que el proceso del duelo se ha "bloqueado" en algún momento y no puede seguir su desarrollo normal. Puede revelarse necesaria una ayuda psicológica (si la persona en duelo quiere aceptarla, y a menudo ahí radica el problema), porque esta duración prolongada señala a veces el principio de un duelo complicado si no se atiende precozmente.

La entrada en la siguiente etapa del duelo

La razón llegará, poco a poco, a aceptar la fatalidad de la muerte, pero el camino que va de la razón al corazón es largo y tortuoso. El corazón, en efecto, se negará a reconocer la ausencia durante semanas y meses. Día tras día, se empecinará en creer que el otro aún puede volver.

De este modo, tras el choque de los primeros momentos, después de la incredulidad o el rechazo, tras los primeros sollozos y la primera confrontación con la ausencia del otro, continuaremos esperando un posible regreso, contra viento y marea y a pesar de la evidencia. En ese momento comenzamos a esperar y a buscar sin descanso al ser amado...

La fase de huida/búsqueda

Tras la pérdida de un ser querido, la persona en duelo entrará en un proceso de búsqueda que intenta reencontrar a aquel o aquella que ha muerto. A la par que se toma poco a poco conciencia de las múltiples pérdidas que acompañan la desaparición del ser querido y que la relación tiende a perder su fuerza e intensidad, emerge un pánico sordo: de repente nos percatamos de que estamos a punto de perder lo que hemos construido. Nos damos cuenta con pavor de que todo lo que nos vinculaba al otro está a punto de escurrírsenos entre los dedos como mercurio inaprensible. Nos percatamos de que, hagamos lo que hagamos, esta pérdida progresiva es irreversible y de que nos sentimos completamente impotentes a la hora de influir en el desarrollo de los acontecimientos.

Esta constatación generará dos tipos de comportamiento que dominarán el ánimo durante muchas semanas o meses: se trata de la "huida" y de la "búsqueda".

La huida

La huida cumple una función obvia: la de protegernos de una agresión. Nos hacemos cargo de tal modo de la amplitud del traumatismo que se abate sobre nosotros que la huida aparece como el único recurso para protegerse. Sentimos crecer un peso enorme en nuestro interior, y todo resulta válido para tratar de aligerarlo un poco. Esto puede traducirse exteriormente en una hiperactividad febril y angustiosa, una huida hacia adelante que nos hunde en un nerviosismo acuciante en el que nos vedamos todo reposo. No nos atrevemos a quedarnos solos, por el miedo que nos inspira encontrarnos cara a cara con nuestros pensamientos. Encendemos la televisión o la radio para amortiguar la algazara de nuestro tumulto interior. Algunos corren sin parar de un lado a otro, cuidando de no concederse ningún descanso. Se involucran de lleno en una actividad social o profesional con una precipitación poco común. Viven a cien por hora para finalmente desplomarse, a la tarde, aplastados por el cansancio.

Esta actividad frenética resulta a menudo poco eficaz. La mayor parte del tiempo no engaña a nadie: aunque por un tiempo pueda hacer concebir esperanzas en el círculo de familiares y amigos, el sufrimiento que constituye su motor raramente pasa inadvertido. Por otra parte, uno mismo se percata de que intenta aturdirse para no pensar ni sentir nada (para, así, evitar todo dolor), pero sabemos que estamos en el límite y nos preguntamos hasta cuándo podremos resistir… antes de derrumbarnos. El dolor nos acosa de tal manera que llegamos a preguntarnos, en nuestro fuero interno, si finalmente no nos desplomaremos.

Si el comportamiento de la huida puede ser visible y manifiesto en algunas personas, permanece, en cambio, interiorizado en otras, sin que nada de esta agitación interior aflore a la superficie. Logran mostrarse tranquilos, serenos, como si ningún asunto de fuerza mayor hubiera venido a turbar su vida cotidiana. Consiguen, durante un corto período de tiempo, engañar a quienes les rodean, desplegando esfuerzos sobrehumanos para exhibir una vaga sonrisa y enmascarar su dolor; este mecanismo "funciona" durante algunas horas, pero al fin se encuentran completamente agotados, cuando, una vez solos, se hallan vacíos de la poca energía que aún conservaban en ellos.

Porque si la huida resulta, por un tiempo, un buen mecanismo de defensa, sabemos que más tarde o más temprano terminaremos por vernos atrapados en la vorágine del dolor y que, a partir de ese momento, será inútil remover cielo y tierra con la esperanza de no sufrir.

La búsqueda

Otra presión interior concurre para alimentar y estimular el desasosiego de los primeros momentos del duelo... Es la que genera la *búsqueda del otro*. Cuanto más nos damos cuenta de que lo perdemos día a día, más trataremos de preservar los lazos que nos unían a él. Trataremos incluso de reforzarlos, o de crear otros nuevos, a fin de asegurarnos de que el contacto no se interrumpirá.

Esta búsqueda se opera en diferentes niveles, conscientes e inconscientes. A veces se convierte en una empresa capital, omnipresente, hasta el punto de parasitar el conjunto de la actividad cotidiana.

En esta fase, el difunto (y todo lo que tiene relación con él) constituye la sola y única preocupación de la persona en duelo: lo demás carece de importancia, esta idea ocupa la mente de manera obsesiva. Se piensa en ello sin cesar. A cada momento, en una situación de alarma permanente, el corazón se obstina en buscar, una y otra vez, a aquel o aquella que han desaparecido.

En este estado de hipervigilancia creemos encontrar, en repetidas ocasiones, a nuestro padre en la terraza de un café o en medio de la multitud en la calle. Mil veces nos encontramos abatidos por el estupor y la esperanza al creer percibir la silueta del marido o el abrigo del hijo en el patio del colegio, o incluso reconocer el modo de andar de nuestro hermano unos metros más allá de donde nos encontramos. Nos detenemos conteniendo el aliento. No importa que nos repitamos incansablemente que es imposible, en cada ocasión algo en el fondo de nosotros mismos quiere siempre creer que vamos a encontrar al ser querido, al doblar una esquina, al descolgar el teléfono cuando suena... Los lugares conocidos o que frecuentábamos juntos nos atraen irresistiblemente, sin que tengamos a veces el valor de volver a ellos, por miedo a encontrar el eco de un recuerdo demasiado doloroso. Nos sorprendemos al llamar al difunto, en voz alta, en nuestro apartamento.

> Un hombre que acababa de perder a su hermano pasó muchas semanas hablando con la urna que contenía sus cenizas. No se resolvía a arrojarlas al Sena, como había deseado el difunto. Llevaba serenamente la urna de una habitación a otra en su apartamento, hablándole y descuidando sus ocupaciones.

De este modo, cada pensamiento, cada acto lleva la impronta del difunto. Durante la fase de búsqueda, sólo actuamos en función de él, y la atención sólo se ve estimulada por aquello que tiene relación con él, ya sea próxima o lejana. Experimentamos el deseo de comprar revistas de jardinería, porque ésta era su pasión; nos sorprendemos leyendo las páginas de economía en el periódico, porque se interesaba por la Bolsa; vamos al cine sólo para ver el estilo de películas que le gustaban…

Hasta aquí todo es normal, deseable y previsible. Éste es, subrayémoslo una vez más, el desarrollo normal del duelo… Porque sean cuales sean los comportamientos que se evidencien, el objetivo íntimo sigue siendo siempre el mismo: recuperar al difunto cueste lo que cueste y anular su muerte, cuyo mero pensamiento aún resulta intolerable.

El tiempo de la búsqueda

Esta búsqueda nunca concluirá completamente, incluso después de transcurridos los años.

> Es esa búsqueda la que, por ejemplo, llevará a dos ancianos estadounidenses a las playas del desembarco de Normandía, donde en junio de 1944 su único hijo perdió la vida…

Después de tantos años, sintieron la necesidad de venir a ver por sí mismos el tramo de playa donde cayó su hijo, su tumba en un cementerio azotado por el viento. Con el paso de los años, la intensidad de su búsqueda ha disminuido considerablemente, pero, a pesar de todo, han ido allí. ¿Qué han venido a buscar? ¿Qué señal, qué mensaje esperan aún de este lugar investido por el silencio después de cincuenta años? ¿Es la íntima esperanza de comprender lo ocurrido? ¿Es el deseo de conferir finalmente un sentido a la muerte absurda de su hijo?

De igual modo, la búsqueda está siempre presente en aquella joven que se deja arrastrar por su deseo de encontrar la carretera donde se mató su hermano una tarde de invierno. No queda huella del accidente, pues ocurrió hace cuatro años. Es sólo un rincón tranquilo de la campiña, y, a pesar de todo, ella escruta el lugar con la mirada, buscando algún indicio que pueda aclararle por qué su hermano encontró allí la muerte...

La percepción del difunto

Existen convicciones que se dan más allá del universo de los sentidos, y una de esas convicciones que a veces se instala en el corazón de la persona en duelo es que aquel o aquella que acaba de morir permanece entre los vivos, presente junto a ella. ¿No sentimos su "vibración" junto a nosotros, mientras descansamos en la cama, o cuando, apoyados en el alféizar de la ventana, con la mirada perdida en el vacío, dejamos vagabundear nuestros pensamientos? ¿No es el perfume de nuestra mujer el que invade el coche en el momento en que menos lo esperamos? ¿No es acaso su voz la que hemos creído oír en la habitación contigua? ¿Acaso no hemos preguntado, turbados y temblorosos: «¿Eres tú? ¿Estás ahí?», a la espera inverosímil de una respuesta? ¿No escuchamos el ruido de sus pasos en el pasillo y nos levantamos, como una centella, precipitándonos hacia un encuentro ilusorio?

Una joven, física y mentalmente sana, me confesó su inquebrantable convicción de haber sentido la mano de su marido acariciando su espalda, durante una excursión a la montaña... Un padre tiene la seguridad de haber sentido la presencia de su hijo mayor en su apartamento, durante los cuatro meses que siguieron a su muerte repentina en un accidente de carretera.

¿Qué tenemos que pensar de todo esto? ¿Alucinaciones que responden a los deseos de volver a encontrar al difunto? ¿Imaginaciones? ¿Ilusión? ¿O bien algo distinto? Cada cual tendrá su propio "código de lectura" de los acontecimientos, que le permitirá otorgar un sentido a lo que percibe.

Desde ese momento, procuraremos no establecer, de manera equívoca, la más mínima hipótesis sobre el origen de estas percepciones. A la larga, su verdadero valor no se encuentra en la prueba de su realidad: se sitúa en el modo en que serán aceptadas y asumidas por la persona en duelo... Es preciso reconocer cómo su impacto es benévolo en la inmensa mayoría de los casos.

¿No es acaso esta verdad subjetiva la más importante? Un estudio británico establece que, sobre una muestra de 293 viudos y viudas, más del cuarenta y cinco por ciento de los encuestados afirma haber experimentado este tipo de fenómenos. Algunos declaran haber visto al difunto o su silueta. Otros han reconocido el sonido de su voz o el ruido de sus llaves en la cerradura. Otros, finalmente, como la joven de la que hemos hablado antes, han experimentado sensaciones táctiles de contacto directo con el difunto. Estas personas no se atreven a hablar porque temen ser acusadas de locura; por eso dudan a la hora de confiarse a los demás. En definitiva, podemos afirmar que la frecuencia de estas manifestaciones es un poderoso argumento a favor de su normalidad. Es necesario no olvidar que hablar de ellas puede ejercer un efecto tranquilizador en la persona en duelo, que tiene sobre todo necesidad de ser escuchada en la expresión de todo lo que siente, sin temer la condena o la sonrisa disimulada de los demás.

No olvidemos nunca que hay demasiadas cosas que ignoramos como seres humanos para permitirnos establecer lo que es verdadero y lo que es falso.

La sexualidad

A veces uno se siente muy desconcertado por lo que se experimenta en el transcurso del duelo. Así, algunos se sorprenden al descubrir en ellos un acuciante apetito sexual algún tiempo después de la muerte. De pronto, el cuerpo pide ternura, placer, goce... Estas pulsiones confunden y son la fuente de un gran sentimiento de culpa. Este deseo "desentona" con la representación que nos hacemos de una persona en duelo y es vivido con malestar y ambivalencia.

No todo el mundo experimenta esta sensación, pero si ocurre no hay que inquietarse, y menos aún culpabilizarse, porque este crecimiento del deseo es una reacción mucho más frecuente de lo que se piensa, y esto al margen de la edad.

Con la asistencia en la agonía, la muerte, la gravedad y la violencia de la ausencia, el cuerpo y la mente se someten a un terrible estrés. La pulsión sexual aparece como respuesta a esta tensión interior. Pide ser acogida como tal. Después de la defunción, el cuerpo ha sido abandonado; ansía ser tocado, besado, abrazado. Necesita que caricias amigas lo calmen. ¿Es tan reprobable concederle lo que reclama? Tras meses o años de retiro, también es necesario saber que continuamos siendo deseables o capaces de seducir. Asimismo puede ser necesario probarse que somos capaces de "responder" sexualmente...

La sexualidad en el transcurso del duelo ha de ser rehabilitada. Cumple su función y es necesario incorporarla a lo que deseamos vivir. Una relación de ternura, incluyendo sexo y juego, puede formar parte de las múltiples maneras de caminar en el duelo. Hay que negociar con el sentimiento de culpa y redefinir su relación con el deseo, acogiéndolo lo más serenamente posible como una marca de su humanidad. Aunque a veces sea difícil, hay que intentar, tanto como sea posible, no dejarse invadir ni paralizar por el sentimiento de culpa.

Se presentan dos situaciones: que se tenga pareja, o que se esté solo, célibe, separado, viudo o viuda. Cuando se tiene pareja la sexualidad puede continuar, pero hay que ser consciente de que los dos miembros no siempre estarán "en sincronía" en la aparición (eventual) de su deseo; uno u otro puede estar completamente anestesiado a este respecto y vivir la necesidad sexual de su compañero como aberrante, ofensiva o agresiva. A veces el cuerpo duele tanto que no soportamos que nos toquen, mientras que nuestro compañero o compañera quiere precisamente encontrar un poco de paz y consuelo en un abrazo físico intenso. Así, más allá del dolor del duelo que tiene el terrible poder de cortar toda comunicación, es esencial hablar juntos de lo que ocurre para que no se insinúen rencores o incomprensiones en la relación. Cuanto más explícitos seamos acerca de lo que sentimos y deseamos, más posibilidades tendremos de comprender al otro y de hacerse comprender. Más que nunca resultan obligados la atención y el respeto al otro. Este estado es pasajero; necesita de atención, para preservar el futuro.

Si estamos solos también estamos sometidos a un posible deseo sexual en los comienzos del duelo. Podemos experimentar el deseo de mantener relaciones sexuales, incluso si sentimos cierto malestar por exponer una necesidad tan poco acorde con la imagen de una persona en duelo. Aquí es importante ser cuidadoso con uno mismo y con el compañero o compañera: la relación sexual no siempre descansa en un sentimiento amoroso; puede tener como objetivo una simple descarga física, y es preferible ser lo más honesto posible con la pareja sobre lo que realmente buscamos. En efecto, esta persona puede eventualmente enamorarse o apegarse si perdura la relación, mientras que uno se siente incapaz de responder a semejante requerimiento. Se impone la sinceridad para no herir a nadie.

El otro riesgo es enamorarse en los primeros instantes de intimidad. Esto también puede ocurrir. Pero hay que tener bien claro que este movimiento a menudo no es más que una tentativa inconsciente de evadirse del sufrimiento del duelo tratando de cortocircuitarlo con un impulso erótico. Quien está enfrente raramente existe en esta situación, y, tarde o temprano, nos damos cuenta, cuando quizá nos hemos involucrado en una relación con la cual no sabemos qué hacer. Si llegamos a este punto, es urgente poner las cosas en claro con la pareja y encontrar los medios para no hacerse más daño...

La reacción de los allegados

Es muy posible que los allegados se sientan confundidos por la intensidad de esta búsqueda. La familia y los amigos pueden no comprender lo que pasa en la mente de la persona en duelo. Pueden incluso criticarla abiertamente o sermonearla: «Deja de pensar siempre en él de esa manera», «Quita todas sus fotografías de la pared, no es bueno tenerlas a la vista todo el día», «¡Vamos, espabila! Te regodeas en tu estado».

La reacción que ante estas situaciones experimenta la persona en duelo es a veces violenta, y con frecuencia propicia la ocasión de encontrar en ellas la prueba de que, definitivamente, nadie de su entorno es capaz de comprenderla. En una situación límite, podrá incluso desear encontrar al difunto suicidándose porque puede llegar a pensar «sólo él puede comprender mi desolación. Lo necesito... Me encuentro muy solo sufriendo entre personas que no hacen nada para ayudarme».

El contraste entre la intensidad de sus pensamientos hacia el difunto y la aparente distancia afectiva que según él muestran los demás, lleva a veces a la persona en duelo a preguntarse cómo los que le rodean han podido "olvidar tan rápidamente". Se siente abocada a un universo de incomunicación que refuerza su sentimiento de soledad y aislamiento.

En esta etapa, la persona puede, ante la incomprensión de

sus familiares y amigos, oponerse al diálogo con los que le rodean y le ofrecen un apoyo del que tiene necesidad. Aceptar su ayuda, tratar de comprender *sus* razones, unas razones que implican "continuar viviendo", puede ser entendido como el hecho de "ceder" a las presiones y aceptar renunciar a la búsqueda del ser querido. Ello puede significar que la persona ha de aceptar abandonar la esperanza de encontrar al otro, y esto, por el momento, es imposible: la persona no *quiere*, no *puede* hacerlo, porque la necesidad del otro se vuelve más acuciante día a día.

Se corre el riesgo de forjar una incomprensión mutua: cada uno, atrincherado en su búsqueda o en sus convicciones, se siente frustrado, herido o ignorado.

Los allegados tienen la impresión de que, sean cuales sean sus esfuerzos para ayudarla, resultan vanos, son inútiles o mal recibidos. Habrá incluso la tendencia a distanciarse de la persona en duelo, ya que el entorno siente que sus consejos son mal recibidos...

Y sin embargo, a pesar de las apariencias, la persona en duelo tiene una enorme necesidad de la ayuda de los seres que le son próximos, incluso si, por un momento, da la impresión de rechazarla con amargura o agresividad.

Hay pequeñas frases que pueden hacernos estallar de rabia o desesperación, las de aquellos que "no sabiendo nada" pronuncian sin conocer su impacto ni su alcance: «Venga, sal con nosotros», «¡Tienes que moverte!», «Tienes que cambiar de ideas». En la mayoría de los casos, la intención es ayudar, pero el resultado es seguramente desafortunado e inapropiado... Sin embargo, no hace mucho tiempo, ¿no habríamos dicho nosotros lo mismo? Ahora sabemos bien que cuando «no se sabe de qué se habla» pueden decirse barbaridades que causan más estragos que si nos hubiéramos callado. Nos enojamos porque somos conscientes de que nuestro entorno no percibe lo que vivimos, «Si no, no me hablarían así».

A veces acusamos al mundo entero porque sufrimos... Acusamos a los otros de no comprender lo que nos ocurre. Pero ¿en qué posición se encuentran ellos? Pueden sentirse impotentes y desesperados ante nuestra desolación. No saben qué decirnos y a veces nos rehuyen. ¿Es ésta una razón para condenarlos? ¿Acaso no hemos retrocedido nosotros, en otras ocasiones, ante el sufrimiento de los demás? Ahora sabemos lo que puede ser útil para una persona en duelo, pero antes, ¿lo sabíamos?

A menudo se es extremadamente duro con los demás en el transcurso del duelo: se les condena, se les juzga torpes, ineficaces, hipócritas o indiferentes. Y –pido disculpas por si esto molesta– nos creemos que todo nos está permitido... Nos duele tanto que estamos convencidos de que todo puede, y debe, decirse. Nos enorgullece decirles a cada cual unas "cuantas verdades". De este modo, a veces nos permitimos una violencia verbal que ni siquiera el mayor de los sufrimientos puede legitimar. El dolor tiene este insidioso poder de hacernos involuntarios "tiranos", y debemos estar alerta para evitar convertirnos en su víctima. Si sentimos que oscilamos entre la condena y el resentimiento, es indispensable preguntarse, más allá de las razones objetivas que puedan enarbolarse como justificación, en nombre de qué nos comportamos de este modo; forma parte de nuestra responsabilidad explorar lo que se oculta detrás de tanta crítica y rencor...

Dicho esto, una cosa es cierta: hay muchas probabilidades de que ciertas personas de nuestro entorno nos decepcionen. Pero, una vez más, ¿es que nosotros no hemos decepcionado antes a los demás? Haciendo del duelo un campo de batalla sólo conseguimos hacernos daño a nosotros mismos.

¿Qué decir a los demás?

La persona queda perpleja ante los demás: ¿cómo hablar de lo que ha ocurrido, de lo que ocurre en mi vida? ¿Debo contárselo a todo el mundo? ¿He de callarme y no hablar si no es necesario? Cuando me pregunten cuántos hijos tengo, ¿qué he de responder? Si digo "tres", tengo la impresión de traicionar a mi hijo muerto; si respondo "cuatro", ¿he de decir a continuación que uno de ellos ya no vive? ¿Necesito decirlo? ¿Ha de saberlo la gente, o soy yo quien necesito decirlo?

Todo depende del nivel relacional que deseemos establecer: podemos mantener las formas y atenernos a los hechos, o bien revelar un poco más de uno mismo y hablar implícitamente de los propios sufrimientos. ¿Qué es lo que quiero decir? ¿Y por qué? ¿Es para reivindicar algo? No hay una respuesta clara. Todo depende de cada caso y cada situación. Lo importante es no encerrarse en una posición demasiado rígida, bien sea obligándose a contarlo todo en todo momento, bien sea imponiéndose el silencio en toda circunstancia. Con el tiempo aprendemos a matizar; aprendemos a ser más maleables y flexibles, adecuándonos a la persona ante la que nos encontramos y dirimiendo si es necesario entrar en detalles. También lo conseguimos cuando aceptamos que el otro se muestre indiferente en relación a nuestra pérdida, lo que se vuelve posible cuando ya no esperamos que se reconozca nuestro sufrimiento. Lo logramos cuando dejamos de querer que el mundo deje de existir, sólo porque un día nuestra vida fue devastada...

¿Qué hacer con los objetos?

Hace muchos meses que no se han tocado sus camisas en las estanterías del armario... Su abrigo está siempre colgado del perchero de la entrada... Sus juguetes aparecen cuidadosamente ordenados en el baúl de su cuarto... Nos atrevemos a quitar su cepillo de dientes de la repisa del cuarto de baño... Todos los enseres y pertenencias de la persona desaparecida están ahí, por todas partes, en cada rincón de la casa. ¿Qué hacer con todos estos objetos?

Hay que hacerse las preguntas adecuadas. En efecto, el reto no es guardar, o no guardar, los objetos que hayan pertenecido al difunto, sino saber si integrarlos en el día a día es pertinente: ¿estos objetos contribuyen al buen desarrollo del duelo? ¿Son un obstáculo en el proceso de reconstrucción? También es una cuestión de tiempo. Al principio, bajo la influencia del dolor, a veces nos atrapa un sentimiento de prisa. Pero no hay prisa... Lo mejor es esperar un poco y tomarnos el tiempo necesario para estabilizarnos emocionalmente. A continuación nos preguntaremos, más sosegadamente, por el futuro de las pertenencias del difunto. De este modo nos equivocaremos menos... No hay una respuesta absoluta, y nada nos obliga a tomar decisiones definitivas. Si en un primer momento la visión de los objetos nos resulta dolorosa, pueden guardarse en cajas y almacenarse en la bodega o el desván. Las tendremos al alcance de la mano, pero nos preservaremos de su dolorosa presencia.

Por otra parte, mantener el contacto, por ejemplo, llevando ciertas prendas de vestir del difunto, puede hacernos bien. Esto puede ser muy importante al principio, cuando la ausencia duele demasiado. Es esto lo que necesitamos hacer y está bien así. Lo esencial es que estos objetos, estas ropas ayuden a caminar interiormente.

Pero hay que estar alerta acerca del riesgo de una obsesión mórbida respecto a las posesiones del difunto. Cuando, pasados los años, el dormitorio del niño difunto continúa intacto, cuando se convierte en un santuario consagrado a su recuerdo, hay realmente un problema... "¡Pero esto me ayuda!", replica una madre que pasa la mayor parte de su tiempo en la habitación de su hijo muerto siete años antes. Esto puede hacernos sentir mejor, pero ¿a qué precio? Encerrarse en una habitación de la casa, la desaparición progresiva de los lazos sociales, una vida que gira únicamente alrededor de un hijo muerto, un futuro que sólo se alimenta del pasado... ¿es esto procurar estar mejor? Hay que comprender que algo se ha bloqueado, que algo no se ha producido. Desgraciadamente, llegado este punto, la persona se niega a menudo a oír a los demás, porque está convencida de que todo es normal y de que, de todos modos, «la vida no tiene sentido cuando estoy lejos de la habitación de mi hijo...».

El trabajo de duelo permite integrar lentamente al hijo **en uno mismo**, volviendo cada vez menos necesario hacerlo existir **fuera de sí mismo**, en una habitación vacía. Para llegar a ello hay que pasar por la aceptación de la pérdida... y esto es precisamente lo que resulta intolerable. Por esta razón una ayuda exterior puede ser útil para encontrar el valor de ocuparse de uno mismo y avanzar superando los obstáculos hasta alcanzar el verdadero sosiego. Sí, hay que aceptar "perder" al hijo una segunda vez, y no tratar de hacer vivir desesperadamente un recuerdo a través de los ecos materiales de su existencia pasada. Sólo con esta condición nos concedemos la posibilidad de recuperarlo en otro nivel de nosotros mismos, allí donde no nos arriesgamos a perderlo nunca más...

La fase de desestructuración

Y el tiempo continuará inexorablemente su curso. La muerte del ser querido tendrá un mañana, un pasado mañana, y los días vacíos y sembrados de confusión se acumulan entre el instante presente y el momento de la pérdida de aquel o aquella a quien queríamos.

Durante semanas hemos buscado, hemos llamado, sin obtener nunca respuesta, a no ser el eco de nuestra propia voz, y hemos llegado a no creer ya en un regreso imposible.

Sin embargo, a veces aún nos sorprende poner un plato de más en la mesa. Continuamos comprando mecánicamente maquinillas de afeitar para nuestro marido o los yogures preferidos por nuestro compañero, sólo para darnos cuenta, al llegar a la caja del supermercado, de que habrá que devolverlos a las estanterías... Pero hoy reconocemos que el otro no volverá, *nunca jamás*. A partir de ese momento, el camino que se abre ante uno es completamente solitario. Habrá que soltar la mano de aquel que ya no está con nosotros y continuar viviendo, sin comprender las razones por las que hay que hacerlo.

Esta lenta toma de conciencia emerge mucho tiempo después de la defunción. Es, en efecto, de *seis a diez meses* después de la muerte cuando el duelo adviene a su plena dimensión y el dolor alcanza un paroxismo que *ya no esperábamos encontrar.*

Éste es un punto esencial para comprender a la persona que padece un duelo, y que es, a pesar de todo, casi completamente ignorado.

Mirad a vuestro alrededor: ¿cuántas veces no habéis escuchado decir a la gente que el período más difícil en su duelo no lo vivieron al principio, sino meses después del fallecimiento?

Es verdad que, en ciertas ocasiones, durante los primeros meses se tiene la impresión de haber alcanzado una "meseta" en el propio sufrimiento. Casi nos alivia la sensación de haber salido "bien parados" y de constatar que finalmente la experiencia del duelo no ha sido tan traumatizante y desestabilizadora como habíamos imaginado… No nos percatamos de que, durante ese período, aún estamos bajo la protección de los mecanismos psíquicos de defensa que se activaron en las primeras horas del duelo… Pero, poco a poco, esos medios de defensa se retiran lentamente y dejan lugar a la plena intensidad de las emociones.

Es también el momento en el que sentimos que no hay vínculos exteriores y objetivos con el difunto, ni tampoco los suficientes vínculos internos. El nuevo nivel de relación está elaborándose en nuestro fuero interno y no hay, por el momento, sino muy pocos elementos a los que aferrarse. Todos los lazos desaparecen: es la fase de desorganización. La consecuencia inmediata de esta pérdida de puntos de referencia con el exterior y de esta pobreza de vínculos internos es una abrupta impresión de vacío, ausencia y pérdida.

¡Nos damos cuenta bruscamente de que ya no queda nada!

Esto se traduce, concretamente, en un brutal recrudecimiento de la intensidad del duelo. Se tiene entonces la (falsa) sensación de dar marcha atrás. Nos encontramos, emocional y psicológicamente, en peor estado que en los primeros días del duelo. Parece tentador hundirse en la desesperación: «¿Para qué luchar si mi dolor empeora día a día? Nunca se detendrá. ¿Podré salir algún día de este infierno?». Es una etapa extremadamente difícil de atravesar, porque se tiene la impresión de que todos los esfuerzos para vencerla son en vano.

Y, sin embargo, ocurre lo contrario: incluso si duele comprenderlo y asumirlo, hay que aceptar el hecho de que este endurecimiento aparente del duelo es una etapa normal y previsible. Se inscribe en la lógica del proceso natural de separación. No es en absoluto un fracaso del trabajo que se ha desarrollado hasta ese momento; por el contrario, marca una buena progresión. Es una etapa suplementaria en el camino y, así como hemos logrado superar las etapas precedentes, aprenderemos ahora a superar ésta, aunque parezca más larga y penosa que las anteriores.

El lugar de los allegados

Al principio del duelo, justo después de la muerte, la familia y los amigos se movilizan masivamente. El dolor se manifiesta en toda su crudeza, se exterioriza más visiblemente; las exequias y los rituales ofrecen un cuadro social donde todos reconocen y aceptan las emociones. La ayuda propiciada por el entorno responde a una situación evidente donde la desolación es tan palpable que los allegados proporcionarán espontáneamente su apoyo y su atención.

Pero pasa el tiempo, pasan las semanas, pasan los meses... Todos olvidan, todos se dejan arrastrar de nuevo por los quehaceres de su propia existencia. Las cartas de consuelo, las llamadas telefónicas se espacian más y más en el tiempo, mientras que el dolor que sentimos no para de crecer. El sufrimiento pierde poco a poco su carácter "público". Se convierte en algo más profundo, más íntimo, más oculto...

Exteriormente, llegamos a concebir esperanzas. Hemos vuelto al trabajo y a gran parte de nuestras actividades anteriores, y presentamos un rostro que hace pensar a los demás (si no quieren indagar más profundamente) que ya ha pasado lo más duro de la tormenta.

¿Tenemos, no obstante, elección? ¿No hay acaso una fuerte presión social que impone el silencio transcurrido un cierto plazo? Mientras sentimos en nuestro interior la violencia de un duelo que aún está lejos de decir su última palabra, nos sentimos forzados, casi obligados, a silenciar ante los demás la esencia misma del tormento. Tememos molestar, tememos cansar con la interminable retahíla de preocupaciones que muchos consideran hoy como un asunto "archivado". Nos han dicho tantas veces que permanecer con la mente fija en el difunto es "malsano" o "mórbido" que preferimos callarnos de ahora en adelante. Lo que no cambia nada el hecho de que pensemos en él todos los días.

Entonces nos recluimos en el silencio. Asistimos, solos e impotentes, al desencadenamiento de ese mar de fondo que ataca los propios fundamentos de nuestro equilibrio interior. Nos preguntamos incluso cómo podremos llegar a recuperarnos un día: tan enorme y destructor parece el proceso. ¿Quién podría adivinar que, tras una aparente tranquilidad, libramos día a día un combate sin tregua para preservar nuestra integridad psíquica?

La confrontación a las emociones del duelo

Los meses siguientes a la defunción nos harán palpar la textura más profunda del duelo, y nos percataremos de nuestra ignorancia en relación con la complejidad del proceso... Sin duda alguna, en el pasado hemos conocido ya la cólera, la depresión, el miedo o el sentimiento de culpa, pero nunca bajo la forma particular e intensa que revisten estos sentimientos en el transcurso del duelo.

Comprenderemos también muy rápidamente que las fuerzas que entran en acción a menudo superan con amplitud el marco de nuestra vida presente y, como hemos señalado en los capítulos precedentes, volveremos a encontrarnos con todo aquello que, tanto en nuestra infancia como en la vida adulta, se halla vinculado a la pérdida, a la ruptura y a la separación. Los reveses de la vida se reactivan al contacto con emociones que recuerdan sufrimientos pasados. De igual modo, y en una misma proporción, todo el bagaje adquirido, toda la riqueza de las experiencias anteriores, se pone a disposición del duelo, influyendo de este modo en su desarrollo.

Así, cada cual percibirá el duelo que atraviesa a través de los filtros que ha adquirido durante su existencia. Estos "filtros" teñirán todas las emociones y sentimientos que irán apareciendo, y de este modo contribuirán a hacer del duelo una experiencia única, íntimamente ligada a la historia personal de quien lo vive y a lo que la persona es intrínsecamente.

La cólera y la indignación

Se pensaba que el duelo sólo estaba hecho de tristeza, y constatamos hoy que la cólera y la indignación también ocupan un lugar destacado. Es cierto que la cólera, el rencor y el resentimiento no son etapas obligatorias, pero su presencia, si llegan a aparecer, es legítima y tiene su razón de ser: será necesario asumirlas como parte del trabajo que tenemos que desarrollar.

Para algunos, la "cólera" se traducirá en una irritabilidad durante algunas semanas, en una impaciencia poco habitual o incluso en "cambios de humor" inesperados. Para otros, adquiere la forma de una violencia en ocasiones desmesurada en su intensidad, que puede llegar a obstruir completamente cualquier otro pensamiento durante meses. No hay que olvidar nunca que, incluso en este momento, la cólera es a menudo un recurso psíquico de *protección* y una saludable "réplica" a la agresión.

De este modo, para algunos es quizá preferible elegir *inconscientemente* la cólera antes que dejar brotar una depresión amenazadora para el equilibrio interno. La depresión aparecerá de todos modos, más tarde o más temprano, es lógico y previsible. Pero si la cólera ha de ser su condición previa (e incluso permanecer en primer plano durante la fase de depresión) hay que aceptarla como una posición positiva y legítima.

Nuestra sociedad tolera mal la cólera y la indignación. Aún las acepta menos si vienen de una persona en duelo: no "parece correcto", porque se espera más bien una cierta contención, y sobre todo una postura de silencio y dignidad.

A veces nos prohibimos esta indignación *a nosotros mismos*. Suponemos que la gente no actúa de ese modo, o que no es normal encontrarse tan furioso o irritable. Nos callamos porque tememos la reacción de los demás. En efecto, nunca nos encontramos completamente solos en nuestro duelo: es un proceso social en el que habrá que contar siempre con las reacciones de nuestro entorno, incluso si a menudo tenemos la impresión de que resulta embarazoso en el momento de expresar libremente las emociones.

De esta manera, tememos las reacciones de nuestros allegados si les decimos abiertamente que no soportamos más su presencia. Estamos fuera de nosotros mismos, porque el apoyo que recibimos de ellos nos parece inapropiado, pero no decimos nada y reprimimos nuestra irritación por temor a que nos abandonen...

Puede que al experimentar tales sentimientos también nos avergoncemos de nosotros mismos. Entonces trataremos de desterrarlos de nuestro pensamiento para ahogar el malestar que engendran.

¿Pero, en resumidas cuentas, de qué se nutre esta cólera?

Nos percatamos de que raramente está constituida de un solo elemento. Así, los objetivos de la cólera y la indignación son diversos, y es posible distinguir cuatro como los fundamentales:

– la indignación contra Dios o contra el destino;
– la indignación contra la medicina;

– la cólera contra el difunto;
– la cólera contra uno mismo.

Hasta este momento habíamos creído más o menos en una justicia, en una sabiduría inherente al "orden del mundo"... y de repente nuestro hijo se ahoga, nuestro marido muere tras una larga agonía o nuestra pareja se suicida. En ese momento todo vuela en pedazos. El frágil edificio de nuestras creencias y convicciones se estremece violentamente y apenas alcanzamos a preguntarnos si no nos hemos equivocado o si no hemos vivido en el error. **Montamos en cólera contra Dios y contra el destino.**

La indignación, ya sea brutal y explosiva, ya sea larvada e insidiosa, aparece cuando al cabo de los meses todo en lo que hemos creído se desmorona. Es una prueba difícil, mucho más de lo que se piensa, puesto que ponemos en duda todo un sistema vital de referencia.

«¿Por qué un Dios justo distribuye tan mal el sufrimiento?», se lamenta una mujer que ha perdido a su tercer hijo hemofílico, víctima del sida. «Si Dios existe de verdad, ¿por qué ha dejado que mi compañera sufriera tanto?», se pregunta un hombre cuya mujer acaba de morir de cáncer de pecho. Al margen del dolor y la indignación, se opera, lentamente, un profundo cuestionamiento de los valores religiosos, filosóficos y espirituales.

En la cima de la desesperación, muchos renunciarán definitivamente a buscar un sentido o una cohesión interna a lo que acaba de ocurrir. La vida se convierte en un puro fruto del azar, todo es imprevisible: asistimos a la pérdida de un precario sentimiento de seguridad, y es posible que, por "reacción" a esa pérdida, desarrollemos un cinismo visceral y lleno de amargura ante la vida. Otros tratarán de luchar contra el absurdo recurriendo a todos los medios disponibles a fin de reconstruir su propio edificio. Este paso puede ser vital para el restablecimiento psíquico, puesto que podemos sentirnos "en peligro" al vernos desposeídos de todo aquello en lo que habíamos creído anteriormente.

Entre estas dos situaciones, todos los ejemplos son posibles.

Sería un error considerar que esta indignación contra Dios o contra el destino es secundaria en el desarrollo del duelo. Nos plantea, en definitiva, un reto crucial. No debemos perder nunca de vista que un duelo puede bastar en sí mismo para transformar profundamente todas las bases de nuestra confianza en la vida. La etapa de reconstrucción (que abordaremos más tarde) trabajará también en este nivel, y una gran parte de la resolución del duelo dependerá estrechamente del tipo de respuesta que pueda elaborarse en la dimensión espiritual.

Los médicos, las enfermeras, los hospitales son desde siempre blancos privilegiados donde proyectar el rencor o el resentimiento. A veces esta cólera es legítima, a veces no lo es...

Criticamos, con más o menos violencia, tal decisión médica o tal actitud que se ha adoptado. Reprochamos a un interno no haber sabido aliviar suficientemente el dolor. Reprochamos al médico no haber proporcionado ninguna explicación sobre la evolución de la enfermedad y no haber entrado en la habitación cuando se acercaba el fin. De hecho, se observa que raramente surgen críticas respecto a los cuidados prodigados al enfermo: la mayoría de las veces afloran los reproches en relación al trato humano que recibe el paciente hospitalizado. De este modo, es posible que lleguemos a sentirnos incomprendidos y mal informados por el equipo facultativo. Incluso tenemos la impresión de que nunca nos habían tratado con tan poco respeto y consideración.

Es difícil permanecer imparcial en estos casos: por un lado, hay hechos objetivos e intangibles, y actitudes que resultan inaceptables por parte de ciertos médicos y enfermeras: hay, por tanto, que condenar esos comportamientos y presionar para que cambien. Por otro lado, no siempre se valora en su justa medida la abnegación del equipo médico, pues nos encontramos perdidos en la confusión de los propios sentimientos y en el sufrimiento de quien se está muriendo...

Al margen de los reproches legítimos, ¿no proyectamos a veces sobre los médicos nuestra propia impotencia por no poder salvar al ser querido? ¿No transferimos a otros la cólera contra nosotros mismos al sentirnos indefensos ante la enfermedad? Incluso si pensamos que nos asiste el derecho a exigirla, la perfección no existe. Nos encontramos en una situación donde seres humanos toman a su cargo a otros seres humanos, con todas las imperfecciones que ello implica... Es cierto que, en muchas ocasiones, las cosas podrían haberse desarrollado de un modo diferente a como lo han hecho, pero no se ha podido, no se ha querido, o no se ha sabido hacerlo de otro modo... y el ser amado ha sufrido y se lo reprochamos amargamente a "los que le han hecho sufrir"...

Por perturbador e incómodo que pueda resultar un pensamiento así, es posible abrigar sentimientos de rabia o de **cólera hacia el difunto**, sin que ello signifique que se anule o se cuestione el amor que sentimos por él. Pero resulta evidentemente difícil, incluso insoportable, admitir que alimentamos un sentimiento de ira hacia él.

El fondo del problema es que no llegamos a aceptar la idea de que *el otro nos ha abandonado*. La cólera es una replica a este sentimiento de abandono.

Una madre maldice a su hijo por haberse suicidado, una mujer embarazada se lamenta de encontrarse sola tras la muerte de su marido: «No tenías derecho. ¿Por qué me has hecho esto?». Una joven había recuperado a su hermana, tras largos años de separación. Apenas seis meses más tarde, su hermana muere de cáncer: «¿Por qué ha desmontado todo cuanto estábamos a punto de volver a empezar juntas?», se pregunta ella. «¡No tenía derecho a interrumpir la reconciliación de la que tanta necesidad teníamos las dos! Ha sido muy

77

prematuro, sé que no debería hablar así de mi hermana, pero le reprocho que me haya "abandonado" de nuevo».

Nos encontramos duramente abocados a afrontar obligaciones y responsabilidades ante las que dudamos de estar en condiciones de asumir solos. La cólera desemboca entonces en el miedo. Abrigamos malos sentimientos hacia el difunto porque su muerte nos obliga a hacernos cargo de situaciones para las que no estamos en absoluto preparados.

También surgen todos los antiguos proyectos que habíamos decidido abordar juntos y que, de repente, se revelan inútiles: no queda más que una sensación de fracaso y frustración...

Es cierto que no podemos evitar sentir lo que sentimos. Por el momento, la cólera hace acto de presencia y es necesario tenerla en cuenta. Si el camino del duelo pasa por ella, significa que tiene seguramente su razón de ser. Puede mostrarnos muchas cosas sobre la naturaleza y los entresijos de la relación con el difunto. La cólera es a menudo reveladora de todo lo que hasta el momento hemos preferido ignorar...

No hay peor cólera que la que se dirige hacia **uno mismo**. Cólera por no haber sabido hacer lo que era necesario hacer... Cólera por no haber sabido comprender lo que el difunto necesitaba... Cólera por sentirse tan vulnerable, hasta el punto de tener que pedir ayuda porque no logramos reaccionar solos... Cólera de ser lo que somos, con nuestros límites, nuestros fallos, nuestra tristeza y nuestro desasosiego... Cólera por habernos atrevido a amar, a apegarnos a alguien... y pagar hoy por ello...

La cólera contra uno mismo remite a alguna estancia interior que rechazamos o condenamos, y es evidente que su motor es a menudo un sentimiento de culpa que espera ser reconocido por lo que realmente es.

Pueden definirse **dos "tipos" de cólera**.

Por un lado está la cólera que podemos vincular a circunstancias donde la indignación es legítima y apropiada. Puede atribuirse a la lentitud de las gestiones administrativas o al enfrentamiento con algún médico, o incluso al comportamiento impropio de algún miembro de la familia. Esta cólera es de corta duración; a menudo se consumirá en sí misma, sin dejar cicatrices muy profundas...

Y luego está la cólera que emerge y parece tan desproporcionada, tan virulenta que apenas alcanzamos a contenerla, ni a encontrar una razón que la justifique. Incluso si tomamos conciencia de su carácter excesivo, no podemos impedir sentirla sin poder hacer nada para evitarlo.

Pero no debemos equivocarnos: esta cólera es sólo la punta del iceberg. Arroja un velo uniforme sobre una multitud de emociones a menudo opuestas entre sí, y sólo arañando su frágil barniz descubriremos la verdadera naturaleza de aquello que pretende disimular... La cólera aparece frecuentemente como un recurso para protegerse contra algo más doloroso: así, si renunciamos a ver *más allá*, corremos el riesgo de volvernos sordos a un sufrimiento muchos más interiorizado, y nos encontramos entonces convertidos en rehenes de nuestro propio rencor.

La cólera presente no reviste acaso la naturaleza que le otorgamos; a veces tiene su verdadero origen en otra parte, y averiguarlo puede aportarnos una visión distinta sobre cómo vivimos nuestro duelo en el momento presente.

> Un hombre de 48 años acababa de perder a su madre. Era un hombre dinámico, emprendedor, que vivía su vida con entusiasmo y facilidad... y, sin embargo, después del entierro de su madre, sintió encenderse en él una sorda cólera contra ella. Sin poder explicarse las razones, no cesaba de crecer en él, con el paso de los meses, un incomprensible rencor que lo abocaba a la depresión y a un sentimiento de culpa.
>
> Se encontraba en un viaje de negocios cuando su madre falleció repentinamente de una embolia cerebral, y, tras haber recibido por teléfono la noticia de su muerte, sintió cómo cre-

cía dentro de él ese malestar, que evolucionaría, con el tiempo, hasta adquirir la forma de una rabia contenida...

En psicoterapia le invitaron a "sumergirse" en su sentimiento de cólera y a experimentarlo en toda su intensidad. Entonces afloró a su memoria una imagen del pasado: contaba seis años, había tenido un problema en la escuela y quería explicárselo a su madre, pero ella no tenía tiempo para escucharlo, estaba agobiada por el trabajo... Después de ese recuerdo olvidado vino otro: era adolescente y acababa de sufrir su primer desengaño amoroso, sentía la necesidad de hablar de ello, pero su madre nunca tenía tiempo que dedicarle, siempre tenía que marcharse, porque, al parecer, había cosas más importantes que hacer.

De esta manera, los recuerdos se encadenaban los unos a los otros, y todos tenían en común el desasosiego y el sentimiento de abandono del niño, del adolescente y luego del joven frente a una madre tan poco accesible. Evocando su pasado, emergió ante él toda esa búsqueda de amor y atención que había ansiado a lo largo de los años, y se enfrentó al sufrimiento de no haber podido nunca comunicarse con su madre, que era tan importante para él y de la que tenía tanta necesidad. Estas frustraciones acumuladas alimentaban hoy su cólera, porque se daba cuenta de que ya nunca sería posible enmendar el pasado... La intensidad de su resentimiento sólo podía compararse con la profundidad de su dolor cuando comprendió que, desde ese momento, había perdido todas las oportunidades para cumplir el deseo de su infancia: recibir de su madre el amor que tanto necesitaba.

Al tomar conciencia de este proceso, pudo restituir al pasado lo que le pertenecía y superar así una etapa en su duelo. A partir de ese momento, el rencor progresivamente fue dejando lugar a un sentimiento más dulce, más profundo y auténtico, que lo ha puesto en comunicación con el niño que fuera un día, cuyas heridas aprende ahora a curar...

El sentimiento de culpa

«No estuve allí cuando ella murió.»

«No tuve tiempo de pedirle que me perdonara por todo el dolor que le he causado.»

«Tuve que haberme dado cuenta de que no se encontraba bien.»

«Me alivió verlo muerto... No lo soportaba más...»

El sentimiento de culpa forma un bloque con el trabajo del duelo. Es casi indisociable. Por penoso y destructor que sea, hay que tratar el sentimiento de culpa como al resto, como un sentimiento normal y previsible que ha de afrontar, más tarde o más temprano, toda persona en duelo. El sentimiento de culpa consiste, simplemente, en sentirnos culpables... Culpables de lo que hemos hecho, o de lo que hemos dejado de hacer... Culpables de lo que hemos dicho o pensado... o de lo que no hemos dicho o pensado... El sentimiento de culpa en el duelo se basa en el hecho de que ya es demasiado tarde para volver sobre un pasado que lamentamos amargamente. Nos reprochamos haber obrado mal en un momento o en otro, no haber sabido interpretar una palabra o un gesto; entretanto ignoramos que sólo somos seres humanos, con nuestros límites e imperfecciones: por ejemplo, podemos olvidar con demasiada rapidez que la relación que manteníamos con la persona fallecida no era siempre, y en todo momento, tan armoniosa y apacible como pretendemos hoy. Nos reprochamos haber sentido ira, resentimiento, hastío, desprecio u otros sentimientos negativos hacia el difunto... pero, una vez muerto, es como si debiéramos llevar solos la responsabilidad de todos los conflictos y tensiones que en otro tiempo enturbiaban la relación. Y, sin embargo, ¿no está en la naturaleza misma de las relaciones entre dos seres humanos la alternancia entre el amor y el odio, el perdón y el resentimiento, la admiración y el rechazo? Es lo que se conoce como "ambivalencia": la coexistencia, simultáneamente y en relación a una misma persona, de sentimientos positivos y negativos. Ignorar esta ambivalencia equivale a negar un aspecto completamente normal en la relación con el otro.

Estamos lejos (muy lejos) de ser perfectos. Sin duda existen muchas cosas que de manera deliberada hemos rehusado hacer o acciones que hemos realizado con plena conciencia, sabiendo perfectamente que no redundaban en beneficio del otro... Y, sin embargo, en estos momentos, nos reprochamos lo imposible... Lo imposible sería haberlo hecho todo, haberlo comprendido todo, la más ínfima mirada, la más mínima palabra, el más pequeño gesto que habría podido –¿quién sabe?– cambiarlo todo. Lo imposible sería haber tenido tiempo para decirlo *todo*, arreglarlo *todo*, perdonarlo *todo*: querríamos preservar el sueño ilusorio de la transparencia absoluta, de la paz y la armonía sin mácula...

Cuando nos encontramos solos, inmersos en el impenetrable silencio de la ausencia, estamos frente a nosotros mismos. Incansablemente, repasamos la película de los meses y los años precedentes y descubrimos entonces innumerables razones (justificadas o no) para echarnos la culpa... El sentimiento de culpa exige su tributo; impone el castigo, la "reparación" de la falta cometida... y el corazón se arroja sobre carbones ardientes por no poder pagar su deuda.

De este modo, a veces se activa un recurso para alcanzar este objetivo: la *idealización* del difunto. Es un modo de "legitimar" el sentimiento de culpa y de hacerlo tangible; es un modo de castigarse indirectamente para expiar faltas hipotéticas. La idealización también cumple otra función: arroja una cortina de humo sobre la realidad de lo que verdaderamente era el difunto, y permite así ahorrarnos la confrontación con algunos rasgos de su carácter que preferimos desterrar de la mente... Esta negación de la realidad es a veces una de las disposiciones previas del duelo, que resultaría, de otro modo, mucho más "incómodo" de superar psicológicamente. La idealización lleva a ver al difunto bajo un prisma en el que resplandece todo su ser. «¿Sabéis? Era una persona excepcional, tan sensible, in-

El proceso del duelo

teligente y atenta… a su lado yo no era nada.» Comparándonos con ella, llegamos a sentirnos tan insignificantes, tan mezquinos y ridículos… Permanecemos horas sentados en una esquina de nuestro apartamento preguntándonos cómo haremos para seguir viviendo sin ese ser fuera de lo común.

Algunos van tan lejos en la denigración de sí mismos que llevan el recuerdo del difunto como un estandarte: es la bandera que justifica, ante sí mismos y ante los demás, el hecho de extinguir definitivamente en ellos todo rescoldo de vida. Todo regreso a una nueva vida será imposible a partir de ese momento.

Es evidente que a veces la idealización del cónyuge o del compañero es un recurso inconsciente para que el viudo o la viuda pongan distancia a eventuales pretendientes. Las razones son múltiples: el sentimiento de traicionar al difunto amando a otro, o el miedo a comprometerse de nuevo en una relación corriendo el riesgo de sufrir otra pérdida, o incluso el deseo de preservar un cierto "estado" o prestigio que puede conferirnos, en ciertos casos, el hecho de ser viudo o viuda de algún personaje eminente.

El sentimiento de culpa conduce a menudo a juzgarnos con un rigor despiadado. No ocurre nada, y esta severidad está relacionada en muchas ocasiones con el sentimiento de **pérdida de la autoestima** que encontramos frecuentemente en el transcurso del duelo. Para volver a la ambivalencia de los sentimientos, podemos constatar que, por otra parte, cuanto más grande sea la autoestima en una relación (donde abundan los ocultamientos y la hostilidad bajo una apariencia de armonía), más acusado será el sentimiento de culpa.

Una mujer de 49 años no se cansaba de repetir que su vida conyugal era un infierno, con un marido alcohólico y violento. No tenía palabras suficientes para describir todo su odio y frustración acumulados a lo largo de los años. Cuando su marido murió de un cáncer de hígado, los allegados esperaban ver renacer a esta mujer, a partir de entonces liberada de las cadenas que tanto había denunciado... ¡Sin embargo ocurrió justo lo contrario! Se obstinó durante más de dos años en un duelo a la larga imposible, de tal modo se encontraba varada en un inmenso sentimiento de culpa de cara a su marido: volvía sobre las acusaciones que le había hecho, repitiéndose cuánto se había equivocado acosándolo de esa manera. «No supe ayudarlo», afirmaba, olvidando los golpes y los cardenales que sembraban su rostro después de los accesos de violencia de su marido. «Necesitaba cariño y fui incapaz de dárselo... ¿Sabéis? No era tan malo como parecía...»

Explorar el sentimiento de culpabilidad ayuda a veces a reajustar las emociones. Es una manera de tomar conciencia de ciertas creencias a las que nos adherimos desde siempre sin haberlas cuestionado nunca. Se las acepta como verdades desde la infancia; a menudo constituyen **la herencia de los padres y de la sociedad** en la que hemos crecido... Gobiernan un gran número de sentimientos y comportamientos cuya legitimidad no siempre se explica. Son los filtros a través de los cuales percibimos la realidad:

–Un hombre no llora en público; debe ser fuerte, digno, valiente.

–Un hijo o una hija deben, en todas las circunstancias, cuidar de sus padres enfermos. Toda falta a esta regla social es condenable.

–Nunca deben abrigarse malos sentimientos hacia el difunto. Su nombre ha de ser honrado y no mancillado.

–Queda totalmente excluida, y es censurable, la búsqueda del placer (sobre todo el placer sexual) en el período de duelo.

–El suicidio es un pecado, la vergüenza recae incluso sobre la familia, que de algún modo es también responsable.

–Es impensable desear la muerte de alguien.

–Hay que mostrarse digno del dinero "fácil" que proviene de una herencia.

–Es indecente salir con un hombre apenas transcurridas unas semanas de la muerte del marido. Etcétera.

Las trampas son numerosas, fácilmente podemos caer prisioneros de nuestras propias convicciones. Éste es uno de los retos del trabajo del duelo en su fase de desestructuración: reevaluar los propios sistemas de pensamiento y referencia, y establecer lo que continúa siendo funcional para uno mismo, o lo que por el contrario se ha convertido en disfuncional. No es un camino fácil de seguir, porque el sentimiento de culpa tiene el temible poder de encerrar a la persona en su soledad: el miedo a ser juzgado si revela sus pensamientos y el peso de la vergüenza desalientan a menudo las tímidas tentativas de apertura a los demás.

Igual que ocurre con la cólera, hay un sentimiento de culpa que desaparece por sí mismo, una vez que nos hemos distanciado de alguna manera de los acontecimientos. Este sentimiento se apaciguará con relativa facilidad, puesto que sus raíces son en realidad poco profundas.

Pero hay un **sentimiento de culpa que persiste** y del que no conseguimos desprendernos. Acaba por ocupar todos nuestros pensamientos y puede paralizar en su impulso la dinámica del trabajo del duelo: el sentimiento de culpa vinculado a relaciones conflictivas con el difunto, como hemos visto en el ejemplo comentado anteriormente, pertenece a esta categoría.

Un joven había decidido tomarse algunos días de descanso para "darse un respiro" y distanciarse un poco durante el período de asistencia a su madre, en la fase avanzada de un cáncer terminal. Una complicación repentina se llevó bruscamente a la anciana sin que su hijo pudiera ser avisado a tiempo para acompañarla en los últimos momentos. Durante muchos meses, le atormentó la idea de que su madre, en su lecho de muerte, hubiera podido pensar que él la había abandonado. Explorando este sentimiento de culpa, el joven se enfrentó a un aspecto de su infancia cuando, tras el divorcio de sus padres, él había asumido, en relación a su madre, el papel de padre y marido, invistiéndose de una responsabilidad que se sentía incapaz de asumir, pero en la que ella parecía querer mantenerlo. Todo intento por su parte de alcanzar un poco de autonomía tenía como consecuencia sumirla en la depresión, y, de este modo, él había ahogado su frustración para estar siempre a la altura de los requerimientos de su madre. Interpretaba el hecho de no estar junto a ella el día de su muerte como un "fracaso en su deber".

Esta inmersión en el pasado le ayudó a comprender que su actual sentimiento de culpa tenía su origen en un lugar más profundo de lo que había pensado al principio y que el remedio a su malestar no se encontraba necesariamente donde él creía...

Esta historia muestra cómo el sentimiento de culpa remite a la visión que se tiene de sí mismo: revela todo lo que nos permitimos y todo lo que nos prohibimos: todo cuanto hemos asumido como "bien" o "mal" emerge a la superficie. Desde luego, existen mil y una razones para sentirse culpable tras la muerte de un ser querido, pero ¿cuál es el origen del sentimiento de culpa? ¿Sobre qué descansa? ¿Sobre qué exigencias? ¿En qué escala interna nos basamos para medir si hemos cometido o no una falta?

Hay, evidentemente, una diferencia notoria entre el hecho de acusarse de la muerte del hijo en un accidente de autobús durante las vacaciones en una colonia en el otro extremo del país, y el hecho de reprocharse la desidia de no haber visitado nunca a un hermano en un hospital cercano. Todo depende del nivel en el que ponemos el listón. ¿Quizás abrigamos, en ciertos casos, exigencias totalmente desproporcionadas de cara a nuestra responsabilidad? Si, por ejemplo, tenemos la íntima convicción de que, como padres, debemos asegurar en todo lugar y bajo toda circunstancia la seguridad de nuestro hijo, parece evidente que si éste acaba de morir nos condenaremos a un descarnado sentimiento de culpa, incluso si la muerte escapa completamente a nuestro control. Sea cual sea la situación, el precio que nos haremos pagar impelidos por nuestro sentimiento de culpa estará a la altura de nuestra "falta".

El sentimiento de culpa nos pone contra el paredón, porque nos encontramos solos a la hora de identificar el origen del "error" del que nos acusamos. ¿Acaso fue algún gesto de impaciencia o desagrado cuando tuvimos que mudar por quinta vez desde que estábamos allí a nuestra hermana, hospitalizada por sida? ¿Ha sido una llamada telefónica que por pura desidia hemos olvidado hacer a un amigo que se suicidó dos días después, tras haber escuchado un mensaje de él en el contestador? ¿Ha sido la dura mirada de reproche que lanzó una hija de dieciocho años a su madre cuando se la cruzó en la calle, del brazo de un hombre desconocido, un año después de la muerte de su padre? Sólo nosotros lo sabemos...

En última instancia, estamos solos a la hora de poder otorgarnos circunstancias atenuantes, aunque a veces no conseguimos encontrarlas...

La única salida consiste en aceptar la responsabilidad de nuestros actos y de lo que hemos sido, dándonos la posibilidad de cambiar lo que está en nuestra mano, si somos capaces de ello... Reconocer la propia culpa dentro de los límites de nuestra competencia no la anulará, ni mucho menos, pero será un medio para dejar de estar tan dominados por ella. Es un modo de reconocernos tal cual somos, bajo una luz cuya crudeza puede amedrentarnos. Es un acceso al difícil aprendizaje que consiste en perdonarse a sí mismo, a pesar de lo que somos o hayamos podido ser. No es una pirueta; no es una manera hábil para justificarse sin mucho esfuerzo. Es un verdadero camino interior.

Algunos pueden encontrar en esta aceptación de sus actos y pensamientos una respuesta o un compromiso consciente de cara a su sentimiento de culpa. Lo transforman en actos. Una acción para "reparar" lo que aún tiene remedio (compromisos asociativos, voluntariado, relación de ayuda…). En este punto avanzamos sobre una delicada línea de fuego, porque el sentimiento de culpa no debe constituir en ningún caso el único motor de la acción que emprendemos; de este modo la pervertiremos desde el principio y la legaremos, de hecho, al papel de mera obligación que nos imponemos para castigarnos y hacernos pagar…

Esta actitud consiste en considerar lúcidamente el lugar que ocupa nuestro sentimiento de culpa en nuestro deseo de actuar, y pasar, pese a todo, a la acción, con total conocimiento de causa. Es cierto que buscaremos siempre, de un modo u otro, "reparar" lo que hemos hecho, pero la diferencia radicará en la comprensión de lo que determina nuestro deseo de actuar. Esta acción remite a lo que la persona en duelo ha extraído de su experiencia y a cómo desea emplear la enseñanza que le ha sido transmitida… *a pesar de y gracias a su sentimiento de culpa.*

Por ejemplo, hay quien, una vez muerto su hijo, esperará a que su duelo se suavice para hacerse voluntario de una asociación que se ocupa de personas afectadas por el sida. Otro, después de la muerte de su hijo, debido a la inexplicable muerte súbita del bebé, se unirá a un grupo de padres que presta su ayuda y apoyo a quienes viven la misma experiencia que él ha conocido. Una mujer, en Inglaterra, creará con otros padres un grupo de presión que consiga modificar la legislación sobre los conductores en estado de embriaguez: su propio hijo ha sido atropellado por un conductor ebrio. Otro hombre emprenderá una campaña dirigida a los directores de hospitales y a las personalidades políticas de su región a fin de conseguir una mejor atención para los pacientes afectados de cáncer en el hospital de su ciudad. En su fuero interno, ofrece el fruto de sus esfuerzos a su mujer fallecida de cáncer de mama.

Estas personas no persiguen una "hazaña" que atraiga sobre ellos la admiración de su entorno. Muchos actúan a veces en el mayor de los silencios, conscientes de que, incluso en la más pequeña acción, se encuentra la voluntad de hacer "algo" con ese duelo. El reconocimiento de su compromiso se encuentra al margen de la mirada de la gente; antes bien, recae en su propio modo de ver las cosas, llegados a ese nivel de conciencia tan particular que el duelo les ha señalado.

Nunca hay que minimizar la fuerza del sentimiento de culpa. De él resultará tanto lo mejor como lo peor, todo depende de la enseñanza que logremos extraer. Pero es necesario saber que el camino que conducirá a un posible apaciguamiento (quizá incluso al perdón) será muchas veces más largo y arduo de lo que se había imaginado.

El proceso depresivo

La fase de "desestructuración" marca, en el desarrollo del duelo, el período de tiempo en el que el vacío y la sensación de ausencia se muestran en toda su crudeza. No queda nada en el exterior ni en el interior, todo ha de ser reconstruido...

... y es entonces cuando llega el proceso depresivo del duelo, *meses después de la defunción*. Para comprenderlo es necesario explorar varios niveles: luchamos durante meses, *antes* de la muerte, durante la asistencia al enfermo y, *después* de la muerte, en el trabajo del duelo. Para hacer frente a un estrés constante, hay que extraer energía de las "reservas" psíquicas... pero extraemos tanto de nosotros mismos que llegamos a quedarnos en las últimas, nos encontramos en el fondo del pozo. Es en este momento, al llegar a una saturación de las propias capacidades de adaptación al estrés, cuando los síntomas depresivos hacen su aparición. Traducen un agotamiento físico y psíquico. Éste es un primer nivel de comprensión del proceso depresivo.

Un segundo nivel remite al propio proceso del duelo: el proceso depresivo es una etapa, no sólo normal y previsible, sino también muy deseable. En efecto, cuando el proceso depresivo *no aparece* podemos considerar que hay un problema en el desarrollo del duelo. *El proceso depresivo es el indicio de una etapa del duelo en proceso de resolución.* Supone la primera etapa en la recuperación, puesto que indica el "éxito" de la desinvestidura libidinal que hemos evocado anteriormente.

Conforme peor estamos, más significa que avanzamos "saludablemente" en el proceso de duelo: parece absurdo y paradójico pero es, sin embargo, lo que ocurre.

Pocas son las personas que se confiesan deprimidas, mientras que un buen número de los **síntomas** que manifiestan pertenecen a la definición del proceso depresivo. En efecto, se tiene una visión demasiado estrecha y restringida. Se piensa que el proceso depresivo se limita únicamente al llanto y a la tristeza: esto es alejarse mucho de la realidad.

El proceso depresivo agrupa un cortejo de síntomas cuya intensidad varía con el tiempo y en función de las personas. Para resumirlos, encontramos fundamentalmente: trastornos del sueño, trastornos del apetito, manifestaciones psíquicas diversas, disminución de la velocidad psicomotora, una pérdida de interés con retraimiento social, pérdida de la autoestima, hipersensibilidad con cambios drásticos en las emociones, tristeza anímica con eventuales ideas suicidas.

Uno de los primeros indicios del proceso depresivo es una **perturbación en los hábitos del sueño**, tanto en cantidad como en calidad: experimentamos dificultad a la hora de dormir, o nos despertamos de madrugada, sobre las cuatro o las cinco, tras haber dormido sólo unas pocas horas. Este sueño es superficial, poco reparador, y nos sentimos agotados ante la sola idea de levantarnos para comenzar la jornada. Siempre estamos cansados, sin que tengamos nunca la sensación de poder recuperarnos.

El **apetito** también sufre perturbaciones, la mayor parte de las veces consistentes en la sensación de una pérdida de apetencia: simplemente, no tenemos hambre, no encontramos placer alguno en alimentarnos y tenemos que obligarnos a comer cualquier cosa. Este proceso puede, de hecho, comportar una pérdida de peso.

El cuerpo también se expresa durante el desarrollo del duelo. Reacciona a su manera ante la conmoción por la pérdida. De este modo, encontramos múltiple **dolores**: dolor de cabeza, calambres, espasmos, sensación de sofoco o de "punzadas" en la zona del corazón, impresión de opresión en la garganta, náuseas, vértigo, palpitaciones, debilidad muscular, etc. Estos síntomas pueden estar vinculados directamente a una depresión subyacente de la que son las únicas manifestaciones visibles: en este caso se utiliza el término depresión "encubierta".

Como veremos más adelante, en el capítulo «Ayudarse», cuando el corazón no habla, el cuerpo toma el relevo y expresa en voz alta y clara el duelo que no nos atrevemos a nombrar. Este proceso puede ir muy lejos... En efecto, aun careciendo de pruebas formales que establezcan una relación directa entre los dos, preocupa, no obstante, la sorprendente frecuencia con que se detecta un cáncer en las personas en duelo poco tiempo después del fallecimiento de un ser querido. Se ha comprobado, por ejemplo, un aumento en el número de cánceres de mama en las viudas transcurridos algunos meses de la muerte del marido. Esto sugiere, sin duda alguna, la necesidad de un cuidadoso seguimiento médico en las personas que corren el riesgo de padecer una patología tumoral.

Sea cual sea su naturaleza, todas las manifestaciones físicas citadas anteriormente constituyen motivos de frecuentes visitas al médico, y es a menudo gracias a esto como el médico de cabecera conoce el proceso de duelo y el proceso depresivo que lo acompaña. Será esencial que vincule los síntomas físicos que la persona manifiesta en su consulta con el desarrollo del duelo. Podrá aprovechar la visita para facilitar que el paciente hable de su pérdida y su sufrimiento. No debe olvidar nunca que él es quizás la única persona a quien su paciente puede confiarse de manera abierta, sin temor a ser juzgado. Si se establece una relación de confianza, el médico puede proponer explícitamente consultas de apoyo psicológico.

Cuando se está deprimido, puede comprobarse también, paralelamente a una **ralentización física** que se manifiesta en

91

una lentitud de movimientos y un cansancio tenaz, un **descenso de las capacidades intelectuales**: se traduce en la impresión de tener la mente en blanco; el ritmo de los pensamientos parece haber disminuido, y nos irrita haber perdido nuestra agilidad mental. Cada vez es más difícil, o casi imposible, concentrarse en el trabajo, en la lectura de un libro, o al ver una película, y nos encontramos frecuentemente bloqueados por "lapsus de memoria" que nos obligan a escribirlo todo si no queremos olvidarlo.

En estas condiciones es evidente que la primera etapa del duelo viene acompañada de una bajada en el rendimiento en el ámbito profesional. Necesitamos el doble de esfuerzo para realizar un trabajo que no es proporcional a la energía que requiere. Esto no siempre lo asume bien el entorno profesional, que tolera solamente algunas semanas de "dispersión" tras la muerte de un pariente. Los compañeros de trabajo y los superiores jerárquicos se sorprenden de que, dos meses más tarde, no se haya recuperado el rendimiento anterior, cuando parece evidente que tales exigencias no son compatibles con la realidad psicológica del proceso de duelo.

Hay que subrayar, no obstante, que la actividad profesional desempeña un papel esencial en el tiempo del duelo, puesto que, por un lado, ayuda a "canalizar" los pensamientos en una actividad concreta y, por otro, constituye una estructura de referencia estable que contrasta con la fragilidad del entorno familiar, desgarrado por la defunción. La red de apoyo y solidaridad que se organiza a veces alrededor de la persona en duelo puede marcar la diferencia para alguien que se encuentra socialmente aislado, o que tiene pocos familiares o amigos, al margen de su ámbito profesional.

El proceso depresivo del duelo puede igualmente modificar la **perspicacia del juicio.** Es un fenómeno frecuente que conviene subrayar con el fin de mitigarlo de cara al futuro: *invita, en la medida de lo posible, a evitar tomar decisiones importantes durante los primeros meses del duelo.* De esta manera, incluso si estamos convencidos de lo bien fundado de la decisión, es importante meditarla detenidamente y tratar de aplazarla varios meses. Ya se trate de una mudanza repentina al otro extremo del país, de la venta de una casa «porque está demasiado cargada de recuerdos», de la decisión de dimitir tomada a la ligera o de la firma de un contrato que no hemos tenido la precaución de leer cuidadosamente, es preferible esperar a estar psicológicamente mejor dispuesto para encarar el futuro: en efecto, por el momento el duelo ocupa el primer plano. No podemos dispersarnos y seguir dos caminos a la vez, porque corremos el riesgo de mordernos las uñas más tarde al haber tomado una decisión catastrófica que parecía, sin embargo, muy razonable en su momento.

En el proceso depresivo ya **nada provoca placer**. Todo cuanto nos hacía felices, nos interesaba y nos complacía, como la lectura, las salidas, la música, las aficiones, el deporte, etc., pierde en adelante su atractivo. Sentimos tal vacío interior que nos encontramos incapaces de obtener placer de la más mínima actividad. Nos inquietamos y sufrimos por ello, porque tememos que todo lo que constituía un estímulo se haya apagado definitivamente. Esto no es, gracias a dios, más que una impresión, puesto que todo volverá poco a poco a su lugar, pero la intensidad del vacío interior es tal que nos convencemos de que la vida no presentará nunca el menor atractivo... Experimentamos, además, una gran dificultad a la hora de encarar serenamente el porvenir: parece yermo, lóbrego y amenazador, tanto que no nos atrevemos a elaborar el menor proyecto. De todos modos, no apetece...

Así, navegando entre el sentimiento de impotencia o inutilidad, llegamos a dudar de nosotros mismos, de la propia valía y la autoestima. A menudo, el sentimiento de culpa se abisma en estas brechas, afectando aún más la imagen desvalorizada que se pueda tener de sí mismo. Se cede a la tentación de replegarse sobre uno mismo, en un movimiento de retiro del mundo. Ya no salimos, no queremos ver a nadie, preferimos nuestro silencio y no toleramos sino nuestra presencia. Nuestros allegados han de aprender a aceptar este período de aislamiento, porque la persona en duelo necesita encerrarse en sí misma de vez en cuando. El papel de los allegados consiste, en este momento, a la vez en respetar a la persona en duelo en su deseo de quedarse a solas y de asegurarle continuamente la fuerza de su presencia y de su amor... pero han de velar al mismo tiempo porque no se pierda en su propia soledad.

La **tristeza** es el escollo del proceso depresivo. Puede ser intensa, desgarradora o, por el contrario, sorda e hiriente. Sea como sea, se da a menudo de un modo omnipresente, desde que abrimos los ojos por la mañana, y se arrastra consigo a lo largo de todo el día. A veces, las lágrimas y los sollozos ayudan a amortiguarla por algún tiempo, pero es su persistencia, al cabo de las semanas, la que termina por agotarnos y hacernos dudar seriamente de que un día podamos volver a vivir felices y despreocupados. A veces llegamos a pensar en el *suicidio* para poner un fin a este sufrimiento. Sentimos el deseo visceral de recuperar al otro más allá de la muerte, porque el dolor de la ausencia se vuelve intolerable: es esta llamada la que el entorno, amedrentado, ha de poder atender. Un tiempo para escuchar y compartir se revela a menudo indispensable para "desactivar" la dinámica suicida. No obstante, si este deseo parece persistir y se convierte en una de las preocupaciones centrales del enlutado, no hay que tomar a la ligera sus ideas fúnebres, contrariamente a la falsa idea de que «los que hablan de suicidio nunca se suicidan». De igual modo redoblaremos la vigilancia si encontramos, en su pasado, antecedentes de intentos de suicidio, o si el duelo presente tiene su origen en el suicidio de un allegado.

Ante la menor duda, está justificado llamar a un profesional de la salud mental para evaluar la gravedad de la situación. Poco importa en efecto si, a fin de cuentas, la inquietud era infundada: ignorar a una persona que expresa claramente su deseo de morir es un riesgo que no podemos permitirnos correr.

El proceso depresivo tiene en el desarrollo del duelo su propia **dinámica**: no evoluciona en un solo bloque, sino más bien en oleadas sucesivas. Al principio, éstas son extremadamente frecuentes y de una increíble intensidad. Así, durante dos días, nos arrastramos literalmente consumidos por el dolor y, a la mañana siguiente, nos sorprende despertarnos más calmados y tranquilos, sin que haya ocurrido nada especial... Esta tregua puede durar una hora, o un día... y, con gran brusquedad, se desencadena una nueva ola y barre todo cuanto habíamos comenzado a reconstruir tímidamente.

Y, a pesar de ello, a medida que pase el tiempo, la frecuencia y la intensidad de estos "asaltos depresivos" irán atenuándose... Cuánto va a durar, nadie puede decirlo... pero, de todos modos, se extenderá a lo largo de muchos meses. Es preciso saberlo y no desesperar. El proceso sigue su camino; la cicatrización se opera lentamente, y, tarde o temprano, nos percataremos de que estamos saliendo del túnel. Hay que resistir: estamos en el buen camino.

La disminución de la experiencia depresiva no obedece a una evolución constante y lineal. Durante meses sufre altibajos imprevisibles. Existe,, por otro lado, numerosas circunstancias en las que se sentirá de nuevo (incluso muchos años después del fallecimiento) la garra del proceso depresivo. Esto ocurre con las fiestas de Navidad, los cumpleaños u otras fiestas familiares, que reactivarán durante algunos momentos el dolor, subrayando una vez más la ausencia. Encontraremos ecos de nuestra pena cuando, algunos meses o años más tarde, tropecemos por azar con un juguete del niño o una fotografía olvidada.

Proceso depresivo y depresión clínica

Seguramente se han dado cuenta de que en las páginas precedentes no he hablado de "depresión" sino de "proceso depresivo". En efecto, un "proceso depresivo en el transcurso del duelo" no significa una "depresión clínica"; esta última es una complicación. La diferencia entre ambas es frecuentemente difícil de establecer ya que el "proceso depresivo" y la "depresión" se inscriben en un mismo continuo psíquico, y esta confusión se encuentra en el origen de la prescripción de medicamentos la mayoría de las veces inapropiados. ¿En qué se diferencia el proceso depresivo de la depresión?

El lugar de los medicamentos en el transcurso del duelo

Existen tres grandes categorías de medicamentos que pueden prescribirse durante el duelo. ¡Pero no olvidemos que nuestro país detenta el triste récord de consumo de tranquilizantes y antidepresivos! Es preciso tratar de ser cautos en la prescripción y el seguimiento de estos tratamientos:

–Los **ansiolíticos** (Tranxène, Lysanxia, Lexomil, Xanax, Valium…) se prescriben para luchar contra las manifestaciones penosas de la angustia y la ansiedad; también son útiles en ciertos trastornos del sueño (dificultades para dormir, por ejemplo).

–Los **somníferos** (Imovane, Stilnox, Rohypnol, Donormyl…) se utilizan para estimular el sueño. El duelo es un proceso psíquico agotador; en algunos casos es aconsejable prescribir un somnífero –por un breve espacio de tiempo– para obtener un sueño reparador.

Pueden tenerse en cuenta otros tratamientos a la hora de tratar los trastornos del sueño o los problemas de ansiedad: la acupuntura, la homeopatía, los aceites de esencias, la fitoterapia, los masajes, etc. No presentan ningún efecto secundario nocivo en la medida en que son prescritos o recomendados por personal competente y con experiencia.

–Los **antidepresivos** (Prozac, Déxorat, Zoloft, Anafril, Effexor…) tienen como objetivo tratar los síntomas depresivos (véase tabla adjunta). Por supuesto, no tratan la causa de la depresión. Hay que insistir en el hecho de que el antidepresivo no permite nunca *eliminar* la pena. Tan sólo opera en las *manifestaciones* depresivas que de ella se derivan.

¿Cuándo tomar un antidepresivo?

No hay una respuesta unívoca a esta pregunta porque cada caso es único. Sin embargo, en líneas generales podemos decir que la depresión clínica justifica una prescripción de antidepresivos, mientras que en la experiencia depresiva no es a priori necesario.

Pero, una vez entendido esto, es preciso matizar. Tomemos el ejemplo de una joven con tres hijos de corta edad que debe retomar una actividad profesional después del fallecimiento repentino de su marido. Para ella es imperioso ganar dinero pues ha de pagar el alquiler y alimentar a sus hijos porque la familia no había previsto nada en caso de desgracia. Es posible que en los primeros meses tras la muerte presente elementos depresivos moderados (del orden de la experiencia depresiva), pero lo suficientemente intensos como para afrontar de un modo preocupante su reinserción profesional: duerme mal, le cuesta recordar, no tiene la energía suficiente a la hora de asumir el estrés de su nueva situación, se siente irritable, vulnerable y ampliamente superada por los acontecimientos. Probablemente ella no es "depresiva", pero su situación requiere medidas especiales de acuerdo a sus prioridades: necesita estar "operativa" desde el punto de vista profesional. Si acude a la consulta, será pertinente que el médico le plantee la posibilidad de un tratamiento antidepresivo transitorio, junto a un apoyo psicológico, a fin de ayudarle a superar esta difícil situación.

A otra persona que presente los mismos síntomas, pero que no se encuentre en la misma tesitura, podría resultarle más beneficioso un tratamiento únicamente psicológico –en el marco de un seguimiento del duelo o de una terapia grupal.

El médico debe, por tanto, ser ecuánime y proceder a un análisis de la situación en su conjunto: las circunstancias de la muerte, los antecedentes de depresión, la calidad de la red de apoyo de la persona en duelo, etc. Esto le permitirá evaluar los eventuales factores de riesgo de depresión clínica. No se justifica la prescripción sistemática de medicamentos.

Proceso depresivo	Depresión clínica
Elementos comunes Trastornos del sueño y/o del apetito –cansansio duradero– pérdida de interés global –tristeza– dificultades de concentración, de memorización (sensación de "cabeza vacía") – baja de la libido, etc.	
	Estos síntomas son de una **intensidad especialmente acusada**. Además, hay una experiencia dolorosa ligada a: –un sentimiento de culpa muy intenso, abrumador, infundado o desmesurado en relación a los acontecimientos; y –una pérdida de la autoestima, con un sentimiento de indignidad e infravaloración importante; y –un sentimiento profundo y perdurable de absoluta pérdida del sentido de la vida.
El proceso depresivo afecta a **todas las personas en duelo**. Es normal y necesario en el proceso.	**Sólo algunas personas** sufren una depresión en el transcurso de su duelo (aún no existen estudios definitivos al respecto).
Pueden aparecer **ideas suicidas** (por ejemplo, para estar con el difunto), pero generalmente no se ponen en práctica. Además, esta intención fluctúa según las circunstancias.	Pueden aparecer **ideas suicidas persistentes**. El riesgo de pasar al acto es tanto más importante cuando se elaboran argumentos claros y la persona en duelo trata de ponerlos en práctica (compra de medicamentos, puesta en orden de la última voluntad, etc.). Estos signos no siempre son visibles para el entorno.

Proceso depresivo	Depresión clínica
Incluso en plena experiencia depresiva, hay siempre **un mínimo funcionamiento afectivo, social y profesional**. Es relativamente satisfactorio, a pesar del esfuerzo que precisa y de la dureza de afrontarlos día a día.	Se observa una perturbación importante –incluso **una inhibición completa**– del funcionamiento intelectual, afectivo, social, profesional, con todas las consecuencias que se derivan (mayor aislamieto) incapacidad profesional con riesgo de pérdida del trabajo...). Pese a los esfuerzos, no consigue recuperarse.
El proceso depresivo **evoluciona en oleadas sucesivas**, alternando fases de desesperación y treguas en las que se da una cierta recuperación (estas oleadas tienden a disminuir en frecuencia e intensidad al cabo del tiempo, aun cuando a veces persistan durante meses o años).	La experiencia dolorosa de la depresión es, la mayor parte del tiempo, **continua y sin remisión**; tiende a agravarse con el tiempo. Los momentos de calma son muy raros y la persona es incapaz de apreciarlos.
Aunque la tonalidad general sea de tristeza y pena, se es **sensible y receptivo a las cosas buenas** que nos pasan. Persiste la capacidad de pensar en el futuro y elaborar proyectos.	En la depresión, hay una **indiferencia profunda** (vivida dolorosamente) o una **ausencia de receptividad** ante los acontecimientos felices. El futuro parece irremediablemente truncado, sin
Reacción "normal" en el duelo, el proceso depresivo **a menudo se cura solo, con la ayuda de los allegados o de asociaciones.** No requiere tratamiento médico específico.	La depresión no desaparece por sí sola. Requiere un **seguimiento psicológico y, frecuentemente, también médico.**

Los efectos de los medicamentos

Hay pocos datos concluyentes sobre el efecto de los antidepresivos en el transcurso del duelo. Algunos afirman que ralentizan el proceso, o incluso lo inhiben, y que éste aparece de un modo más visceral cuando acaba el tratamiento, lo cual aún no ha sido probado científicamente. Lo que sí es cierto es que algunas personas en duelo que han tomado antidepresivos (necesitándolos o no) describen dificultades para vivir plenamente las emociones del duelo: «No consigo llorar, y siento que me haría bien. Me siento lejos de mi dolor y no consigo asumirlo». Ante tal embotamiento de las emociones naturales del duelo, el antidepresivo puede ser un obstáculo más que una ayuda.

El antidepresivo ejercerá, evidentemente, un cierto efecto en la experiencia depresiva (puesto que la experiencia depresiva y la depresión comparten un territorio común). Sin embargo, el peligro radica en medicar un proceso que en sí mismo no lo necesitaba. Hay que evitar la prescripción sistemática de un antidepresivo desde el inicio del duelo (por ejemplo, en los funerales); un ansiolítico ligero sería más adecuado. La dificultad estriba en que, una vez se ha prescrito el antidepresivo, a menudo el paciente se niega a dejar de tomarlo porque teme que el dolor lo inunde. Esto puede llevar al médico a continuar durante meses una prescripción inútil, aun cuando no estaba justificada inicialmente…

Tampoco hay que caer en el otro extremo, que consiste en negar cualquier antidepresivo a una persona que padece un gran sufrimiento en su duelo, sólo porque no presenta todos los síntomas de la depresión clínica. Acabamos de verlo en el ejemplo de la joven que ha de retomar su trabajo. En todos los casos, si hay prescripción de medicamentos, ha de estar obligatoriamente integrada en un tratamiento global del duelo. El primer elemento de este acercamiento es la palabra, la atención minuciosa y repetida de este corazón que siente dolor. Hay que conceder todo el espacio al trabajo del duelo y a la expresión de las emociones que son su trama. Si el antidepresivo facilita o estimula esta verbalización de la pena, cumple su función; es un herramienta en el conjunto de ayudas disponibles para las personas en duelo –no un fin en sí mismo.

De este modo, si el médico le ha prescrito un antidepresivo poco tiempo después de la defunción, conviene hablar con él para entender el sentido de esta prescripción. Además, no hay que suspender repentinamente el tratamiento por iniciativa propia. Esto ha de hacerse poco a poco, bajo supervisión médica. Es importante planear la duración del tratamiento con el médico a fin de no prolongarlo durante años y definir el modo de detenerlo. Esta conversación puede ser también la ocasión para explorar otras formas de ayuda: asociaciones, grupos de ayuda, entrevistas individuales... El medicamento sólo encontrará –o no– su razón de ser tras una atención real y sincera.

El miedo

Con la muerte de la persona a la que estábamos unidos, desaparece todo un conjunto de referencias esenciales y, cuando se pierden los elementos que nos han ayudado a estructurar la existencia, el miedo se impone lentamente. Un miedo que a veces puede convertirse en una especie de pánico y que verdaderamente reconcome las entrañas durante semanas y meses.

Es cierto que a veces no somos conscientes de su presencia y, al igual que ocurre con la depresión, es posible que el miedo se exprese a través del cuerpo: sentimos entonces una continua opresión en la garganta, hasta el punto de que la respiración se torna entrecortada y jadeante, o de pronto nos resulta imposible ingerir cualquier cosa. Padecemos durante todo el día dolor de cabeza o migraña que nada consigue mitigar. Sentimos palpitaciones o "punzadas" en la zona del corazón. Sufrimos náuseas, vértigos o malestar acompañados de bochornos de calor o de accesos de sudor frío, etcétera.

Estos síntomas son algunas de las manifestaciones de la ansiedad. Es importante reconocerlos e identificarlos, porque existen medicamentos que permiten atenuar sus efectos. Además, si la persona ha acudido a consulta, el médico podrá establecer una correlación entre los síntomas de la ansiedad y el trabajo del duelo que se está desarrollando, y podrá crearse un espacio para la conversación sobre el duelo; se le dará así un cierto margen a la expresión de este miedo.

El miedo y la ansiedad se nutren de fuentes diversas, y, desde una perspectiva de «divide y vencerás», es a menudo útil descubrir los diferentes componentes para evitar dejarse sojuzgar por la masa uniforme de un miedo no explorado. Encontraremos, pues, dos grandes ejes principales: uno remite al miedo en un nivel práctico y material, el otro a una dimensión más afectiva y emocional.

«¿Cómo podré vivir solo a partir de ahora? ¿Acaso soy capaz de hacerlo? Durante diez… quince… treinta años he compartido mi vida con la persona que acaba de morir. He olvidado por completo cómo ser independiente y desenvolverme solo.» Es evidente que esta **angustia de lo cotidiano** remite al grado de dependencia con respecto a la persona desaparecida que hemos comentado anteriormente. Dependencia material, por ejemplo, cuando el cónyuge se ocupaba de todas las necesidades: tras su muerte nos encontramos de pronto sin ingresos, sin recursos y con todo por hacer. ¿Qué haremos si no hemos trabajado nunca? ¿Cómo mantener el nivel de vida anterior? El miedo a la incertidumbre, a la escasez y a la precariedad económica vienen a parasitar insidiosamente el flujo de nuestros pensamientos.

Otro ejemplo: imaginemos un hijo que aseguraba un complemento a la jubilación de su madre anciana. Al morir él, la señora se enfrenta a la amenaza del asilo, puesto que su menguada pensión no basta para conservar su domicilio…

Es la misma angustia de desarraigo que expresa esta mujer: «Vivía con mi marido en aquel caserón perdido en medio del campo… Y ahora que me encuentro sola tengo miedo. No puedo vivir así, tan aislada. ¡Temo por mi seguridad!».

También se da el temor de no estar a la altura cuando la muerte del cónyuge nos deja con la pesada responsabilidad de la educación de los hijos pequeños. ¿Qué hacer? ¿Cómo criarlos? ¿Con qué medios económicos? ¿Cómo darles el amor y el cariño que necesitan?

La dimensión y la **intensidad de las manifestaciones del duelo** pueden por sí solas estar en el origen del miedo: tememos «volvernos locos» al sentirnos de tal modo hundidos en el propio sufrimiento. Nos asusta no poder salir jamás. A veces nos aterroriza la aparición de ideas suicidas, y la responsabilidad de pasar al acto algún día. Hay quienes experimentan una sensación de pánico ante la posibilidad de no ser nunca capaces de reconstruir su vida después de un trauma de tal magnitud. Estas aprensiones encontrarán su respuesta a medida que avance el trabajo del duelo, y, aunque por el momento no podamos creerlo de verdad, tenemos que afirmar y recordarnos que este camino nos conducirá a la calma y que lleva en sí la promesa de que no saldremos completamente destruidos.

Para concluir, en otro nivel nos enfrentamos, al cabo de un cierto tiempo, al miedo a olvidar; al miedo a no recordar ya el sonido de la voz del ser querido, su olor, el brillo de su mirada... paralelamente, abrigamos el miedo a que los demás lo olviden. Nos encontramos, entonces, con la aplastante responsabilidad de llevar solos el recuerdo de alguien cuya memoria ya nadie piensa honrar...

La páginas precedentes no dejan ninguna duda sobre la potencial violencia psíquica del proceso del duelo. Por suerte, no siempre se da esta intensidad, pero sería un error ignorar cómo la fase de desestructuración puede ser profundamente desestabilizadora. Los familiares de una persona en duelo no siempre calibran la conmoción interior que se opera cuando se encuentran frente a una persona que parece, sin embargo, relativamente tranquila, cuando no risueña y sosegada. Necesitan saber qué vive el otro en el silencio de su duelo, porque el desconocimiento de esta realidad expone a veces al riesgo de la incomprensión ante comportamientos que se juzgan de manera errónea como mórbidos o inquietantes...

¿Cuánto durará esta fase de desestructuración? No hay una verdadera respuesta, ya que, recordaremos, «a cada persona le corresponde su propio duelo». No hay una regla establecida. Incluso en esta fase pueden encontrarse ecos que aún persisten de las etapas precedentes: de este modo, la búsqueda o el rechazo pueden estar siempre presentes, en uno u otro grado, meses o incluso años más tarde... No hay que preocuparse por ello. La noción de tiempo o de duración carece de sentido a este respecto, puesto que la fase de desestructuración no evoluciona como un todo: habrá intervalos de tranquilidad (a menudo completamente súbitos e inesperados) sin que pueda saberse a ciencia cierta la razón. Estos interludios de sosiego son como el ojo del huracán, donde de pronto todo se calma en medio de la tempestad. Son momentos de "respiro" en los que conseguimos recuperar el aliento, con la aprensión de una nueva oleada de sufrimiento...

Y, sin embargo, la cicatrización sigue su curso, por aberrante que pueda parecer esta idea para quien se debate en su dolor... Porque, más allá de los valores que se desmoronan, más allá de las referencias que se derrumban bajo los asaltos de la cólera, del miedo o de la depresión, ya se anuncia la recuperación...

Es cierto que parece tan ilusoria, tan insignificante o fuera de nuestro alcance que no llegamos a creer en ella: llevamos sufriendo seis meses, un año, dos años... ¿cómo esperar que un día todo esto concluya? Llegamos a ignorar los primeros vislumbres del reestablecimiento interior. Porque, si el duelo tiene una función destructora, también está ahí para reconstruir de otro modo lo que ha sido quebrantado. Nada será como antes: lo sabemos ya y, no obstante, nos sorprenderá creer tímidamente que es posible continuar viviendo a pesar de todo.

Este primer pensamiento es el reflejo, aún tenue y frágil, de la fase de reestructuración.

La fase de reestructuración

Es una etapa que comienza imperceptiblemente. El rugido ensordecedor de las emociones y los sentimientos oculta durante mucho tiempo su discreto murmullo. Y, sin embargo, tan inexorable como las etapas precedentes, la fase de reestructuración se impone, lentamente, incluso sin que nos percatemos de ello. De hecho, ha comenzado hace tiempo. Se insinúa (a veces) en las etapas precedentes. En realidad, las fases de desestructuración y reestructuración se superponen y se interpretan. Se está en plena desestructuración en unos niveles mientras que en otros se está ya iniciando la reestructuración.

En algunas circunstancias, el inicio es extremadamente precoz, a veces incluso antes de que ocurra la defunción, si se ha tenido tiempo (o la oportunidad) de asistir a los últimos momentos: quizás se ha podido entonces hablar de lo que estaba a punto de desaparecer, y se ha podido empezar ya a construir juntos un mañana que habrá que vivir en soledad... Se construye un puente sobre el futuro, para esos momentos en los que se continuará el viaje solo. Lo que importa es que es un puente cimentado entre los dos.

Así, he aquí un período de meses y meses en los que nos debatimos en un duelo que no corresponde a lo que esperábamos. Dura mucho más tiempo de lo que hubiéramos imaginado. Descubrimos un sufrimiento nunca antes experimentado. Nos sentimos cansados, agotados, incluso cuando se insinúa la ineludible necesidad de reconstruir la propia vida. Aún continuamos depositando en ese duelo más tiempo y energía que la que creíamos necesaria, mientras los familiares y amigos consideran que es "asunto concluido" después de tanto tiempo...

¡Por supuesto que no! Nada ha "concluido". Y finalmente nos preguntamos si el duelo concluirá un día. Pero ¿qué puede significar "el fin del duelo"? ¿Es que esto existe en realidad?

Sabemos hoy que si un día hablamos de "duelo terminado", esto no querrá evidentemente decir que jamás sentiremos el más mínimo rescoldo de emoción, de sufrimiento o de nostalgia. Cada vez nos concienciamos más de que llevaremos esta cicatriz interior de por vida. Siempre estará ahí, habrá que tenerla siempre en cuenta y velar para no hacerse mucho daño si la estimulamos sin querer.

Además, sabemos muy bien que, a pesar de los años por venir, sentiremos siempre el dolor por la ausencia cuando la vida propicie que nos encontremos solos ante acontecimientos que habríamos querido compartir con quien se ha marchado.

Es así... y comenzamos a aceptarlo.

Ya lo hemos dicho: el trabajo del duelo, desarrollado cuidadosamente, nos garantiza que no olvidaremos. Gracias a él no perderemos toda nuestra relación con el difunto. Pero el duelo no concluirá "de una vez por todas". Es imposible que, en lo sucesivo, todo vuelva a ser "como antes".

Lentamente, con numerosas dudas y muchas miradas al pasado, llegaremos a entrever la posibilidad de un regreso a la vida. Estamos, no obstante, lejos de asumir este hecho. Lo combatimos, lo rechazamos, porque nos sentimos casi culpables de volver a sentir el deseo de vivir: «Él ha muerto, ella ha muerto... y yo, que no me creía capaz de sobrevivirle, aún sigo aquí, sin duda alguna vulnerable y todavía débil, pero, sin embargo, sigo viviendo. Puedo continuar descubriendo este mundo que él o ella ha abandonado e incluso, quién sabe, volver a ser feliz un día...».

Esta idea no se impone de la noche a la mañana. Oscila y fluctúa a merced de las emociones del momento. Se implanta no sin una cierta resistencia interior que remite a un sordo sentimiento de culpa; es lo que se conoce como el "sentimiento de culpa del vivo": uno se siente culpable de estar vivo mientras el otro ha muerto.

Por esta razón tendremos necesidad, inconscientemente o no, de la "autorización" tácita del entorno para "salir" de nuestro duelo, porque no es tan evidente que tomemos tal decisión por nosotros mismos. Aceptar ver cómo el duelo se desvanece con el paso del tiempo tiene para muchos el aspecto de una traición: renunciar a su duelo equivaldría a traicionar al difunto. Una joven que había perdido a su marido catorce meses antes se expresaba así: «Tengo miedo... *Tengo miedo de que, con el tiempo, no me duela tanto como hoy*».

También se puede abrigar la confusa convicción de que la intensidad y la duración del duelo son proporcionales a la profundidad del amor y a la sinceridad del apego al otro. Se trataría de una especie de "fidelidad" al otro que nos obligaría a permanecer en el sufrimiento. Pero no hay que ignorar que este estado interno también desempeña una función: *este sufrimiento ayuda a conservar el vínculo*, e incluso catorce meses después, como en el ejemplo precedente, este vínculo es todavía demasiado valioso como para que podamos renunciar a él.

Habría que considerar también el hecho de que nos *acostumbramos* extrañamente a vivir con el duelo. Finalmente lo hemos "domesticado" (o, al menos, hemos aprendido a vivir con él) y podemos llegar a la situación paradójica de *temer abandonarlo*: hemos llegado a conocer el duelo, lo hemos asumido, no para complacernos en él, sino porque tan sólo era necesario... Y ahora es preciso abandonar esta relativa "comodidad" en la que por fin hemos encontrado un anclaje y una referencia. A partir de ese momento nos encontramos en territorio conocido, y para algunos puede ser inquietante encarar el futuro distanciándose respecto al marco difícil pero, no obstante, "familiar" de este duelo. Ante uno se alza lo desconocido... ¡y no necesariamente nos apetece ir a explorarlo!

Y, sin embargo, si nos tomamos la molestia de mirar hacia atrás, estaremos capacitados para apreciar el camino recorrido. Éste se evalúa por la suma de todos los pequeños ajustes que hemos tenido que realizar en nuestra existencia. Algunos parecen irrisorios, otros más importantes; pero, sean cuales sean, estamos obligados a comprobar que estamos cambiando y que una metamorfosis interior y exterior se opera con el correr de las semanas.

Así, la fase de reconstrucción corresponde, de hecho, a un período de redefinición en muchos niveles: redefinición de la relación con los demás y con el mundo; redefinición de la relación con el difunto, y redefinición de la relación con uno mismo.

Antes de ir más lejos, conviene abrir un paréntesis: "reconstrucción" no siempre quiere decir, desgraciadamente, "reconstrucción *armoniosa*".

Todos tenemos a nuestro alrededor personas que, después de un duelo particularmente extenuante, han reconstruido su vida de un modo disfuncional: uno puede encerrarse en una visión muy negativa de la existencia y no percibir los acontecimientos sino a través de este filtro deformante; otro puede reconstruirla en un nivel de actividad muy por debajo del que tenía antes de la prueba del duelo, y encontrar su vida paralizada o considerablemente limitada; otra persona desarrolla rasgos de carácter o de comportamiento que llegarán a perjudicar, a largo plazo, sus relaciones con los demás; otra se hundirá en un sentimiento de culpa que impedirá toda evolución personal ulterior, etc. La lista es larga y remite a la individualidad de cada cual y a sus incapacidades interiores para reconstruirse a sí mismo.

Cuando alguien consigue este tipo de reorganización de su vida es a menudo deseable que acuda ante un profesional. No hay que olvidar nunca que uno se reconstruye a partir de lo que uno es y con los materiales disponibles en su fuero interno.

Redefinición de la relación con los demás y con el mundo

¿Cómo aprenderemos a vivir en un mundo donde el otro ya no está? ¿Qué lugar nos concederemos en adelante en una existencia donde todo ha sido devastado? Los papeles en el seno de la familia necesitan redefinirse. ¿Quién hace qué a partir de ahora? ¿Quién toma a su cargo las responsabilidades o las obligaciones que incumbían al que acaba de morir? Más concretamente, ¿cómo realizaremos el aprendizaje de las nuevas "competencias" que la ausencia del otro nos impone como una necesidad: la gestión de un patrimonio o la educación de los hijos, o incluso el aporte regular de recursos económicos? Esta redistribución de los papeles de cada uno se realiza a menudo de una manera espontánea sin que haya necesidad de hablar de ello... pero esta modificación tácita nos puede, sin embargo, exponer a atribuciones de responsabilidad inapropiadas.

A largo plazo, esto provoca consecuencias: así, por ejemplo, si un niño de ocho años pierde a su padre y se le atribuye (o se atribuye a sí mismo) la responsabilidad de ser el "hombrecito" de la casa y el "marido" de su madre, la carga psicológica resulta asfixiante para él: esto puede lanzarlo de manera artificial y nefasta al mundo de los adultos, mientras que sus necesidades son todavía las de un niño. Con el paso del tiempo puede desarrollar la tendencia a "hacerse cargo de los demás", descuidando sus propias necesidades, y esto hasta la edad adulta.

La redefinición en relación al mundo pasa asimismo por el modo en el que nos perciben socialmente: ¿quién soy ahora en mi ambiente social y profesional? ¿Cómo me ven? Es posible que sea hoy cuando nos percatemos de que una gran parte de nuestra identidad social dependía fuertemente de la persona que hemos perdido: si los demás se referían a nosotros como «la mujer del médico / el marido de la florista / la mamá del pequeño Ludovic, que las otras madres encontraban todas las tardes en el jardín público», ¿qué ocurre cuando el médico fallece en un accidente, la florista muere de un cáncer, o una leucemia nos arrebata al pequeño Ludovic? Cambia la imagen que los demás tienen de nosotros. ¿Qué lugar ocupará en lo sucesivo la mamá en el jardín público? ¿Cuál es su "legitimidad" ante las otras madres? Es necesario un ajuste. Sea cual sea la situación, en adelante nos encontramos en la necesidad de existir *por uno mismo* a los ojos de los demás, como individuos de pleno derecho. Es quizá algo que nunca hemos aprendido a hacer anteriormente.

Es cierto que el regreso a una vida afectiva o amistosa exige una suma considerable de valor y energía. Entre el miedo de no saber desenvolverse solo en sociedad y el de tener que afrontar las preguntas y las miradas furtivas y curiosas, uno se siente, sin duda alguna, un poco raro o incómodo en las primeras cenas o las primeras salidas donde encuentra a gente de la que ha estado apartado durante el duelo. Además, la ayuda exterior que se ha recibido o no de los allegados contribuye a proceder a una cierta "criba" del círculo de amigos y familiares: sabemos quién nos ha respondido cuando estábamos en la mayor desolación; hemos identificado rápidamente a aquellos que no nos llamaron, a quienes nos evitaban, a aquellos que no nos ofrecieron nunca el menor consuelo cuando más nos dolía. Hay ciertas personas cuyos nombres hemos tachado de nuestra agenda. Así como otras han adquirido una relevancia que no hubiéramos sospechado anteriormente...

¿Qué ha ocurrido ahora con nuestra visión del mundo? ¿Vuelve a existir el mundo, en el sentido en que poco a poco se convierte en una fuente de interés, de asombro, o incluso de placer o gratificación? ¿Aceptamos dejarnos tentar de nuevo por lo que tiene que ofrecernos? ¿O, por el contrario, el mundo se ha convertido en un lugar amenazante, donde lo imprevisto puede golpearnos en cada esquina? ¿Habrá que protegerse de ahora en adelante, y reducir al máximo la confrontación con el exterior? ¿Querremos volverlo a habitar? ¿Acaso algunos no se reconstruirán en un universo estrecho y limitado donde todo crecimiento ha terminado definitivamente?

En definitiva, en este mundo apresurado, estresante y mudable, ¿aceptaremos sin cólera ni amargura que la vida continúa? ¿Aceptaremos el hecho de que el mundo no se haya detenido en su loco periplo porque hemos perdido a un ser al que queríamos por encima de todo, y que tenemos que subir a un tren que no ha tenido tiempo de desacelerar porque estábamos en duelo?

Comprobar esto es a veces cruel, porque a menudo pone en

evidencia la implacable realidad de un mundo en el que somos efímeros y donde apenas dejamos una débil huella antes de desaparecer. Al principio del duelo, la indiferencia o la insensibilidad del mundo nos ha agredido violentamente: ¿podremos hacer también hoy las paces con esto?

Ahora todo es diferente: el lugar que ocupamos en el mundo, el papel que desempeñamos, el modo en que los demás nos perciben, la manera de acoger o rechazar lo que el exterior nos aporta. Nada será como antes, y, sin embargo, es necesario darse cuenta de que existe potencialmente un espacio vital donde podemos volver a empezar otras cosas. Las últimas etapas del duelo residen quizás en la búsqueda y la elaboración de este nuevo espacio.

Redefinición de la relación con el difunto

Comprendemos, a medida que se desarrolla el proceso del duelo, que la relación que manteníamos con la persona desaparecida no sólo no se ha interrumpido, sino que continúa evolucionando en otro nivel. Comprender esto es tranquilizador, puesto que es, en parte, una respuesta a la pregunta angustiosa del olvido. Por otra parte, atendiendo a la capacidad de redefinir la relación con la persona fallecida estaremos en condiciones de sopesar el camino recorrido y la "calidad" del trabajo del duelo.

Después de tantos meses de silencio, tras tantos años de ausencia, ¿que queda, en mi corazón, de aquel o aquella a quien quería? Mientras que al principio, durante varios meses, sólo afloraban de forma espontánea a mi mente imágenes terroríficas sobre el final de su vida, ¿he podido al fin recuperar los recuerdos felices o los momentos de dicha compartidos sin que me inunde el dolor? ¿He vuelto a encontrar, en mis sueños y en mis pensamientos, su aspecto anterior a la enfermedad? ¿Puedo pasar algunas horas o algunos días sin pensar en él o en ella, y sin sentirme culpable por eso? Además, ¿en qué términos pienso ahora en la persona desaparecida?

Existen trampas, como hemos visto en el capítulo dedicado al sentimiento de culpa: la idealización del difunto es una de ellas. Redefinir "saludablemente" la relación con el otro impone rehabilitarlo como ser humano con sus cualidades, desde luego, pero también con sus defectos y con todas sus imperfecciones. Cuando por fin conseguimos percibir al otro como alguien que ha sido capaz tanto de lo mejor como de lo peor es cuando alcanzamos una posición de igualdad en la que el duelo puede proseguir con armonía su curso.

La fase de búsqueda de los primeros momentos del duelo ya había puesto en marcha ciertos movimientos de **identificación con el difunto**. Con el tiempo, ciertas identificaciones se desvanecen, y otras persisten y se consolidan.

La identificación es el proceso que consiste en apropiarse de ciertos rasgos o ciertos comportamientos de una persona. En realidad es un proceso natural en el que se hacen propios modos de comportarse que pertenecen a otros y que se convierten en una parte integrante de la personalidad. Por ejemplo, el chico que se identifica con su padre imitando algunos de sus gestos para construir su propia identidad masculina. De este modo, nos apropiaremos de ciertos rasgos de la persona desaparecida, que se fundirán con lo que somos en tanto individuos. La identificación funciona en los dos sentidos: podemos identificarnos y asumir tanto los defectos como las virtudes. Es una manera, la mayor parte del tiempo inconsciente, de mantener el vínculo y de hacer perdurar una relación a través de los gestos cotidianos.

> Una mujer cuenta que un día hizo por primera vez en su vida… ¡una tarta de albaricoques! Este detalle aparentemente muy trivial revestía una gran importancia para ella: tan sólo su madre, ya fallecida, hacía tartas de albaricoques en casa. Ahora, era su turno de hacer tartas para su propia familia. Preparando el pastel, ella recuperó los gestos que había visto ejecutar desde que era niña. El vínculo se reconstituía mediante

gestos tan simples. Algo se transmitía y encontraba el lugar adecuado en ella.

La definición de la relación con el difunto pasa por una **redefinición en relación a las fechas,** al menos en relación a ciertas fechas "clave" del calendario. En efecto, hay ciertos períodos del año que adquirirán para siempre un significado especial. Una de esas fechas bisagra es el día del "aniversario" del fallecimiento.

El primer aniversario reviste una importancia fundamental: es un período en el que se reactivará todo cuanto se vivió un año antes. Nos encontramos inmersos en el mismo estado anímico que el año anterior. Tenemos la impresión de revivir los acontecimientos como si fuera ayer.

Una mujer hizo hospitalizar a su marido enfermo de sida en septiembre. Murió tres meses más tarde, sin poder abandonar nunca el hospital, de tal modo se agravaba su estado. Un año más tarde, todo se reactivó. Cuando el verano llegaba a su fin y el mes de septiembre se aproximaba, de nuevo le asaltaron imágenes de la hospitalización: los médicos, las enfermeras, la desesperación de su marido y su propia turbación. Durante tres meses, tuvo la impresión de recuperar intactas todas las emociones del año anterior, temiendo la cercanía del 20 de diciembre, fecha de la muerte de su marido. Los escaparates de Navidad le resultaban insoportables, le resultaba intolerable la excitación y el ambiente festivo, porque la sumergían en la misma tonalidad afectiva del año anterior. El día del aniversario supuso una prueba terrible... Todo volvió: la cólera, el sufrimiento, el miedo, la sensación de abandono y el temor a no poder vivir nunca "normalmente" esa época del año. Y luego, algo ocurrió... ¿Qué podía ser? No se sabe realmente, pero, como se acostumbra a decir, «el mundo siguió girando», y ella continuó viviendo. Este primer aniversario marcó una etapa: supuso la ausencia irremediable y la necesidad de proseguir su vida sola. En este momento, el sufrimiento se ha hecho más ligero, aunque ella sabe muy bien que aún volverá a recrudecerse... en un año, en tres años, cada vez que la Navidad se aproxime. El mes de diciembre será siempre un tiempo en el que la cicatriz del duelo dolerá un poco más.

Es importante comprenderlo, es importante saberlo, por uno mismo y por los demás. Si conocemos entre nuestros allegados a alguien que se acerca al primer año de su duelo, una pequeña carta, una llamada telefónica pueden ser importantes para mostrarle que no hemos olvidado...

Es necesario estar atentos a este "reloj interior" que anuncia la llegada de ese día con muchas semanas de antelación: en efecto, nos sentimos tristes o incómodos sin saber por qué, y bruscamente nos percatamos de que el año pasado, por estas fechas, el ser querido se encaminaba hacia el fin de su vida.

Lo que puede aplicarse al día del aniversario de la defunción puede igualmente aplicarse a toda fecha que tenga una relación directa con la persona que hemos perdido. En cada ocasión, sufrimos un arrebato de tristeza que, a pesar de perder progresivamente intensidad, no obstante, permanece siempre presente. Ocurrirá en Navidad, el día de Año Nuevo, en su cumpleaños, el día del matrimonio de su hijo ahora que el padre no esta ahí, el día del nacimiento de un hijo cuyo hermano murió hace dos años...

Llegados a este punto, es importante evocar una reacción particular, conocida como **fenómeno de correspondencia**: se trata de todas las circunstancias de la vida susceptibles de reactivar el duelo sin que a veces seamos realmente conscientes de ello.

Lo encontramos, por ejemplo, en los hermanos o en las hermanas que han perdido a su hermano mayor. Cuando ellos mismos alcanzan la edad que tenía su hermano mayor en el momento de su muerte, pueden experimentar un sentimiento de extrañeza. A esta edad llegan a una suerte de momento crucial, a un punto de ruptura, en el que comprenden que su hermano o hermana no conocerá nunca todo cuanto ellos vivirán a partir de ese momento: ellos vivirán un tiempo que la muerte "ha robado" a su hermano...

Algunos se refieren a esta edad crítica como si tuvieran que «vivir por los dos» y nutrir de sus propias experiencias el recuerdo y la relación interior establecida con su hermano o hermana. Para otros, esta edad marca la ausencia de un modo definitivo: se dan cuenta de que en adelante estarán solos, mientras que antes su hermano mayor les había precedido siempre en la vida, como preparando el camino; se dan cuenta de que ahora ya nadie camina delante de ellos.

«Yo practicaba el paracaidismo con mi hermano», cuenta un hombre. «Él siempre saltaba el primero, para infundirme valor. Murió a los cuarenta años, y, hace un mes, yo también celebré mi cuarenta cumpleaños. Ahora, cuando el avión despega, me encuentro solo, y en esta soledad tengo que saltar al vacío. Ahora comprendo que yo también moriré un día.»

El fenómeno de correspondencia se da también en los padres que han perdido a su padre o a su madre en la infancia. Los niños que ellos eran han crecido, se han casado y han tenido hijos... Cuando sus propios hijos alcanzan la edad que ellos tenían al morir uno de sus padres, algo se reactiva en ellos: sin que comprendan la razón se sienten perturbados al contemplar a su hijo. Aparece la tristeza, así como las lágrimas o la depresión. Es importante que exploren esta emoción, porque pueden vincularla al pasado: la confusión que sienten en este momento es el eco de su propio sufrimiento de niños cuando perdieron a uno de sus padres. El mensaje está claro: el adulto del presente recibe una señal de su "niño interior", que exige que al fin sea tenido en cuenta el sufrimiento del pasado. Es necesario encontrar un momento para el repliegue sobre uno mismo, a fin de calmar el dolor del niño del pasado, un dolor que acaso nunca se ha tenido la ocasión de expresar.

Cada cual tendrá que enfrentarse al fenómeno de correspondencia en función de su pasado: una melodía, una canción, un acontecimiento particular estimularán la cicatriz del duelo y harán que vuelvan a emerger trazos del dolor del pasado. La relación con el otro también permanece viva mediante estos vínculos.

Redefinición de la relación con uno mismo

El trabajo del duelo proyecta sobre uno mismo una luz despiadada, violenta y sin concesiones. Finalmente, nos impone crear una nueva imagen de nosotros mismos. Pone a prueba todas nuestras creencias sobre la vida y la muerte, todo cuanto pensamos de nosotros mismos y del mundo. Examina el amor que nos tenemos a nosotros mismos, y el que tenemos a los demás. Cuestiona el valor de lo que creemos ser y lo que creemos merecer: conduce, a fin de cuentas, a una inevitable redefinición de uno mismo y de los propios valores.

Porque, finalmente, ¿quién soy yo? ¿Qué he sido yo? Fortalecido o, por el contrario, aplastado, de todos modos nunca se sale indemne del trabajo del duelo.

Todo en lo que creo, todo cuanto digo, todo cuanto pienso, todo lo que hago ha sido, en uno u otro nivel, influido por la conmoción de la pérdida. En vista de lo que acabo de vivir, ¿cómo me trataré de aquí en adelante? ¿Con respeto y tolerancia, perdonándome lo que he hecho o lo que he dejado de hacer que haya podido perjudicar al otro? ¿Con cariño, siendo consciente de mi dimensión humana en todo lo que a un tiempo posee de grande y de mediocre? ¿Con delicadeza, habiéndome dado cuenta de hasta qué punto me era indispensable expresar mis sentimientos y emociones y concederles el lugar que merecían? ¿Cuidadosamente, ocupándome de mí para curar mis heridas y abrirme caminos que tengo derecho a emprender? ¿O bien con odio, amargura, desprecio, indiferencia, cólera, arrastrado por la fuerza destructora de mi sentimiento de culpa o de mi miedo?

Sólo el recorrido de mi trabajo de duelo, sostenido por los acontecimientos de mi propia historia vital, podrá aportarme una respuesta. Las respuestas que recibiré no siempre se corresponderán con las preguntas que formularé, pero habrá una pregunta que permanecerá siempre: ¿por qué? ¿Por qué esta muerte? ¿Por qué él? ¿Por qué ella? ¿Por qué de esta manera? ¿Por qué ahora?

Porque, más allá de todo cuanto haya podido vivir o pensar hasta este momento, la esencia misma de mi duelo reside en la **pregunta por el sentido**. Su resolución e integración en mi vida dependerán estrechamente del sentido que pueda conferir a lo que he vivido.

Quizás necesitaré un año, dos años, cinco años, diez años. Acaso sea el trabajo interior de toda una vida: incluso es posible que nunca logre encontrarlo...

Pero si logro comprender siquiera un poco, entonces encontraré el medio de seguir mi camino. Cuando me dé cuenta de que ya no lucho contra el hecho de que el ser querido está definitivamente muerto y que ya no busco protegerme de esta realidad, comprenderé que he dejado atrás lo más duro de mi duelo. Sólo cuando haya conseguido inscribir mi pérdida en la historia de mi vida empezaré a comprender la verdadera necesidad de haber tenido que realizar el trabajo de duelo.

3. ¿QUÉ DUELO?

El duelo del cónyuge

Incluso cuando nos preparamos con meses de antelación, incluso cuando sabemos que no cabe esperar nada, no podemos imaginar que la muerte pueda adoptar un día los rasgos de un rostro tan familiar como el de la persona con quien hemos vivido desde hace tantos años.

Nos hemos dejado sorprender de pronto, y todo se ha acelerado bruscamente: el hospital, las enfermeras, las preguntas sin respuesta, los instantes de intimidad enturbiados por el dolor, el desaliento, una mano que no nos atrevemos a soltar, la ilusión de creer que siempre tendremos tiempo de decirnos lo esencial, los últimos momentos de conciencia, luego las últimas miradas, y, finalmente, el embotamiento antes del silencio que precede al último aliento.

En ese momento el tiempo se detiene, suspende su flujo como una inspiración contenida ante el miedo a romper algo, y la lenta toma de conciencia de lo que acaba de ocurrir empieza a infiltrarse en las mallas apretadas de la incredulidad.

Independientemente de que se hayan pronunciado un día las palabras «en la salud y en la enfermedad», habíamos recibido con alborozo la salud y tratábamos de resignarnos a la enfermedad, pero habíamos olvidado pronto el «hasta que la muerte os separe» que establecía una frontera que no pensába-

119

mos tener que atravesar nunca... Hoy nos encontramos del otro lado, solos, cansados, mutilados de una parte de nosotros mismos que la muerte ha arrastrado consigo. Porque, más allá del compañero o la compañera, comprendemos con una agudeza exacerbada que es realmente un capítulo completo de la propia vida el que de pronto se hunde y desaparece para siempre jamás.

Esta pérdida se conjuga en todos los tiempos, y el trabajo de duelo que se inicia pone su mirada en un pasado, un presente y un futuro que habíamos decidido compartir. El duelo del presente nos obliga al duelo de lo que hemos sido y a la renuncia a lo que habríamos podido ser...

El duelo del pasado

El pasado es el guardián de todos los recuerdos. Conserva los recuerdos de todo cuanto hemos sido, que sólo continúan existiendo gracias a que estos momentos del pasado son compartidos por muchas personas. Estos recuerdos son la garantía de una parte de la identidad presente en cada persona. Son su fundamento. Constituyen lo que cada uno llama su "historia". Continuamente hacemos referencia a ellos, solos o con los demás, y, al compartir los acontecimientos del pasado, podemos definirnos mejor a nosotros mismos y orientarnos en el presente...

¿Qué ocurre cuando se seca una de las fuentes de la que extraíamos los recuerdos? ¿Qué ocurre cuando la parte de la propia historia que se inscribía en el recuerdo de nuestro amigo de siempre desaparece con la muerte?

¿Para quién existimos, cuando nos quedamos solos sabiendo quién hemos sido? ¿Quién podrá decir en lo sucesivo: «Lo conocí en otro tiempo y comprendo mejor quién es hoy porque recuerdo quién fue: conozco su camino»? ¿Queda mucha gente que se acuerde del tiempo en el que os conocisteis? ¿Quién se acuerda de sus veinte años y de aquella juventud que nos hacía fuertes y despreocupados? ¿Quién mejor que su compañero podía recordar a aquella chica que se sentía turbada por su presencia en los bancos de la facultad? ¿Quién mejor que la madre de sus hijos podría describir la mirada atónita y estupefacta cuando supimos que íbamos a ser padres? Estas imágenes del pasado, por fugitivas e insignificantes que puedan ser, ¿con quién podremos compartirlas ahora?

Entonces tenemos miedo de olvidar, nos invade el temor de no poder conservar vivo lo que ya no podemos compartir.

Este pasado común que se reflejaba en ecos ha legitimado a veces el hecho de seguir juntos. Nos hemos nutrido de él, hemos construido una parte de lo que somos gracias a él y también muere un fragmento de nuestra identidad, del que también hemos de aprender a hacer el duelo.

El sentimiento de ausencia se alimenta asimismo de esto. Nos percatamos de que la persona cuya presencia resultaba evidente era de hecho aquella con la que hemos compartido los pensamientos más íntimos. Ella conocía a veces los sueños más delirantes que abrigábamos en el fondo de nuestro corazón sin que nunca nos hayamos atrevido a realizarlos. Ella había percibido los defectos menos confesables, las pequeñas manías, todas las zonas de sombra que disimulábamos al resto de nuestros familiares y amigos; a cambio, había sido también la única en descubrir y señalar cualidades que no reconocíamos en nosotros mismos.

Nos habíamos desnudado, en un abandono y una confianza que sólo los años de vida en común habían hecho posibles, y ahora parece inimaginable poder reconstruir un día una relación de intimidad con otra persona.

Pero al pasado pertenecen igualmente el recuerdo de la desavenencia y la discordia. Demasiado a menudo nos hemos sentido incomprendidos o malqueridos sin saber siempre por qué. En varias ocasiones hemos pensado que la mejor solución era marcharnos y poner fin a una relación en la que finalmente ya no éramos felices. Pero, de hecho, nos hemos quedado: ¿por los niños? ¿Por la casa? ¿O porque no sabíamos adónde ir y hemos tenido miedo de tomar una decisión hacia lo desconocido?

Desde luego, era inevitable probar la amargura que destila toda relación humana, pero eso importaba poco entonces. Tolerábamos los conflictos y las imperfecciones porque pensábamos que siempre tendríamos tiempo de poner al día todos los compromisos y de deshacer todos los malentendidos.

En estos momentos comprobamos que también hemos perdido aquella oportunidad: la muerte se la ha llevado consigo, y comprendemos que será necesario, durante el desarrollo del duelo, dejar un lugar a ese tiempo robado para intentar hacer las paces con todo lo que aún permanece inconcluso entre el difunto y uno mismo.

El duelo del cónyuge invita a explorar con una mirada diferente este pasado compartido, porque encierra una multitud de claves para comprender el dolor del presente. Sólo cuando se identifique con claridad lo que hemos perdido se aceptará con mayor facilidad renunciar a ello... incluso si, paradójicamente, nos damos cuenta en una segunda etapa de que "soltar la presa" será la condición para recuperar lo que creíamos perdido...

El duelo del presente

El presente está cargado con la ausencia, una ausencia que llega a doler físicamente, de tal modo atestigua la privación brutal de las necesidades fundamentales. Es una **ausencia física** concreta, inmediata, a la que todo remite en el hogar. Es el olor de su perfume el que nos asalta por sorpresa al abrir la puerta del botiquín, es la visión de sus ropas colgadas en el armario... no nos atrevemos a tocarlas, porque tememos que este contacto podría provocar... En el dormitorio, en el cuarto de baño y en cada habitación de la casa, encontramos tantos objetos que subrayan la ausencia...

Con el paso de los años compartidos con nuestro compañero o compañera, también hemos llegado lentamente a existir gracias a su contacto físico. El cuerpo llegaba a estar más vivo con sus caricias, y su mera presencia en el otro lado de la cama podía tranquilizarnos tan sólo al acariciarnos con dulzura. Gracias a sus caricias llegamos también a descubrirnos a nosotros mismos, tomando conciencia de esa envoltura carnal que habíamos quizá ignorado completamente antes de conocer al ser amado. Las caricias del otro significaban: «Estas ahí, existes tal como eres, para mí...», y nos dormíamos tranquilos y sin preocupaciones.

El cuerpo ignora el duelo. Ignora este proceso psicológico cuya necesidad no comprende. Hace caso omiso a todas las explicaciones que la mente le dirige y exige "a grito pelado" aquello que necesita sin poder encontrarlo. A medida que pasa el tiempo, su espera se vuelve dolorosa, obsesiva, y su frustración no para de crecer: respondemos a ella parcialmente llevando las ropas que pertenecían al otro: un jersey, un chal pueden a veces bastar para recrear un vínculo... Algunas personas prefieren dormir con los pijamas aún impregnados de su olor. Son otras tantas "estrategias" para apaciguar un cuerpo que reclama lo que se le debe...

Pero el cuerpo necesita mucho más, necesita hacer el amor, necesita ese placer que el otro le daba, incluso si ese deseo entra en conflicto con la moral que no lo admite (o no lo comprende) en período de duelo...

Aunque esta idea permanezca enterrada bajo un montón de prejuicios sociales, no es raro observar un sorprendente aumento de la libido en algunas personas en duelo. Esta aparición de energía sexual se vive con un extremo sentimiento de culpa, porque no se corresponde en nada con la imagen que nos hacemos del duelo, en el que ha de extirparse todo deseo.

Sin embargo, no hay nada, perverso, nada, malsano en permitirnos el placer sexual en período de duelo. En un primer nivel, es una respuesta a la frustración del cuerpo que se siente privado de toda sensación, y es cierto que por este medio se nos ofrece la posibilidad de liberar un exceso de tensión nerviosa y emocional. En un segundo grado, el impacto también es poderoso. Gozar del propio cuerpo es retomar el contacto con él, es sentir que existimos en un momento en el que todo parece anestesiado en nuestro interior... Para algunos es una manera de sentirse vivos, aferrados a su cuerpo y su realidad, mientras que todo a su alrededor parece muy frágil y precario. Al margen de todos los tabúes, es perfectamente legítimo el derecho a concederse aquello que necesitamos, y no se traiciona a nadie (y, sobre todo, no al difunto) por esta razón.

Un cuerpo muere si no se acaricia. Incluso si no estamos acostumbrados o no sabemos muy bien cómo hacerlo, puede ser imprescindible tocar a una persona en duelo en la medida en que acepte este tipo de contacto. Podemos coger su mano o tomarla del brazo, a veces eso basta... Pero es cierto que podemos asustarnos cuando esos gestos rebasan la intención inicial y se impregnan de una ternura poco habitual que hace temer que las cosas vayan demasiado lejos. Cada uno debe tener claros los límites a los que atenerse, cada uno ha de definir hasta dónde se puede ir... Aquel que ayuda a la persona en duelo debe calibrar bien el impacto de su contacto físico: hay junto a él alguien que sufre de tal manera que recibe todo "mensaje" de afecto de manera amplificada. Hay que comprenderlo bien y corresponde al que presta su ayuda medir cuidadosamente el cariño que se permite manifestar siendo claro en sus intenciones, tanto para sí mismo como para el otro...

El cuerpo siente la ausencia con una intensidad exacerbada, pero a otros niveles nos sentimos amenazados en la integridad de nuestro ser. El duelo cuestiona por un tiempo aquello que percibimos como nuestra "seguridad básica", puesto que hoy parece que está siendo atacada en varios frentes a la vez. La seguridad del cuerpo remite a la seguridad afectiva, la de las emociones y sentimientos. Hemos perdido a nuestro confidente, aquel o aquella que sabía "regular" la sobrecarga emocional, en una reciprocidad en la que cada uno salía ganando. El intercambio íntimo de lo que experimentábamos permitía preservar el equilibrio interior... Ahora, ya nada obtiene respuesta, precisamente en este momento de la existencia en el que tememos vernos superados por nuestras emociones. Esta ausencia de parapeto no permite "ventilar" lo que sentimos, y es en este instante cuando es útil la presencia de un amigo o de un pariente, porque puede servir (si la persona en duelo no lo rechaza) como "receptáculo" de las emociones de las que necesitamos liberarnos. Aquel que ofrece su atención trata de mitigar la interrupción del flujo de experiencias que compartíamos con el difunto, puesto que esta ruptura crea una situación de verdadero **vacío psicológico**.

Pero el intercambio no se limitaba a la circulación y a la regulación mutua de sentimientos; la comunicación se establecía igualmente a nivel intelectual. Existíamos también para el otro por la fineza de su juicio, por la precisión de su razonamiento o incluso por la pertinencia de sus observaciones. A cambio, nos definíamos en relación a nuestro compañero o compañera por el reconocimiento de esta riqueza intelectual que nos aportaba. Existíamos también en su mirada, respetuosa con lo que éramos capaces de llevar a cabo: podíamos definir nuestra posición, fortificar nuestra determinación, consolidar las decisiones gracias a la confrontación con la crítica constructiva del otro.

Este tipo de vínculo era acaso determinante, incluso primordial, en la dinámica cotidiana de la pareja. En este caso se mide hasta qué punto la desaparición de esta comunicación está en un primer plano del sufrimiento del que continúa viviendo. Tanto más porque duda poder encontrar nunca en alguien semejante complicidad espiritual.

La **seguridad material** y económica también se tambalea en sus cimientos.

Incluso en las parejas donde ambos contribuían con su actividad profesional al bienestar material del hogar, la desaparición del cónyuge implica una reducción, a veces significativa, de los ingresos de la familia. El problema se plantea con mayor gravedad cuando el que continúa viviendo no ha trabajado nunca y dependía de la jubilación o del aporte económico del cónyuge.

Y de este modo, al estrés de perder a su compañero, se añade el de tener que ocuparse de las propias necesidades y, eventualmente, de las de los niños.

A veces es necesario mudarse a un lugar más pequeño, porque no se puede pagar un alquiler elevado con un único sueldo. Hay que renunciar a un espacio donde hemos escrito una parte de nuestro pasado, a una casa cargada de recuerdos, que ha visto crecer a los niños y en la que hemos sido felices. También hay que aprender a hacer este duelo...

Se impone una reducción de nuestro nivel de vida, con el fin de reajustarlo a la nueva situación económica, y la renuncia voluntaria a ciertos placeres amplía aún más el sentimiento de pérdida...

La necesidad de retomar una actividad profesional puede aparecer también si en el pasado se había decidido interrumpir el trabajo para criar a los niños... Nos encontramos entonces en una situación difícil: nos hallamos sumidos en la confusión que genera el duelo teniendo que sumergirnos en la corriente frenética de la vida activa. Corremos el riesgo de dejarnos arrastrar por lo imperioso de los acontecimientos, olvidando tomarnos el tiempo indispensable para la resolución de nuestro duelo...

Este imperativo de tener que redefinir nuestra posición en el mundo laboral y en nuestro medio social pone en evidencia las diferencias que separan a hombres y mujeres respecto al modo de "sobrellevar" su período de duelo. Esta noción exige, además, una mayor atención, porque no se limita al entorno profesional.

De hecho, la **diferencia de sexo** interviene también en el nivel del duelo. La experiencia del hombre parece, en principio, diferente a la de la mujer por razones que se nutren a un tiempo de lo psicológico, lo social y lo cultural: las actitudes que cada cual tiende a adoptar serán otros tantos factores que facilitarán o, por el contrario, obstaculizarán el desarrollo del trabajo de duelo.

Aun a riesgo de establecer distinciones caricaturescas en una sociedad en plena mutación de los papeles atribuidos a cada uno, sigue siendo, sin embargo, cierto que culturalmente el hombre se define a sí mismo más en referencia a su actividad profesional, a su posición social, a sus ocupaciones o a sus aficiones. *A priori* tiende menos a definirse como marido o como padre.

En cambio, la mujer se situará más fácilmente, en primera instancia, como esposa o como madre, si bien conviene matizar bastante esta observación a partir del hecho de que cada vez son más las mujeres que mantienen una situación profesional que ocupa el primer lugar en el modo de definirse ante los demás. Sus prioridades estarán más a menudo centradas en el hogar, en la armonía de la vida familiar, en los niños. Su identidad (hasta en su estado civil) está fuertemente ligada a su *status* marital.

Esta diferencia en la autopercepción está en la base de buena parte de la "crisis de identidad" que el hombre y la mujer atraviesan en el transcurso de su duelo. Al hilo de lo que hemos comentado con anterioridad, podemos pensar que la mujer, en función de las prioridades que atribuye a su condición de esposa o de compañera, resultará herida más fuertemente en la definición de sí misma que el hombre, que deposita en otra parte los elementos que lo definen. El señor Stéphane Durant será siempre el señor Stéphane Durant, pero la señora Sophie Durant debe recorrer un camino psicológico que la lleve a aceptar que su propio nombre sea un recuerdo constante de su pérdida...

Nuestra sociedad se encuentra aún bajo la influencia de representaciones que condicionan la expresión de las emociones del hombre y de la mujer. En este caso es el hombre el que se encuentra menos favorecido. Se espera de él que muestre entereza en la prueba, que demuestre valor y dignidad. Sus lágrimas y manifestaciones de desesperación son apenas toleradas, y se le exige "salir a flote" lo más rápidamente posible, sin desahogarse en una languidez y un sufrimiento "femeninos". Impregnado por estas prescripciones, el hombre presentará a menudo dificultades para dejarse llevar por la intensidad de su dolor. Sólo se permitirá llorar en la intimidad de su casa, lejos de la mirada de sus compañeros de trabajo, y se obligará siempre a "poner buena cara". A menudo se mostrará reticente o incapaz de expresar y compartir con los demás sus sentimientos más íntimos, consciente o no de que su naturaleza no se corresponde con la imagen que él desea dar de sí mismo. De este modo, sentirá una cierta resistencia interior a la hora de pedir ayuda, o al recibir la que se le ofrece, incluso si después reconoce que la necesita como todo el mundo.

De cualquier modo, como el hombre tiene, en uno u otro momento, que enfrentarse a todas las emociones que salen a la superficie en el transcurso de su duelo, buscará antes su resolución en la acción. Encuentra en el "hacer" todo a lo que no tiene acceso en el "ser"… Se observa entonces en algunas personas una sobrecarga en su actividad profesional: se hunden bajo una tonelada de trabajo, para finalmente regresar a sus casas extenuados de cansancio e incapaces de pensar. Otros se lanzan a múltiples actividades que los absorben furiosamente para huir de algo que los atrapará de manera ineludible.

Como casos extremos, algunos pueden encontrar en el alcohol o en la sucesión de aventuras sexuales un medio indirecto de acallar su sufrimiento.

En este sentido, **la mujer** se beneficia de una mayor libertad de acción. Se le reconoce el derecho a expresar sus sentimientos. Se respetan más sus lágrimas, puesto que responden a lo que imaginamos que es la "sensibilidad" femenina. La mujer tiene un mayor margen para mostrarse vulnerable y le es más fácil recibir el apoyo que le ofrecen sus allegados, porque ello no perjudicará la integridad de la imagen que tiene de sí misma.

Así, posee una baza que a menudo le falta al hombre y que le permite progresar más fácilmente en su trabajo de duelo.

Lo que es cierto a nivel emocional no lo es, en cambio, a nivel social; es quizás en este aspecto donde aparece uno de los abismos que separa el duelo del hombre del de la mujer en nuestra sociedad. La imagen del viudo es relativamente positiva y valorada por muchos. Se beneficia de un "aura" particular que no despierta ningún recelo.

Se le recibe con mayor facilidad que a una viuda, y este movimiento condiciona una integración más rápida del hombre en duelo en la vida social.

También suele ocurrir que el viudo sea muy pronto "codiciado" y solicitado. En efecto, el porcentaje de viudas supera ampliamente al de viudos, y con toda probabilidad esto explica que la mayoría de los viudos encuentren mayores oportunidades de "rehacer sus vidas" que las viudas, que a menudo se resignan a una vejez solitaria. Sólo hay que contabilizar el número de respuestas que recibe un viudo después de haber puesto un anuncio matrimonial para convencerse del lugar privilegiado que ocupa el hombre en relación a la mujer en la situación de viudedad...

La viuda suscita una mirada muy diferente (y que no está muy lejos de la mirada que despierta una mujer divorciada). Sin hacer generalizaciones, la mujer sola es a menudo percibida como una "amenaza" potencial por su entorno femenino, y esto parece ser tanto más cierto cuando la mujer es aún joven... ¿Acaso el mito de la "viuda alegre" habita inconscientemente en la gente? ¿No se teme que venga a desestabilizar a las parejas con su presencia, ahora que está libre de ataduras y de las convenciones del matrimonio? ¿No es dejar entrar, al fin, al lobo en la majada?

Una mujer de cuarenta años se sintió sorprendida por la reacción de sus allegados tras la muerte de su marido. Al cabo de unos meses se dio cuenta de que sus amigos (que en su mayoría vivían en pareja) la invitaban cada vez menos a sus casas, si bien exteriormente la relación con ellos no parecía haber cambiado. Un día se percató de que salían juntos de fin de semana sin invitarla a unirse a ellos, cuando antes ella y su marido eran los primeros en ser invitados a compartir los buenos momentos...

«No lo comprendía», confiesa con amargura, «de repente me sentía diferente porque estaba viuda y sola, cuando era desde siempre la misma persona que habían conocido... Me hicieron comprender que ya no había sitio para mí; ya no tenía alternativa... Entonces me distancié yo misma, aunque sabía que eso significaría la soledad por un tiempo.»

Aunque todas las situaciones no son tan tajantes, no es, sin embargo, extraño observar sutiles actitudes de exclusión hacia una mujer sola, y ello no hace sino acrecentar un sentimiento de abandono que ya se vive muy dolorosamente...

El lugar de uno se define con frecuencia por la posición del otro, y la desaparición de uno de los elementos de la pareja cuestiona a veces una parte de la identidad del que continúa viviendo. Quizás nos conocían como "la mujer del señor X" o "el marido de la señora Y" más que por lo que éramos por nosotros mismos, independientemente de la existencia de nuestro compañero o compañera... y es probable que el entorno social no conceda tanto valor o consideración a quien continúa viviendo, porque, al fin y al cabo, no ha hecho más que compartir su vida con la persona fallecida, sobre el que principalmente recaía el interés.

«Me di cuenta», dice una mujer de 45 años, «de que mi entorno sólo estaba formado por gente que se sentía atraída por el carisma de mi marido. Era un hombre brillante y chistoso, y siempre nos invitaban a todas partes, de tal manera se valoraba su presencia. Con su muerte, todo se detuvo súbitamente... Recibí algunas llamadas durante dos o tres semanas, y después nada más... Se hizo un rápido vacío a mi alrededor, y ha sido muy penoso comprender que para mis supuestos amigos yo sólo existía a través de la personalidad excepcional de mi esposo».

Y con el paso del tiempo tomamos lentamente conciencia de que lo hemos olvidado todo de esta vida de "soltero" en la que de pronto nos encontramos inmersos. Todo aquello parece tan lejano... ya no sabemos cómo nos las arreglábamos antes a la hora de entablar nuevas amistades. Ahora que el duelo se vuelve menos intenso y que nacen nuevos deseos, ¿adónde iremos? ¿A quién conoceremos? ¿Cómo nos comportaremos sin mostrarnos demasiado torpes y sin experiencia? Oscilamos entre el deseo de volver a la vida y el miedo a perdernos en ella...

El duelo por el futuro

A los duelos por el pasado y a las renuncias del presente se añaden las pérdidas del futuro. El futuro es todo cuanto habíamos proyectado construir juntos, todo cuanto cobraba sentido por el hecho mismo de que ahí estábamos los dos para realizarlo. Habíamos esperado forjar una familia, tener hijos, construir una casa, viajar... Esperábamos envejecer juntos, cada uno contaba con el otro para acompañarlo hasta el final...

La muerte de nuestro compañero o compañera derrumba estos puentes sobre el futuro, y el duelo de estas esperanzas sin mañana se suma al peso de todo lo que aún queda por hacer. Apenas nos atrevemos a escrutar este futuro que se ha tornado incierto, y nos percatamos de que será tan diferente de lo que suponíamos que ya no sabremos qué nos aguardará y qué habremos de esperar.

Si la familia había sido formada antes de la muerte del cónyuge, de pronto nos encontramos solos, no únicamente con nuestro propio futuro entre las manos, sino también con el de los niños... Comprendemos de igual modo que resultará indispensable una **reorganización de la familia**, porque cada uno desempeñaba un papel más o menos bien definido, y es necesario aprender a vivir de otro modo...

Algunos padres reconocen que este cuestionamiento de su pequeño círculo ha dado lugar a descubrimientos sorprendentes. Han contemplado por primera vez *quién* era realmente su hijo o hija. Se asombran de unos rasgos de carácter que nunca habían observado antes y oscilan entre la admiración y la consternación.

Un padre que dedicaba una parte importante de su tiempo a su actividad profesional se percata de que el papel desempeñado por su mujer era primordial, porque ejercía de mediadora en la familia, era la intermediaria entre él y los niños. Y ahora que falta este eslabón en la comunicación cada uno se ve forzado a reinventar otro tipo de relación para encontrar un nuevo equilibrio... lo que no siempre se hace sin tropiezos. El padre se encuentra frente a tareas que le resultan extrañas: ¿cómo encontrar las palabras adecuadas para consolar a su hija que sufre su primer desengaño amoroso? ¿Cómo expresar toda esa dulzura y esa ternura que sólo su mujer era capaz de dar a los niños? ¿Acaso no siente él mismo la imperiosa necesidad de ese afecto del que se nutría cada día? ¿Cómo convertirse en el confidente de sus hijos cuando nunca lo ha sido?

Si es el padre el que muere, se le atribuirán a la madre unas funciones que siempre había tenido la precaución de delegar en su esposo: él era el garante de la autoridad, el que sabía establecer los reglas y hacer respetar los límites de lo que estaba o no permitido... Les daba a los niños otro tipo de amor, diferente del que ella misma era capaz de dar. ¿Cómo establecer ahora esta complementariedad? ¿Cómo encontrar el momento para dar a los niños el afecto que necesitan cuando hay que encarar una nueva actividad profesional para proveer las necesidades de la familia?

Antes podíamos pedir la opinión o el consejo de nuestro cónyuge. Asumíamos mejor la responsabilidad cuando las opciones se discutían en profundidad y cuando llegábamos a la conclusión de que lo que pensábamos era la mejor opción para el bien de los niños. Pero ¿estamos seguros, ahora que nos encontramos solos, de tomar las decisiones acertadas? ¿Con quién podemos compartir ahora nuestras dudas e inquietudes? ¿Podemos confiar en nosotros mismos cuando nos sentimos tan indecisos?

Y la responsabilidad de los padres que progresa lentamente al margen del duelo no se limita a la educación de sus hijos, ni a su seguridad material y psicológica. Sobreviene de igual modo cuando, después de muchos años, renace el deseo de reconstruir la vida con otro hombre o con otra mujer.

Lo queramos o no, los niños estarán atentos a esta nueva situación que no dejará de suscitar preguntas.

¿Con qué ojos ven a este desconocido o a esta extraña que se acomoda cada vez más en la vida de su progenitor? Su llegada suscitará numerosas reacciones, desde el rechazo puro y simple del intruso en nombre de una lealtad absoluta al padre o a la madre fallecidos hasta la acogida afectuosa del recién llegado. ¿Tomará el "relevo afectivo" que los niños estaban obligados a asumir en relación a su progenitor, privado del amor del otro? ¿Será acaso un rival, el que tratará de borrar el recuerdo de un padre o de una madre que, sin embargo, es imposible olvidar? Las dos partes se encuentran en una situación incómoda, y sólo contarán con su propia paciencia e inteligencia a la hora de decidir si esta combinación puede resultar grata y armoniosa. Es una cuestión de delicadeza y de respeto mutuos, con la conciencia de que el duelo del niño y sus sobresaltos inesperados necesitarán ser siempre atendidos y cuidadosamente tenidos en cuenta. De este modo, el padre tiene que atender tanto a las necesidades de sus hijos como a las suyas propias, y cada uno encontrará sus respuestas sólo mediante un diálogo abierto y sincero.

Haya o no haya niños, es muy probable que más tarde o más temprano el deseo de **rehacer la vida** aflore al pensamiento...

En el azar de los encuentros, todavía un poco lastimados por la prueba del duelo, nos abrimos tímidamente a nuevos lazos de amistad, a nuevas relaciones amorosas. Esto no sucede sin la aparición de emociones difusas en las que el sentimiento de culpa, por el hecho de volver al mundo sin nuestra pareja fallecida, ocupa a menudo el primer plano. Pero aceptamos el augurio de este nuevo encuentro y nos dejamos sorprender por la posibilidad de que quizá pueda comenzar alguna otra relación.

Nos encontramos entonces frente a una responsabilidad de cara a nosotros mismos y de cara a la persona que aprendemos a amar. Porque, llegados a este punto, es fundamental saber situarse y valorar lo más objetivamente posible el camino que hemos recorrido después de la muerte de nuestro cónyuge, y el que aún queda por recorrer...

No podemos mezclarlo todo, no podemos escamotear lo que no puede ser ocultado... Es obvio que nos tienta todo cuanto nos distancia del dolor de nuestro duelo. Buscamos concluirlo o atenuarlo lo más rápidamente posible... Desde luego, tarde o temprano acabará... pero "temprano" no quiere decir "*demasiado* temprano". Este deseo legítimo de escapar de todo sufrimiento ha de enfrentarse a la realidad del duelo, aunque se alimente del miedo a la soledad, de la necesidad de ser amado o de la incapacidad de vivir solo. Nada puede acortar el duelo. No puede prescindirse de ninguna etapa...

Por tanto, antes de recibir a pecho descubierto a esta persona cuyo encuentro trastorna nuestra vida cotidiana, hay que preguntarse si nos hemos concedido el tiempo suficiente. En otras palabras: ¿este nuevo compañero existe de verdad por sí mismo? ¿Estamos seguros de que no es el reflejo del cónyuge fallecido el que encontramos en su apariencia física, en su modo de hablar o de comportarse, hasta el punto de olvidar que esta persona es esencialmente diferente?

Y, más allá de un físico, de una manera de comportarse, de una posición social, ¿no existen, en la relación que acaba de entablarse, circunstancias que mantienen una relación directa con lo que ya hemos vivido con nuestro cónyuge? ¿No tratamos, consciente o inconscientemente, de volver a encontrar los mismos defectos y las mismas dificultades, a fin de intentar "reparar" ahora las equivocaciones y errores del pasado, con el riesgo de reproducir con el recién llegado el infierno de otro tiempo?

¿Por qué una mujer golpeada por su marido alcohólico comienza una relación con un hombre que padece la misma enfermedad? ¿Por qué un hombre se casa con una mujer enferma y minusválida, para finalmente dedicarse a ella con el mismo fervor que consagró a su mujer difunta?

La relación de amor que se está creando merece algo más. Es cierto que resulta difícil tener en cuenta todos estos obstáculos cuando los sentimientos del aquí y del ahora son tan fuertes que creemos que podrán acallar los imperativos del duelo... Pero rechazar tenerlos en cuenta es una elección que habrá que asumir más tarde. La nueva relación necesita existir y alcanzar su plenitud por lo que es en sí misma, liberada del pasado y volcada con resolución hacia el futuro. No debe servir de sostén a un duelo que no llega a cumplirse.

Duelo por el pasado, duelo por el presente, duelo por el futuro... duelo por el tiempo que habíamos sido llamados a compartir juntos y que, sin embargo, tenemos que desgranar solos a partir de ahora. Este tiempo se inscribe en una vida cotidiana cuyas exigencias tan pronto nos han ayudado como puntos de anclaje en la realidad, como nos han abrumado por el peso que representaban... El día en el que nuestro compañero o compañera murió tuvo un mañana, y un pasado mañana, y luego otro día más... Los niños no han dejado de sentir hambre, de necesitar abrigo, no han dejado de necesitar el amor que a partir de ahora tendremos que darles solos. Les hemos ayudado, mal que bien, en este camino árido que habríamos querido ahorrarles...

Como espectadores asombrados de la versatilidad humana, hemos visto a amigos de siempre desvanecerse de nuestro círculo de relaciones, mientras que otros, fieles y silenciosos, han decidido quedarse, aceptando sentirse impotentes ante un sufrimiento que ha podido estremecerlos.

Nosotros también hemos quemado las naves. Algunas relaciones establecidas en el pasado no estaban ya en armonía con el progreso interior que el duelo ha provocado en nosotros, y este desfase nos ha llevado a cuestionar puntos de referencia esenciales.

Sopesamos entonces en qué medida el duelo nos ha conducido a una profunda redefinición de nosotros mismos, y las consecuencias de semejante conmoción han repercutido en los detalles más ínfimos, pero también en los más significativos... ¿Acaso no hemos conservado durante semanas el mensaje grabado por nuestra mujer o nuestro marido en el contestador automático? Había en ese «Ahora no estamos en casa» todo cuanto habíamos perdido, y todo lo que nos negábamos a perder. Este "nosotros" al que nos aferrábamos parecía querer decir que el tiempo podía dar marcha atrás, que era posible esperar, aunque todo afirmara lo contrario... Y ha tenido que transcurrir mucho tiempo antes de superar esta etapa, aparentemente insignificante y, sin embargo, fundamental en términos de maduración del duelo, que consiste en cambiar en el contestador el «no estamos» por el «no estoy».

Este «no estoy» sentencia nuestra soledad, pero reivindica el hecho de existir a pesar de la ausencia del otro. Este «no estoy» es tan importante para los demás como para nosotros mismos. En ese momento hablamos en nuestro propio nombre y, para algunas personas, ésta es la primera vez que existen... Porque a veces sólo hemos podido definirnos plenamente, en tanto hombres o mujeres casados, por medio de los códigos y rituales sociales, sin conocer nada más al margen de esta identidad...

Y ahora todo ha cambiado, aun cuando exteriormente mantenemos una posición sobre la que nadie vuelve a preguntarse. Este cambio procede de un progreso que conduce mucho más allá de lo que habríamos podido imaginarnos.

De esposa nos hemos convertido en viuda, luego volvemos progresivamente a ser mujer...

De esposo nos hemos convertido en viudo, para volver a ser hombre poco a poco...

El corazón descubre un día que aún puede emocionarse. Nos asombramos de nosotros mismos, pero hemos atravesado tanta confusión, tanta desolación, tanta desesperación, que aceptamos con gratitud estas nuevas emociones, conscientes de haber pagado nuestro tributo al duelo y serenos frente al recuerdo de la persona amada.

Nos sorprendemos rediseñando nuestros proyectos, reconstruyendo. Nos atrevemos, poco a poco, a encarar lo que podrá ser el futuro sin la presencia del otro y, tras meses y meses de oscuridad, nos sorprende experimentar un cierto placer. Impelidos por la fuerza de los acontecimientos, acabamos aceptando una nueva independencia a partir de ahora, aunque aún no sepamos qué hacer, aunque aún nos dé un poco de miedo...

De hecho, no podemos negar que percibimos, que pensamos, que nos expresamos de una manera extrañamente diferente, y somos los primeros en asombrarnos de nuestro propio cambio.

¿Qué vamos a hacer ahora con todo esto? ¿Hacia qué dirección apuntaremos? ¿Cómo emplear los frutos de este duelo para conferirle al fin un sentido?... Es así como nos atribuimos una nueva responsabilidad ante nosotros mismos.

Y sin embargo, nunca, nunca jamás, habríamos deseado que fuera así. Pero una vez más no hemos tenido elección y se nos exige que recojamos los amargos frutos a los que hemos dado forma con la pérdida de nuestro compañero o compañera.

Sin que se pueda comprender el sentido, la vida continúa. Prosigue su misteriosa y cruel alquimia que reúne a los seres para separarlos un día...

Pero a pesar de todo, la vida concede a cada uno su lugar y deja abierta la promesa de felicidad y autorrealización. ¿Cómo podremos renunciar a ella?

El niño en duelo

«Dime, mamá, ¿por qué papá no vuelve a casa?»

Después de algunos días, algo ha cambiado. Algo inquietante flota en el aire sin que podamos definir verdaderamente qué es. De repente, la casa se ha llenado de rostros desconocidos o de miembros de la familia a los que no se veía prácticamente nunca. Las miradas permanecen serias. Las conversaciones susurradas se detienen bruscamente cuando el niño se acerca. Mamá se muestra inaccesible: no deja de llorar, rodeada de gente que pide al niño que no la moleste y se vaya a jugar a su cuarto.

¿Pero y papá? ¿Dónde está papa?…

Durante mucho tiempo nos hemos preguntado por el duelo del niño. ¿Existía realmente? ¿El niño era capaz de elaborar, como el adulto, el complejo proceso que es el trabajo del duelo? Se prefería pensar que no entendía nada de la naturaleza de los acontecimientos y que era deseable mantenerlo a distancia.

Sin embargo, hoy sabemos que el duelo del niño es real, aun cuando sus manifestaciones no corresponden a lo que el adulto espera observar. A pesar de los esfuerzos para sustraerlo a la realidad de la muerte, el niño *lo sabrá*. Comprenderá, a su manera y con los medios de que dispone, que acaba de producirse un acontecimiento de importancia capital.

El niño está en constante maduración psicológica, y es evidente que su edad influye en el grado de comprensión de la situación. Por tanto, es importante detenerse algunos momentos en los diferentes tramos de edad y estudiar cómo comprende la muerte y cómo se adapta a ella con el transcurso de los años.

El niño de menos de seis meses

Hay poca información disponible a la hora de evaluar el impacto de la muerte de uno de los padres en el niño pequeño. No se sabe exactamente cómo vive el bebé la ausencia de su padre o de su madre. En cambio, parece al menos que el niño se mostrará sensible a cualquier modificación en su entorno.

Si, por ejemplo, muere su madre y una tía o una abuela la sustituyen en los cuidados cotidianos, el niño percibirá un cambio en los olores o en el modo en que lo acarician y reaccionará en consecuencia, según la disposición de los cuidados que se le prodigan. Si hay una continuidad con los de su madre, con todo el amor y la atención que necesita, podemos imaginar que el impacto de la muerte será menor, aun cuando sea difícil pronunciarse sobre las repercusiones a largo plazo.

Por último, es muy probable que el niño perciba en uno u otro nivel la desolación de su madre o de su padre. Puede percibir un cierto retraimiento afectivo en su entorno o una disminución en la calidad de los cuidados que se le prodigan, porque el progenitor puede estar demasiado deprimido para mostrarse a la altura de lo que el niño necesita. Todavía no se conocen con precisión las verdaderas consecuencias a largo plazo.

El niño de seis meses a dos años

Aparecen los primeros signos del inicio de un "comportamiento" de duelo. En este tramo de edad, la relación del niño con su madre se caracteriza por una intensa dependencia respecto a ella. Su desaparición es potencialmente vivida como "peligrosa" por el niño, porque su "supervivencia" psíquica y material dependen de ella. No puede decirse que el niño tenga una verdadera comprensión de la muerte, pero reaccionará, por supuesto, ante la muerte de uno de sus padres. Por ejemplo, lo buscará por todas partes, en los lugares donde acostumbraba a verlo, y preguntará sin descanso dónde se encuentra. La **fase de búsqueda** se da intensamente en ese momento, a menudo marcada por la cólera o la queja al haber sido abandonado de esa manera. El niño es, además, demasiado inmaduro desde el punto de vista psicológico como para soportar la tensión de la pérdida de manera continua y prolongada, y de este modo es posible que adopte una actitud de retraimiento protector, o que se abandone de manera casi frenética a juegos extenuantes, encaminados a negar la intensidad de su confusión y la aberrante realidad del fallecimiento. Poco a poco irá renunciando a buscar a su padre desaparecido y dudará cada vez más de su posible regreso.

El niño pequeño puede, entonces, atravesar un **período depresivo** que es preciso que el adulto identifique para impedir que se recluya en la apatía respecto a los demás y en un repliegue demasiado acusado. Entre paréntesis comentaremos que es a partir de esta edad cuando el adulto comienza a negar la realidad del duelo del niño... quizás porque le resulta insoportable identificarse con su desolación y es más cómodo negarla.

El niño de dos a cinco años

El concepto de muerte se encuentra en plena maduración en esta etapa. La confrontación con insectos o pequeños animales muertos ha llevado ya al niño a hacerse preguntas sobre la muerte. Observamos, además, que el niño pequeño entre los dos y los tres años experimenta un acercamiento real a la muerte; ésta ejerce sobre él una cierta fascinación y despierta su curiosidad. Lo que aún le sigue siendo difícil de comprender es el **carácter permanente** de la muerte. Todavía permanece durante mucho tiempo a la espera del regreso de la persona fallecida.

La psique del niño en este tramo de edad se caracteriza por un fuerte egocentrismo. Todo lo que ocurre en su entorno pasa necesariamente por él.

> Así, una joven cuenta que su abuelo murió cuando era muy pequeña. Al regresar de la escuela, sus padres le pidieron que fuera a verlo a su cuarto. «En cuanto entré y vi a mi abuelo muerto, ¡pensé enseguida que todo era culpa mía! No tenía ninguna razón para pensar eso, pero me acuerdo de haber sentido un vergonzoso sentimiento de culpa, como si de alguna manera yo hubiera provocado la muerte de mi abuelo. Desde luego, no me atreví a contárselo a mis padres.»

El niño se encuentra del mismo modo sometido al influjo

de lo que se conoce como "pensamiento mágico"; cree que todo cuanto dice o piensa existe realmente o se materializa. De esta manera, puede sentirse aterrado por su propio "poder" si un día le dijo a su padre: «Me gustaría que te murieras»... ¡y el padre muere repentinamente en un accidente de coche! El sentimiento de culpa es enorme en este caso, y es necesario descubrirlo a toda costa e inducir al niño a que lo exprese para que no se encierre en sí mismo.

A esta edad, el niño corre el riesgo de tomar todo cuanto se le dice al pie de la letra. El doctor Raphaël, psiquiatra australiano, cuenta la historia de un chico de dos años y medio que se escapaba reiteradamente al aeropuerto que estaba junto a su casa. Cuando se le preguntaba la razón por la que lo había hecho, respondía simplemente que quería tomar el avión para reunirse con papá... ¿No le habían dicho que su papá se había «ido al cielo»?

Aun cuando no se le explique nada sobre el fallecimiento, ello no impedirá en modo alguno que el niño trate de imaginar lo que ha pasado. Seguramente haríamos mejor en explicarle simplemente los hechos (y sobre todo las circunstancias de la muerte). En caso contrario, se verá forzado a reconstruir lo que ha pasado, buscando en su fuero interno las respuestas que no puede recibir del exterior, y su imaginación desatada tomará muy rápidamente las riendas de cuanto no nos atrevemos a decirle. Dios sabe que es capaz de imaginar "argumentos" mucho más terribles y angustiosos que la simple exposición de los hechos.

No debe negarse la tensión a la que está sometido el niño pequeño: no sólo el padre que le queda está completamente hundido y poco receptivo, sino que reina un clima de ansiedad y extrañeza en la casa, con una multitud de personas, muchas de ellas desconocidas, que desfilan de pronto por el apartamento. Además, a la búsqueda angustiada del progenitor fallecido se añade la posibilidad de que lo manden "lejos", con la familia más allegada, sin haber recibido la menor explicación sobre la naturaleza de los hechos. con frecuencia la noticia es aplazada para otro momento, o se aborda de modo inapropiado o totalmente incomprensible para el niño: «Mamá se ha sido de vacaciones para siempre», «Papá estará enfermo mucho tiempo», «Tu hermanito se ha ido al cielo»… Ni que decir tiene que, de igual modo, el niño en este tramo de edad se ve excluido en la mayor parte de los casos de los rituales que rodean la defunción, privándosele así de referencias que su imaginación necesita para estructurar lo que está viviendo.

Los modos de reaccionar del niño serán muy variados. Sin embargo, se observa a menudo cómo los padres comentan que su hijo no ha comprendido realmente lo ocurrido y perciben que su comportamiento no se adapta a la situación.

Por ejemplo, pueden asombrarse cuando, al anunciarle la muerte de su hermano pequeño, lo ven jugar animadamente, «como si no hubiera pasado nada». Estos períodos de aparente indiferencia no son en realidad más que la expresión de una **negación protectora** que el niño activa de forma momentánea. Alternarán infaliblemente con momentos en los que el niño mostrará su desolación de un modo más manifiesto, si siente que puede hacerlo con total seguridad. El niño también puede sentirse realmente "acorralado" frente a una situación que no controla. Puede adoptar actitudes "regresivas" en las que exprese su deseo de ser tratado como un bebé con una exigencia creciente de cuidados y atención. Puede pedir el biberón; puede volver a hacerse pipí en la cama. Preguntará una y otra vez dónde se encuentra su padre fallecido, casi acosando a los adultos con sus preguntas: «¿Dónde está?», «¿Qué hace mamá?», «¿Por qué no vuelve?», «¿Está papá enfadado?», etc.

Es posible que el niño manifieste su desconcierto a través de una **agresividad** hacia quienes le rodean. Esta violencia es frecuentemente una respuesta a la desolación del padre que continúa vivo, ya sea por un efecto "especular" mediante el cual el niño manifiesta lo que el adulto reprime, ya sea porque culpa a su padre por estar tan retraído y ser incapaz de reconfortarlo y tranquilizarlo.

Lo que pone al niño en tal estado de ansiedad es la conciencia de un ataque, casi un hundimiento, de su seguridad básica. Desde luego, aún se proyectarán más dificultades sobre el futuro, pero el niño es muy consciente del hecho de que el equilibrio de su pequeño universo se encuentra seriamente amenazado.

El niño de cinco a ocho años

Se consolida el concepto de muerte. A los ocho años es bastante parecido al del adulto. A partir de esta edad, la muerte es entendida como un proceso natural y universal: es irreversible y se aplica a todo ser vivo, incluido el propio niño. Como en los anteriores tramos de edad, encontramos aquí manifestaciones de negación, que se expresan a través un comportamiento marcado por la despreocupación, las risas y los juegos, cuya intensidad algo exagerada deja adivinar, sin embargo, la turbación interior. Además, el niño de esta edad es a menudo mucho más reservado y silencioso que el niño de dos a cinco años. Suele no hacer muchas preguntas. Empieza a ocultar sus lágrimas y sus emociones, por un lado, porque seguramente le da miedo perder el control si se abandona a ellas, por otra parte, porque empieza a sufrir el condicionamiento de los adultos respecto a la expresión de los sentimientos.

Mirando a su alrededor y copiando las actitudes y el comportamiento de los mayores, el niño empieza a aprender que quizás no es apropiado mostrar lo que siente: «Los adultos niegan sus emociones; han de tener forzosamente razón. ¡Eso es justo lo que yo también tengo que hacer!». Es así como se adquiere el reflejo de encerrarse silenciosamente en el dolor de su duelo, de modo que, una vez adulto, se sentirá incapaz de vincularse a sus propios sentimientos y vivirlos en su justa medida.

El niño de esta edad lleva ya escolarizado algunos años y se vuelve sensible a las exigencias sociales que implícitamente le dicta su entorno. Así, puede vivir con una verdadera tensión el hecho de enfrentarse a sus compañeros de colegio, sintiéndose avergonzado o incluso culpable de ser "diferente" a partir de ese momento, porque uno de sus padres ha muerto... El niño en edad escolar (y hasta la adolescencia) tiene un agudo sentido de la "normalidad". Percibe como demasiado desestabilizador el sentimiento de diferencia, que entiende como una verdadera exclusión social. Este modo de ver las cosas pasa a menudo desapercibido por los adultos. A pesar de ello, si el adulto se percata de estas aprensiones, el niño comprenderá que se muestra receptivo a lo que siente en lo más profundo de sí mismo.

Es posible ver aparecer en el niño de cinco a ocho años actitudes en las que muestra el deseo casi compulsivo de "**hacerse cargo de la situación**". Esto ocurre, por ejemplo, cuando la niña se comporta como una mujercita ante su padre, tomando a su cargo los papeles y los deberes de su madre fallecida. Encontramos el mismo tipo de comportamiento en otra niña que prodiga a su hermano pequeño unos cuidados cuyo celo e intensidad parecen en principio desproporcionados.

Aun cuando estos papeles de "pequeña mamá" o de "mujercita" se perciben de manera positiva por el entorno, obligan al adulto a examinar con atención lo que está ocurriendo realmente ante sus ojos. En efecto, es muy probable que el niño responda inconscientemente a una presión familiar que le empuja a convertirse en el sustituto del progenitor fallecido. Esto es, frecuentemente, el resultado de reflexiones desconsideradas de los adultos, que no miden el alcance de sus palabras: «Mi niño, vas a ser fuerte por tu mamá ahora que tu papá ya no está; vas a ser el marido de tu mamá».

El niño se toma muy a pecho estas exhortaciones y puede sentirse aterrado por la enorme responsabilidad que se le pide que asuma de pronto. Tener que convertirse en el "marido" de su madre o en la "mujer" de su padre pone al niño en una situación intrincada. Corresponde al adulto hacerlo salir o procurar que no se enquiste en ella.

Es preciso subrayar también que el hecho de que el niño

tome a su cargo funciones que antes se atribuían a sus padres fallecidos remite en parte a una necesidad de identificación con este mismo padre. Este **deseo de identificación**, como hemos visto, se nutre del deseo de recuperar elementos de la realidad que la muerte ha interrumpido. Un cierto grado de identificación puede ser considerado benéfico en la medida en que ayuda al niño a "reconstruirse" después de la muerte de uno de sus padres, pero en cambio parece evidente que una identificación "completa" con un papel de padre o cónyuge resulta inapropiada. El adulto tiene que procurar reestablecer el rumbo si el niño emprende este peligroso camino.

Por último, no hay que olvidar que el niño puede adoptar estos comportamientos de "dominio de la situación" para distanciarse, ignorar o reprimir la propia necesidad de ser tenido en cuenta. Éste es, además, el mensaje esencial que quiere transmitir... ¡Sólo falta que el adulto llegue a comprenderlo!

El niño de ocho a doce años

En esta etapa, la comprensión de la muerte es prácticamente idéntica a la del adulto, aun cuando ciertos conceptos abstractos siguen siendo difíciles de comprender. La conciencia de la posibilidad de su propia muerte se ha implantado en la mente del preadolescente, así como la capacidad de proyectarse en el futuro. Es precisamente gracias a esta facultad para afrontar el futuro como comprenderá las implicaciones del fallecimiento a corto plazo y las repercusiones que tendrá en los años venideros. Las actitudes de negación, «como si no hubiera pasado nada», de desamparo o de ansiedad descritas anteriormente aparecerán en este momento, en las fases iniciales del duelo. Pero pronto se manifiesta una angustia igual a la del adulto. La posición del niño es precaria: ya no se muestra tan dependiente del adulto, pero su autonomía en relación a éste aún sigue siendo muy frágil. Necesita terriblemente a su padre desaparecido; querría expresarlo, pero al mismo tiempo teme caer en los comportamientos infantiles que apenas empieza a superar. Al no atreverse a compartir lo que siente por miedo a ser tachado de "niño pequeño", trata de mantener una apariencia de "mayor", prohibiéndose la expresión de su impotencia y desasosiego.

Ahí también corre el riesgo de que los demás no reconozcan su duelo, debido a que su actitud puede hacer pensar que se encuentra poco afectado por la muerte.

Puede arrojarse otra luz sobre esta ausencia transitoria de toda emoción que encontramos de vez en cuando en el niño: con una cierta clarividencia, presiente que el duelo que se le presenta lo volverá frágil y vulnerable por un tiempo indeterminado. De igual modo, ha comprendido intuitivamente que la muerte implicará profundos trastornos en su vida cotidiana... y, ante un ataque a su seguridad, elige de forma inconsciente "aplazar" este duelo, considerado por el momento como demasiado amenazador. Quién sabe, además, si la ausencia de reacción ante la noticia del fallecimiento no es, también en esta ocasión, un medio de protegerse, a la espera de un entorno más estable y seguro. Una vez pasado lo más duro de la tormenta, será quizás menos peligroso "exponerse" a la vivencia del duelo al que podrá irse acostumbrando poco a poco.

De igual modo es cierto que en algunos casos el adulto acepta con alivio la poca reacción del niño ante la noticia de la muerte: parece tan sosegado, se lo toma tan bien y se muestra tan extrañamente callado que, sin embargo, le golpea de frente. La situación parece tranquila, pero conviene preguntarse qué se esconde tras ese silencio y ese rostro impasible.

En efecto, ante el panorama de un padre o una madre hundidos por el dolor de haber perdido a su cónyuge, el niño puede asustarse y temer que su padre se desmorone y desaparezca a su vez... El silencio que se impone, ¿no es acaso el reflejo del miedo que despierta en él el duelo de su padre? ¿No prefiere inconscientemente renunciar del todo a su propio duelo, sean cuales sean las consecuencias, si es para proteger a mamá o a papá?

Para él no parece haber elección: no asumir la responsabilidad del duelo de uno de sus padres significa correr el riesgo de que su padre o su madre se "hagan añicos" psicológicamente. Así, aplazar el propio duelo es casi una cuestión de supervivencia: lo que está en juego es su seguridad.

Sin ninguna duda, el padre encontrará un consuelo real en el pequeño tan solícito y atento (éste es, además, el objetivo que persigue el niño...). Pero hay que saber contenerse y no aceptar que actúe así. El niño no puede y no debe, de ningún modo, "reparar" las carencias de sus padres. Es necesario inducirlo a encontrarse consigo mismo y ponerlo en contacto con sus propias emociones...

Un niño es ante todo un niño, con todo lo que ello implica. Cada uno debe ocupar su lugar: no deben intercambiarse los papeles. Es al adulto al que le corresponde cuidar del niño, por muy fuerte que pueda ser el deseo del niño de ayudar... y el del progenitor de sentirse consolado y protegido por su pequeño.

En este contexto, constatamos que no es necesariamente en el seno del círculo familiar donde el niño encontrará los mejores "aliados" que necesita para hablar de su dolor. Un adulto de "referencia" (un profesor, un amigo de los padres, el padre o la madre de un compañero, etc.) puede proporcionarle un marco lo suficientemente cómodo como para que se atreva a confesar su dolor, porque en casa todo el mundo está tan conmocionado por el impacto de la muerte que allí es imposible, por el momento, que nadie lo escuche.

Además, más allá del deseo de compartir sus emociones, el niño busca sobre todo un modelo. Esa tendencia estará especialmente presente en el duelo del adolescente. La necesidad de una figura con la que identificarse es entonces muy pronunciada: por ello, no es extraño ver cómo se erige un verdadero "culto" hacia el padre fallecido, sobredimensionando todo cuanto el padre o la madre era o hacía, todo cuanto le gustaba.

¿Qué decir?

A menudo oímos decir que es preferible ocultar al niño, durante algún tiempo, la realidad de la muerte: de esta manera creemos protegerlo... ¿pero, en realidad, a quién tratamos de preservar?

¿Es al niño, que espera que se le diga a voz en grito lo que él ya ha comprendido con palabras veladas?

¿Es al padre, abatido por la desaparición de su cónyuge y que no siente la fuerza necesaria para dar la noticia a su hijo?

¿Es al entorno, que teme anunciar algo que él mismo no consigue asumir?

Podemos sentirnos incapaces de hacer frente al dolor del niño, pero ello no debe, sin embargo, apartarlo de una realidad que también le pertenece.

El niño deposita una confianza sin límites en los adultos que se hacen cargo de él. Está dispuesto a comprender y a aceptar mucho más de lo que imaginan, en la medida en que se tomen el tiempo necesario para explicarle la situación. ¿Por qué correr el riesgo inútil de romper esta confianza si, por ejemplo, se entera por medio de un amigo de que su madre ha muerto hace una semana, cuando él estaba convencido de que sólo se había quedado a dormir en el hospital?

En otro tiempo (y sobre todo en el campo), los niños presenciaban la muerte de los miembros de su familia. La muerte pertenecía a la vida cotidiana, y desde muy pequeños aprendían a integrarla en el día a día. El niño veía nacer un animal por la mañana y se encontraba, por la tarde, un perro muerto, un pájaro caído de su nido o el caparazón vacío de un insecto. El ritmo de las estaciones, con su eterna mutación, invitaba a comprender y a aceptar mejor el ciclo de la vida y de la muerte como un proceso natural.

Actualmente, los niños han perdido esta proximidad con la muerte. Las puertas del hospital están cerradas para ellos, de manera que casi nunca están presentes cuando fallece alguno de sus familiares. No sólo se les priva de una muerte que quizás habrían deseado presenciar, sino que se considera, además, que alrededor del sesenta por ciento de los niños entre los dos y los ocho años son apartados de toda ceremonia funeraria, aun cuando manifiestan su deseo de participar en ella.

> Un hombre de cuarenta años se acuerda todavía del entierro de su abuela cuando tenía siete años. Esa mañana lo mandaron al colegio sin decirle nada, cuando sabía que su familia se disponía a ir a la iglesia. Aún se acuerda, como si fuera ayer, de su tristeza y de su enfado al escuchar, desde el aula, tocar a rebato fúnebre; aún hoy percibe los ecos de su rencor y de su resentimiento.

En nuestra sociedad moderna y aséptica, todo tiende a borrar la muerte y el duelo: los niños se encuentran tan desprotegidos como los adultos. Además, éstos no les son en ocasiones de mucha ayuda, porque muchos adultos también entran en contacto con la muerte por primera vez en su existencia.

"Proteger" al niño no le reportará ningún beneficio, hay un trabajo de duelo por hacer: no se le puede ahorrar, por intenso y legítimo que pueda ser el deseo de preservarlo de toda desdicha. En tales circunstancias, el papel del adulto consiste en apoyarlo y acompañarlo en la travesía de esta dura prueba. El niño necesita a una persona mayor para comprender y hablar abiertamente sobre los aspectos de la muerte que superan su comprensión. Precisa de alguien atento que pueda identificar sus necesidades; necesidades de las que acaso no es consciente...

El niño exigirá mucho del adulto. Exigirá una **disponibilidad** que el progenitor que continúa viviendo no siempre estará en condiciones de ofrecer... Porque él también se encuentra en pleno proceso de duelo; él también acaba de perder a alguien esencial en su existencia y siente la necesidad de protegerse. La perspectiva de tener que ocuparse de los niños puede parecerle superior a sus fuerzas. Puede dudar de su capacidad a la hora de asumir su papel en relación a ellos, y aun cuando por el momento se reconoce incapaz de hacer ningún esfuerzo suplementario, no dejará de hacerse amargos reproches por no estar a la altura, reproches que alimentarán su desamparo y su sentimiento de culpa.

Por tanto, desde un punto de vista práctico, los familiares más cercanos pueden proponer llevarse a los niños algunas horas al día, con el fin de permitir a su padre distanciarse un tanto y recogerse en un retiro silencioso que la presencia de sus hijos vuelve insostenible... Es posible que los propios niños se sientan aliviados al encontrarse de vez en cuando en un ambiente menos "cargado" que el de su casa.

En cambio, es importante que no se desarraigue completamente a los niños de su entorno familiar, como ocurre cuando se les manda lejos, a casa de una prima, con la preocupación de distanciarlos de unas circunstancias consideradas como demasiado traumáticas para ellos. Si creemos a los adultos que evocan el recuerdo de una muerte en su pasado, el verdadero traumatismo consistió en esta ruptura brutal y este alejamiento de su entorno cotidiano. Cuando regresaron, se enteraron indirectamente de que el entierro de su padre, de su abuela o de su hermano pequeño se había celebrado durante su ausencia, y que se les había "privado" de un acontecimiento en el que habrían querido participar.

¿No es una prueba de poco respeto hacia el niño negarle una confrontación a la que tiene derecho si así es su deseo?

El niño sólo se permitirá aquello que su entorno se permita a sí mismo. Esto cuestiona directamente la capacidad de los adultos que cuidan de él a la hora de enfrentarse a la realidad de su pérdida y vivir su duelo día a día. Cuando el padre o la madre se permiten expresar sus emociones sin tratar de disimularlas ante su hijo, de forma implícita le están diciendo que puede vivir sus sentimientos, con toda seguridad, sin temer ser destruido por su violencia.

No obstante, hay que demostrar capacidad de **discernimiento**: no se trata de contárselo todo, ni de mostrárselo todo sin limitación alguna. El adulto ha de demostrar su capacidad de juicio y ha de establecer lo que el niño debe conocer para sentirse cómodo cuando quiera hablar. No es el niño pequeño quien debe elegir lo que el padre podrá contarle; es incapaz de ello, porque concederá sin distinción el mismo valor a todo cuanto se le diga...

Más que nadie en el mundo, el niño cuenta con la estabilidad de los que permanecen junto a él. Debe asegurarse de que no se derrumben también, aun cuando expresan abiertamente su tristeza en su presencia.

Cuando nos ocupemos de un chico o de una chica en duelo no debemos perder de vista que antes de la desaparición de su padre o de su madre les parecía inimaginable que esto pudiera ocurrir. Simplemente, les era imposible concebir semejante idea. Pero ahora que se ha convertido en una realidad empiezan a hacerse preguntas relativas a la **seguridad** de quienes les rodean. Ya nadie está a salvo, y puede aterrarles la idea de que su otro padre o madre pueda morir también.

Consciente de que emprende un sutil "camino al borde del abismo", el adulto ha de intentar, en la medida de lo posible, mostrar entereza para tranquilizar a su hijo, y al mismo tiempo la sensibilidad necesaria para que el pequeño no olvide que un adulto también puede sufrir y tener ganas de llorar.

Rara vez el niño pedirá **apoyo** por sí mismo, ya que no siempre sabrá como pedirlo. A menudo se quedará con lo que le quieran dar, aun cuando sea evidente que su necesidad es mucho mayor...

Y, sin embargo, a pesar de su silencio, estará al acecho de todo adulto que decida venir a su encuentro. Pocas veces dejará pasar una oportunidad así. En el mejor de los casos, le aliviará poder compartir lo que siente con un adulto comprensivo y aprovechará la ocasión para hacer las preguntas que le preocupan...

En efecto, según los tramos de edad descritos anteriormente, habrá que esperar de todo: algunas confidencias del niño pueden ser desconcertantes; sus preocupaciones parecen a veces increíblemente "triviales" o "prosaicas" en contraste con la gravedad de lo ocurrido:

–¿Ya no volveremos a comer? –pregunta el chico.

–¿Pero por qué preguntas eso? –replica su padre.

–Porque mamá ha muerto y era ella la que hacía la compra con el dinero que sacaba del cajero.

O bien:

–¿Quién me llevará a las clases de baile del miércoles?

Al principio nos molesta la dureza de corazón del niño; pero más tarde nos damos cuenta de que lo que trata de expresar es la amenaza que siente cernirse sobre su vida. Necesita que le infundan seguridad, aunque a primera vista sus inquietudes parecen completamente fuera de lugar... Sus preguntas transmiten una angustia que el adulto no percibirá si no le escucha de verdad.

Pero a veces cuesta trabajo establecer el diálogo. Cuando el niño no consigue traducir sus emociones en palabras, buscará otros medios para expresar su malestar: por ejemplo, mediante sus juegos o dibujos. Así, se debe hacer una "lectura" atenta de estos últimos, porque los monigotes, las casas y los animales que dibuja relatan el devenir de su pensamiento y proporcionan, si se le pide que los explique, una cantidad considerable de datos sobre lo que está viviendo y no consigue expresar de otra manera... Hay que estar alerta porque a menudo todo se encuentra ahí, ante nuestros ojos, y sólo hay que preguntarle qué ha querido expresar, permaneciendo muy atento para escuchar lo que realmente quiere decir.

Los funerales

Cuando sobreviene una defunción, más tarde o más temprano, nos hacemos la pregunta acerca de si es apropiado que el niño asista al entierro de su padre desaparecido...

Se teme su reacción y el impacto psicológico de un acontecimiento de tal magnitud. Se recela de que pueda impresionarle mucho la ceremonia religiosa, el entierro y la manifestación pública de tanto sufrimiento… Aún más, el deseo de proteger al niño de un trauma añadido hace dudar sobre la conveniencia de su presencia.

No hay, *a priori*, nada de malsano en el hecho de que el niño acuda al entierro. El niño necesita, tanto como el adulto, de esos rituales que vuelven tangible la realidad de la defunción. Comprenderá mejor su importancia cuanto mejor haya comprendido su sentido. Estar presente en los funerales le ayuda a percibirse como una persona plenamente en duelo, al margen de su corta edad. Esto también lo percibe el entorno, que se mostrará más sensibilizado ante la idea de proporcionarle el apoyo que necesita también él…

Sigue siendo cierto que el círculo familiar conoce al niño mejor que nadie, y hay que remitirse a su pericia para que considere lo que es mejor para él. Tan sólo hay que tener en cuenta que las decisiones que se adopten estén acordes con el deseo del niño. Si éste expresa su anhelo de estar presente en el entierro, habrá que respetar su voluntad en la medida de lo posible. El niño sabe muy bien que no se trata de un juego; confiere a su presencia un valor que los adultos no sospechan. De un modo u otro, ha de estar preparado para esta nueva experiencia: explicándole el desarrollo de la ceremonia, diciéndole quiénes participarán en ella y cómo se organizará el funeral, se desdramatizará un poco el evento y se atenuará su impacto. El niño ha de saber que las personas que encontrará estarán tristes y serias y que él mismo puede sentir una gran tristeza o deseos de llorar… Estas explicaciones proporcionarán al niño unos referentes a partir de los cuales le será más fácil orientarse, ya que todo cuanto le sea conocido le resultará menos inquietante…

En el mejor de los casos, un adulto podrá acompañar al niño (un tío o una tía, un amigo de la familia que se haya granjeado su confianza). Esta persona mayor pasará a ser su "referente" privilegiado que se ocupará especialmente de él en medio de tantos extraños. El adulto será el oído y el ojo atento que captará lo que el niño quiere expresar balbuceando; será quien lo tranquilice cuando éste tenga la impresión de que todo amenaza con derrumbarse a su alrededor...

A la inversa, y por razones que hay que respetar igualmente, el niño podrá negarse a asistir a los funerales. Del mismo modo, los familiares más cercanos al niño podrán decidir que no les parece adecuado que el niño acuda a la ceremonia.

Aunque hay que atenerse a su decisión, esto no significa, sin embargo, que el niño no se muestre curioso o preocupado por el desarrollo del entierro, o que no manifieste más tarde el deseo de visitar la tumba, o de escuchar al adulto contar cómo ha transcurrido todo.

Su rechazo, o la decisión que han tomado por él, no significa necesariamente que no desee participar en el ritual de un modo u otro. Se le puede proponer que elija las flores. Podrá, por su propia voluntad o a partir de la sugerencia de un adulto, hacer un dibujo o escribir un poema con la promesa de que lo depositaremos en el ataúd... De hecho, el adulto tiene mucho que aprender del niño en cuanto a la espontaneidad de sus deseos, ya que éste no manifiesta, respecto a la muerte, la repulsión que lleva a los adultos a tener de ella una visión tan mórbida.

En el transcurso del lento proceso que lo llevará a la conclusión de su duelo, el niño se mostrará extremadamente receptivo a cuanto alimente el **recuerdo**. El recuerdo es la prueba que permanece "viva", la que le servirá de referencia cuando se pierda en el presente... Para el niño, los abuelos son el receptáculo del pasado. Ellos conocieron de niño a su padre desaparecido; son ellos los que pueden asegurar un valioso vínculo entre un pasado desconocido para el niño y un futuro marcado por la ausencia del padre o la madre fallecidos. Los abuelos tienen la oportunidad de traer al presente la infancia de los padres del niño, y quién sabe si éste no buscará, en esa evocación, los recuerdos y las referencias que necesita para reconstruirse interiormente. ¿No quiere acaso encontrar en la infancia de su padre o de su madre un poco de sí mismo? ¿No ocurre lo mismo con las fotografías antiguas, los libros, los discos, con todo cuanto perteneció a su progenitor desaparecido? El niño los emplea como otros tantos medios para restaurar el vínculo interrumpido por la muerte. Los objetos preservan la continuidad de la relación. Con su mera presencia, le ayudan a reconstruir el día a día.

También es importante y tranquilizador para el niño que escuche, en medio de una conversación entre adultos, mencionar el nombre de la mamá, de la abuela o del hermanito fallecidos. Porque siente que la persona desaparecida no muere verdaderamente si se continúa hablando de ella y que las palabras insuflan vida en el recuerdo de los seres queridos. Se mostrará más atento de lo que imaginamos, porque necesita saber que los adultos no olvidan y que las palabras, como los objetos, son los mejores guardianes del recuerdo...

El adolescente en duelo

Incluso antes de conocer el dolor de la pérdida, el adolescente se encuentra, casi por definición, en duelo. En duelo por sí mismo y por el niño que era. Ha de aprender a renunciar al universo de la infancia y a la ilusión de unos padres todopoderosos. Empieza a dejar atrás la figura infantil en un cuerpo en plena transformación. A cada momento construye el adulto que llegará a ser. Toda su energía, su fuerza vital, todas sus angustias y esperanzas se vuelcan en este reto ambicioso, que ocupa plenamente su conciencia. ¿Cómo pensar entonces, en este mundo en plena mutación, que el duelo por un padre podrá encontrar el lugar que le corresponde cuando sobreviene la muerte?...

La muerte se presenta como una **aberración,** y el joven adulto tratará de combatir este absurdo con toda la violencia característica de la pubertad. Todo cuanto ha tratado de ordenar progresivamente, pese a todos sus miedos y preguntas, se pone de pronto en duda. ¿Cómo no ceder a la necesidad acuciante de volver a ser un niño pequeño para llorar libremente en los brazos de su madre y, al mismo tiempo, no traicionar y volver inútiles todos los esfuerzos desplegados para ser independiente? ¿Cómo comportarse como un adulto cuando aún se siente tan niño y cuando ahora sabe que, de todos modos, tampoco los adultos tienen todas las respuestas?

No puede contar con ningún modelo conocido y, a pesar de tener una marcada preocupación por ser "como los demás", de pronto se siente "diferente" de los adolescentes que lo rodean. El duelo lo sitúa "más allá" de su universo familiar. Le roba la posibilidad de controlar un entorno en el que apenas empezaba a desenvolverse.

Enfrentado a la necesidad, el adolescente, al igual que el niño y el adulto, tratará de emplear todos los medios que tenga a su disposición para hacer frente a su trabajo de duelo, adaptándose a él del mejor modo posible. La capacidad de modular las emociones no es, sin embargo, patrimonio de la adolescencia, en la que muy a menudo los extremos se tocan con una facilidad desconcertante. Es capaz tanto de encerrarse a cal y canto en su silencio como de explotar en un desbordamiento emocional que a veces le cuesta trabajo controlar. En ocasiones, no encuentra las palabras, o se las niega. Cuando las palabras faltan, busca el modo más inmediato de alejar de sí un dolor que lo aniquila, y el duelo se expresa entonces por una activación del sufrimiento. Ya no *expresa* su malestar, lo *muestra*. De forma inesperada, se encuentra disimulado tras una explosión de cólera, un rechazo a ir al instituto o incluso en conflictos en el círculo familiar...

"Actuar" puede parecerle al adolescente menos "peligroso" que correr el riesgo de volverse vulnerable confesando sus temores y su dolor. Como en los otros casos, al margen de una posible aparición de brotes de violencia o agresividad, lo que busca es la oportunidad de ser escuchado. Una oportunidad en la que por fin encontrará las palabras adecuadas a su sufrimiento. Sin descanso, exigirá esta comunicación... aun cuando, paradójicamente, deje a los otros pocos medios para establecerla... Ésta es sólo una de las múltiples **contradicciones** que son propias del adolescente y que hacen que sea tan difícil acercarse a él.

¿Quién no ha sentido nunca la ambigua seducción de la muerte y del sufrimiento, siendo adolescente? Esta exacerbación de las emociones y los sentimientos que suscita el duelo, ¿no se encuentra en sintonía con esta búsqueda de sinceridad y de absoluto que encontramos tan a menudo en el adolescente?

El dolor del duelo está a la altura de los tormentos que turban el espíritu del joven. Secretamente, se reconoce en la intensidad de su pena, que puede cargarse entonces de un "aura" especial. Su dolor lo "exilia" y le abre un campo de experiencia que le hace ver claramente aspectos esenciales de la vida. Las dudas metafísicas que impone el duelo caminan en el mismo sentido que su búsqueda: encontrar un sentido a su existencia.

Así, podrá sorprender al adolescente su propia ambivalencia de cara al dolor de su duelo. Se rebela contra él, pero a veces se abandona a él con un extraño placer, debido a la "riqueza" que le hace descubrir... desde luego, el adolescente se encuentra en un estado de gran turbación, sobre todo porque es difícil hacer partícipes a los demás de la atracción paradójica que emana de su dolor.

Si se entrega a este placer es porque cumple su función en el duelo del adolescente. En lugar de perder sus fuerzas tratando de reprimirlo, el adolescente aprenderá mucho de él si consigue abrirse a los demás.

Con la muerte de uno de sus padres, el joven ve cómo desaparece un sistema de referencia clave en la edificación de su propia identidad. Ésta no se verá amenazada en su base, pero es cierto que el adolescente se encuentra en un estado de su desarrollo psicológico en el que necesita identificarse con el progenitor de su mismo sexo y redefinir su relación con el del sexo contrario.

La desaparición de uno de los dos introduce una dificultad añadida en un proceso que ya es delicado por sí mismo... El adolescente puede sentirse injustamente "privado" de este referente adulto que, gracias a su comportamiento, su forma de ser y pensar, le servía de modelo (o de antimodelo) para cuanto deseaba adquirir por sus propios medios... Así, ya sea en el terreno de las relaciones afectivas o sexuales, ya sea en el comportamiento social o profesional, el adolescente "afinaba la puntería" y establecía sus elecciones en función del, o en reacción al, ejemplo que le ofrecían sus padres. La pérdida de esta referencia inaugura un período de gran **confusión** en el que el adolescente ha de contar sólo con su intuición a la hora de establecer por sí mismo lo que puede ser bueno para él.

De este modo, al igual que el niño más pequeño, sentirá la necesidad de encontrar fuera del círculo familiar a aquel o aquella que pueda ejercer el papel de "sustituto" de su progenitor desaparecido. Se observa entonces un acercamiento a uno de sus tíos o tías, a un primo, a un amigo o amiga de la familia, o incluso a un profesor que el adolescente identifica como capaz de dar respuesta a sus preguntas. Puede "identificarse" con ciertos comportamientos o rasgos de carácter que valora especialmente en la persona elegida y extraer de ella el impulso que desea hacer suyo...

El adulto escogido ha de comprender el reto que significa su implicación en el proceso. Su posición es a veces difícil de sostener, porque puede sentirse confundido por el papel que el adolescente le atribuye. Le resultará necesaria una gran inteligencia y delicadeza para establecer con el adolescente la distancia adecuada que el joven necesita en esta relación.

La adolescencia es también el período de la vida en el que las emociones se encuentran a flor de piel. Se rechazan los esquemas convencionales, considerados anticuados, y son los valores emocionales los que rigen el comportamiento del joven. La sinceridad, la transparencia y la lealtad se consideran valores supremos. El amor y la fidelidad se convierten en ideales que nada podría cuestionar. La tolerancia y la capacidad para aceptar compromisos no siempre encuentran su lugar en esta búsqueda de absoluto.

Así, el adolescente podrá juzgar con malos ojos el inicio de una relación afectiva por parte de su padre o madre con una persona del otro sexo. Al temor de sentir amenazado el amor que le profesa su progenitor, se añade la **indignación** de ver a otro ocupar el lugar de su padre o madre difuntos. Su dolor puede llevarlo a oponer una feroz resistencia a esta relación. Se atribuye el papel del que ha de defender, cueste lo que cueste, el recuerdo del padre desaparecido. Querrá mostrar a «esos adultos que no respetan nada» que al menos él no ha olvidado, y su rechazo hacia el intruso es tanto más rotundo cuanto más se imagina que perjudica, o que ignora, el recuerdo del difunto...

También, en esta ocasión, los adultos pueden confundirse respecto a la violencia de sus palabras y corren el riesgo de atenerse a un análisis superficial... ya que el rechazo oculta a menudo un intenso dolor, y una situación así exigirá mucho tacto por su parte, además de paciencia y respeto hacia los sentimientos del adolescente. Éste necesita escuchar que el recuerdo del progenitor fallecido no se ha extinguido porque el otro inicie una nueva relación. El nuevo compañero ha de definir su posición a fin de que el adolescente comprenda que no busca sustituir a su padre o madre desaparecidos. El adolescente podrá comprender que también su padre necesita ser querido y que su soledad lo abruma de tal modo que la presencia de un nuevo compañero o compañera le resulta un alivio.

Éste es un lenguaje que el adolescente puede aceptar, porque, ¿acaso no se encuentra en sintonía con lo que él mismo busca tan afanosamente? En este momento se abre la posibilidad de compartir realmente todo cuanto hasta ahora había guardado en el fondo de sí mismo. Porque, a fin de cuentas, ¿no le tranquilizará la llegada de otra persona a la vida de su padre o de su madre... por difícil que aceptar esto pueda parecer al principio? ¿No le calmará la idea de no tener que consolar él solo a su progenitor, aún afligido por la muerte de su cónyuge? ¿No le tranquilizará el hecho de no tener que asumir la responsabilidad de "reemplazarlo" en el corazón y la mente de su padre o madre?

Por último, ¿no verá, más allá del dolor de haber perdido a su padre o madre, que la vida puede continuar a pesar de la muerte y del duelo?

Los padres en duelo

El niño hizo surgir la propia infancia de sus padres, desde el fondo del recuerdo. Una infancia despreocupada, con sus alegrías y sus penas, sus logros y sus desatinos, los errores que, una vez adultos, convertidos a su vez en padres, trataron de no reproducir en sus hijos.

Para los padres, el hijo ha podido convertirse en una fuente de arrojo, de esperanza y determinación. Les dio una razón para seguir luchando cuando todo lo demás parecía vano. Gracias a él, el adulto ha aprendido a amar y a ser amado a cambio... a veces amado más que por ninguna otra persona.

El mundo se transformó, iluminado por su hijo, y el adulto llegó a descubrir en sí mismo una confianza y un orgullo legítimo ante el milagro cotidiano que se desarrollaba ante sus ojos y del que él era el artífice asombrado...

El dolor del duelo está hecho a la medida de lo que se ha perdido, y, cuando el hijo ha muerto, la pérdida supera todo cuanto habíamos podido imaginar. A través de la muerte de su hijo, desaparece de pronto gran parte del sentido que se había conferido a la propia existencia, y el adulto no se atreve a pensar lo que puede significar la necesidad de "reconstruir su vida" sin él...

Porque, ¿puede un padre aceptar que un día muera su hijo? ¿Puede imaginar, siquiera por un momento, que su pequeño pueda morir y que se desvanezca todo cuanto se había soñado para él? Abordar la muerte del niño es acercarnos a la experiencia más traumática de la vida como padres. Las palabras se vacían de su sentido.

En otro tiempo, se aceptaba con resignación la fatalidad de la muerte de los hijos como un hecho casi inevitable. En las familias numerosas no era extraño perder a un hijo, incluso un recién nacido. Hoy en día, sin embargo, la medicina ha progresado considerablemente en cuanto a la atención al bebé y al niño pequeño, y por ello su muerte aparece, aún más que en otro tiempo, como una aberración: se plantea en total contradicción con el orden del mundo. El mensaje que ofrece nuestra sociedad es muy claro: **un niño no debe morir**.

Ya sea que la muerte sobrevenga a causa de un accidente, por una urgencia médica o al final de una larga enfermedad, siempre se hace la misma pregunta: «¿Por qué?». Exigimos una respuesta a una situación que hoy se ha vuelto intolerable; aceptarla sin buscar sus causas es simplemente inaceptable.

El duelo de los padres se carga a veces con un peso añadido: la opinión que los demás tendrán de ellos. Si, por ejemplo, la muerte viene causada por un accidente, un ahogamiento, un accidente doméstico o una caída, podemos percibir cómo el entorno condena a los padres en silencio, con una mezcla de ignorancia e incomprensión. En un caso extremo, el recelo se muestra claramente si se conocían indicios de malos tratos o negligencia respecto al niño.

De este manera, intercambiando silenciosas y graves miradas de complicidad, el entorno se ve a veces tentado a cuestionar la responsabilidad potencial de los padres en esta tragedia... Los padres han de añadir entonces, al peso de su propio dolor, la duda que les imponen los demás.

Pero, más allá de lo que piensen los demás, no hay peor condena que la que uno se hace a sí mismo, puesto que puede cuestionarse la legitimidad del *status* como padres: «He fracasado allí donde todo el mundo tiene éxito», «No he sabido proteger a mi hijo», decía una mujer tras la pérdida de su pequeño. Esta muerte abre las puertas de la **autoinculpación**. El padre o la madre siente vergüenza, se siente culpable, y uno de los retos de este duelo consistirá en poder aceptarse y respetarse como padres dignos de ese nombre, a pesar del cataclismo que se ha abatido sobre su existencia.

El aborto natural

Hélène, una joven de veintiún años, perdió a su primer hijo después de siete semanas de embarazo. Por razones vinculadas a conflictos que la enfrentaban a sus padres, había preferido ocultar por un tiempo la noticia del hijo que iba a tener… Así, tras el aborto natural, nadie podía entender su angustia. El padre de su hijo la abandonó cuando supo que estaba embarazada, y ella se encontró sola, cara a cara consigo misma… Su mente estaba repleta de preguntas sin respuesta… ¿Era normal mi bebé? ¿Por qué ha ocurrido este aborto? ¿Acaso deseaba de verdad este hijo?

El aborto natural de Élise le sobrevino a las seis semanas: «Ni siquiera sé si mi marido sintió algo… Nunca hemos hablado de lo ocurrido. Se enfada con facilidad, no soporta que no me encuentre siempre en buen estado de salud; y yo estaba muy agotada, tanto física como psicológicamente. Era mi tercer aborto natural. Me daba miedo lo que pudiera pasar. No tenía a nadie con quien compartir mis temores. Traté de contárselo a mi madre, pero me respondió, con la mayor tranquilidad, que sólo era un aborto natural, que no había que darle mayor importancia. ¡Que no era para tanto!».

La pérdida de un hijo tras unas pocas semanas de embarazo rara vez es reconocida como tal por los demás. A menudo se considera sólo como un «mal trago que hay que superar», aunque la madre había empezado ya a tomar conciencia del bebé que habitaba en ella. La impresión de fracaso hace acto de presencia, tanto más cuanto no es el primer aborto natural. Aparecen la duda y el temor de no poder llevar a buen término un embarazo, y esto hace emerger en ella la idea de que no es "normal", de que quizás es incapaz de procrear como todas las demás.

La tristeza es la emoción predominante, una tristeza no reconocida, ya que muchos dirán que no ha pasado «nada grave». «Pronto tendrás otro bebé.» Como si el niño abortado careciera de importancia.

Es necesario subrayar también que la madre puede padecer un velado sentimiento de culpa si el embarazo bruscamente interrumpido no había sido deseado de verdad, y si ella misma había pensado en abortar. Puede suponerse que relacionará el aborto con el hecho de no haber querido tener ese hijo; de este modo, le resultará muy difícil revelar a nadie sus pensamientos, en los que los sentimientos de culpa y alivio se dan a un mismo tiempo.

¿Cómo vivir el duelo por un niño que, para muchos, nunca ha existido? ¿Quién podrá comprender las dudas, los miedos y las esperanzas frustradas de esa madre, sobre todo cuando es la primera vez? ¿Quién podrá saber de verdad lo que representaba ese niño pequeño que habita los pensamientos de su madre desde que supo que estaba embarazada? No es sólo un hijo lo que desaparece: es también una constelación de expectativas, de anhelos y deseos. La desaparición del bebé pone un brusco término a estas proyecciones sobre el futuro... y a partir de esta renuncia la pareja (el padre y la madre) debe reconocer la necesidad de un auténtico trabajo de duelo.

El aborto

A veces hay que tomar decisiones para salvaguardarnos a nosotros mismos. Digan lo que digan, sean cuales sean los discursos que amenazan y condenan, hay circunstancias en las que no se tiene otra elección: se acepta poner término al embarazo no deseado, o que es imposible concluir, por mil razones que sólo atañen a quien toma la decisión...

¿Pero cómo pensar que el sentimiento de pérdida no existe a pesar de todo? ¿Quién se atrevería a decir que, por el hecho mismo de haber tomado la decisión voluntaria de abortar, no se tiene derecho a reconocer una conmoción interior? Decidir abortar no es nunca una decisión trivial, aun cuando esta elección se haga con todo conocimiento de causa.

La joven vuelve a su casa destrozada, triste, cansada, enfadada y sintiéndose culpable. Sumida en el trauma de las horas previas, aún no se ha percatado de que un verdadero duelo empieza su andadura. Se espera de ella que se muestre aliviada o agradecida. Es el mensaje implícito que recibe de todos hacia los que se dirige: «Deberías estar contenta, esto es lo que querías, ¿no es cierto?»... y de este modo se cierra la puerta a la expresión de sentimientos y emociones a menudo ambivalentes o contradictorios: lo haya querido o no, había ya un principio de apego al pequeño ser, y ha sido necesaria mucha determinación y un acto de represión de la propia ternura para llevar su propósito hasta el final. El sentimiento de culpa está presente en la mayoría de los casos, al margen del alivio que se pueda sentir. La opinión que la mujer tiene de sí misma puede volverse muy severa, socavando su autoestima. No deja de darse órdenes mentales: «Deja de llorar, eres tú quien lo ha querido así. Has hecho lo que tenías que hacer».

Sin embargo, hay aquí un duelo que quiere ser expresado. No solamente es legítimo, sino sobre todo necesario para permitir que la joven asuma el aborto como un elemento más de su vida, sin que se convierta en una zona clausurada de la que nunca se atreverá a hablar. No puede comportarse como si no pasara nada, aun cuando en tales circunstancias su entorno tolere poco las manifestaciones de su tristeza. Sin embargo, la mujer ha de reconocer su herida, aunque haya tomado la decisión del aborto con plena conciencia de lo que hacía. La herida ha de ser reconocida para que pueda cicatrizar.

El niño mortinato y la muerte neonatal

Cuando la muerte golpea antes, durante o después del nacimiento, sólo cabe una pregunta: «¿Qué ha ocurrido?». Hay evidentemente respuestas que puede proporcionar la medicina pero, yendo más lejos, en otro nivel, los padres se preguntan: «¿Qué hemos hecho *nosotros* para llegar a esto? ¿Hay algo que hayamos olvidado o que no hemos tenido en cuenta y que habría podido evitar esta tragedia?». Éstas son las verdaderas preguntas que asaltan los pensamientos, porque hay siempre una vocecita que repite sin cesar que todo habría podido desarrollarse de otro modo... y que, en algún momento, hemos fallado en nuestro cometido...

> «Durante muchos meses después del nacimiento de mi bebé», cuenta una mujer de veintiocho años, «odié mi cuerpo; me daba asco porque había albergado un hijo que no fue capaz de vivir. Me sentía tan culpable por no haber podido llevar a cabo lo que parecía tan natural para los demás. Estaba convencida de que había algo malo en mí...».
>
> Otra mujer expresa el mismo sentimiento: «Era una verdadera obsesión. Era necesario que me dijeran que era normal. Le pedí a mi médico todos los exámenes y pruebas de sangre posibles e imaginables. ¡Y ni eso logró tranquilizarme! Tenía mucho miedo de haber podido ser la responsable de la muerte de mi hijo. Me angustiaba la idea de no poder tener uno, y sentía también una gran vergüenza ante mi familia y mis amigos. Ellos no me decían nada, desde luego... pero siempre he tenido la impresión de haberlos decepcionado».

La "fase de búsqueda" del proceso de duelo reviste otra dimensión en este caso: los padres examinan, día tras día, minuto a minuto, el desarrollo del embarazo. Cada detalle es examinado y puesto en duda… «¿Estás segura de que el medicamento que tomaste no era peligroso?», «No teníamos que haber hecho ese viaje en avión, fue demasiado agotador», «Tendría que haber dejado de fumar»… Se busca, muchas veces vanamente, una aparente explicación, algún pequeño elemento que demuestre que no hemos provocado la muerte de nuestro hijo de una u otra manera.

Y el cuerpo tampoco lo comprende. Se niega a admitir que el fruto de una espera tan larga haya desaparecido: los pechos están henchidos de una leche ahora inútil, el cuerpo llevará durante mucho tiempo las huellas del embarazo, y ello no hará más que subrayar la ausencia día tras día. El cuerpo necesita abrigar al niño en su seno, y luego tocarlo, sentirlo, acariciarlo. El dolor por su ausencia origina una verdadera tensión psíquica. La clínica o el servicio hospitalario están llenos de mujeres radiantes que muestran a sus hijos, cuya sola visión le resulta intolerable a la madre en duelo, porque remite a su propio vacío… Se siente tan diferente, tan al margen de todo eso… ella no tiene un lugar en este ambiente…

¿Qué responder a este cuerpo que exige tener al bebé abrazado junto a él? ¿Cómo hacerle comprender que el bebé que esperaba ha dejado de existir?

Es preciso salir de este punto muerto, y a partir de ese momento aparece una pregunta esencial: ¿hay que mostrar el bebé a sus padres o, por el contrario, es mejor sustraerlo a su mirada? Para algunos equipos médicos existe una *verdadera reticencia a mostrar al bebé muerto*. «No, es mejor que no veáis al bebé», afirma el médico, «sería una experiencia traumática. Es mejor que no os llevéis con vosotros una imagen tan penosa. Es mejor olvidar cuanto antes lo ocurrido y pensar en el futuro…»

A veces, la madre está completamente anestesiada por los tranquilizantes suministrados. Se quiere ahogar el dolor y las lágrimas por medio de medicamentos. Con frecuencia, ésta es la única respuesta que en el hospital se ofrece a la madre para "controlar" un dolor que "perturba" tanto al personal sanitario como a las otras madres...

A menudo se niega la realidad psicológica del duelo: se evita el sufrimiento, se aniquilan las emociones con la vana esperanza de que todo volverá a la normalidad en el menor tiempo posible. Sin embargo, hay equipos médicos que han comprendido que la decisión de mostrar o no al bebé no les corresponde. Son los padres los que tienen que decidir. Aquí tampoco hay ningún principio, ninguna receta, no hay una "buena" o "mala" forma de actuar.

Si los padres no se sienten capaces de ver al bebé fallecido, es inútil imponerles algo que no desean. Hay que respetar su voluntad, teniendo siempre presente que pueden reconsiderar su decisión. Es importante que el equipo sanitario sea consciente de este posible cambio de opinión, asegurándose de que se podrá acceder fácilmente al bebé si los padres regresan a la maternidad. Tenemos el ejemplo de lo que hacen algunos hospitales del Reino Unido, donde se conserva al niño en cámaras refrigeradas durante muchos días, por si los padres manifiestan su deseo de verlo. Cuando llegan, se envuelve al niño en una manta térmica y se deja a los padres en un lugar apropiado en el que puedan tomarse el tiempo necesario para estar con él.

El deseo de ver al bebé no tiene nada de mórbido; es un error pensar que así buscan hundirse en un sufrimiento malsano. Más bien al contrario, esto ayuda a cumplir con dos imperativos del duelo: en primer lugar, se "asume" al bebé como a un ser querido, y esto facilita, en segundo lugar, el hecho de tener que separarse de él. Ver al bebé, llevarlo en brazos le confiere una realidad tangible. Nueve meses de espera se materializan en una realidad concreta. La madre comprende que tiene en sus brazos un bebé que, incluso muerto, existe de verdad fuera de ella misma. A partir de ese momento, tiene un rostro, una presencia en su vida que ya nada podrá borrar. Ver a su hijo le permitirá renunciar a ese "bebé imaginario" que ha hecho crecer en su pensamiento en el transcurso de su embarazo. Ahora no sólo tiene en su mente la representación de un bebé "idealizado", sino también el resultado tangible de su embarazo. La concretización de la existencia de este pequeño ser que ha vivido fuera de ella le ayudará en su trabajo de duelo. La madre se da cuenta de que tiene en sus brazos un hijo al que poder amar y al que podrá recordar.

> «Nos reconforta», confiesa una joven pareja, «haber podido ver a nuestro hijo. Comprendimos que ésta era nuestra única oportunidad de despedirnos de él. De pronto, cobró una existencia verdadera. Se convirtió en un verdadero ser humano y no en algo demasiado abstracto como para poder llevar a cabo el duelo».

El padre también tiene su lugar. A menudo se olvida que él también acaba de perder a un hijo. Inmediatamente, el entorno lo designa como aquel que ha de hacerse cargo de todo: él es el protector, el que ha de velar por su mujer y sostenerla en la prueba que atraviesa. A veces, sin ser conscientes de ello, se priva a sí mismo (o se le priva) del apoyo y el consuelo que también precisa. No pensará, o no se atreverá, a exigir la atención que le resulta necesaria. Así, ver al bebé y enfrentarse a esa parte de sí mismo es quizá la única oportunidad de identificarse como *padre*, sobre todo si se trata del primer hijo. Puede apropiarse de ese papel de un modo tangible, cuando a su vez abraza al bebé. Se enfrenta a una realidad que lo designa como persona en duelo. Puede entonces permitirse expresar sus emociones; su mujer, además, lo percibirá como alguien que también ha perdido a un hijo.

Más tarde, llega el momento de **regresar a casa** y volver a encontrar la habitación del bebé, que se había preparado algunas semanas antes. Algunos maridos prefieren hacer desaparecer todo cuanto evoque el recuerdo del bebé antes de que su mujer vuelva a casa, pero esto conduce, una vez más, a una negación de la pérdida en la que el reconocimiento de un suceso determinante se relega a un silencio peligroso.

¿Cómo puede creerse un solo instante que el hecho de vaciar la habitación del bebé ayudará a atenuar el dolor por su muerte? No obstante, el hombre puede pensar que ha obrado bien si su mujer expresa su agradecimiento al ver la habitación vacía.

> «Y, sin embargo…», confiesa una joven, «me destrozó ver que todo lo que se había preparado en casa había desaparecido. No quería agobiar todavía más a mi marido y puse buena cara. Le alivió que yo me tomara las cosas tan bien, pero he de confesar que me habría gustado que no lo hiciera sin haber pedido mi opinión. Había perdido a mi bebé y ya no encontraba nada que me recordara que había existido. Desde entonces, no consigo comunicarme con mi marido como antes. Algo se ha roto».

Otros, indecisos, prefieren conservar la habitación como estaba.

> «No sé si he hecho bien», cuenta un joven padre, "no toqué nada antes de que mi mujer volviera de la maternidad. Creo que sentía la necesidad de estar con ella para hacer frente a todo lo que habría de pertenecer a nuestro bebé. […] No pudimos entrar en la habitación durante una semana, y entonces, con mucha calma, mi mujer comenzó a doblar las sábanas y la ropa del niño, y a guardar los juguetes. Ha sido duro, los dos llorábamos, pero hemos tenido la oportunidad de hablar mucho de cuanto sentíamos en aquel momento… Nos ha ayudado… Incluso hemos podido hablar de otro bebé, en el futuro…».

Cuando se vuelve a casa, se encuentra a veces a los **otros niños** que esperan impacientemente el regreso de su mamá, y la llegada del bebé del que se ha hablado tanto. A menudo son niños pequeños que han vivido las últimas semanas con gran expectación... y se asombran al ver regresar a su mamá sola, abatida y cansada sin el bebé tan esperado.

Ocultarles la verdad sería inútil. Han comprendido bien que algo importante ha sucedido; algo lo suficientemente grave como para que, según su modo de ser egocéntrico, lleguen a preguntarse si en cierta medida no son ellos los responsables...

No se puede estar nunca seguro acerca de la manera en la que el niño interpretará la muerte de su hermanito o hermanita: ¿ha deseado secretamente su muerte, pues estaba convencido de que la llegada del bebé amenazaba privarlo del amor de sus padres? ¿Acaso cree que, sólo por la fuerza de su deseo, ha podido alcanzar su objetivo? Si esto es así, ¿cómo puede callarse un secreto tan terrible? ¿Pero qué castigo le espera si reconoce la falta como suya? Los pensamientos angustiosos del niño pueden llevarlo muy lejos, aunque exteriormente da la impresión de reaccionar bien.

Así, los padres no arriesgan nada concediéndose el beneficio de la duda y adelantándose a las preguntas de su hijo. Nunca se pierde el tiempo explicándole, en su nivel de comprensión, la muerte del bebé. Así se sentirá seguro, podrá hacer las preguntas que le inquieten y comprenderá mejor el dolor de sus padres, si ellos admiten compartirlo.

De regreso a casa, los padres se percatan de que no tienen nada que mostrar (a la familia, a los amigos). Quedan tan pocos trazos, tan pocas pruebas de que durante nueve meses un niño pequeño ha crecido en el interior de la mujer. No hay nada tangible, si no es el brazalete de identificación de la maternidad, un mechón de cabello que una enfermera quiso cortar, o tal vez una fotografía tomada a toda prisa... El recuerdo no encuentra nada a lo que aferrarse. Los padres pueden incluso temer que con el tiempo todo el mundo olvide... y no hay nada más doloroso para ellos que darse cuenta de que, algunos años después, serán los únicos que continuarán pensando en su hijo.

Es la **amenaza del olvido** la que subraya toda la importancia de dar a conocer al entorno la pérdida del bebé.

Tampoco en este caso se trata de complacerse en el sufrimiento; es un medio de inscribir la existencia de su bebé en su propia historia vital y la de su familia. Pero si no ha vivido mucho tiempo, es preciso reclamarla para él; nadie lo hará en lugar de los padres. Es esencial ponerle un nombre, porque mediante el nombre será recordado y evocado. No será solamente "el bebé", sino "Luis", "María" o "Cyril". Si el entorno, los amigos y los miembros de la familia perciben que es posible hablar del bebé (porque los padres demuestren que ellos mismos son capaces de recordarlo libremente), también comenzará a existir para ellos.

Así, al margen del modo en que la muerte de su hijo haya marcado su vida, los padres se procuran, a través de los rituales en los que participan y del reconocimiento social de su pérdida, un espacio en el que el duelo encontrará su libre expresión. Se aseguran, por tanto, de no ser los únicos depositarios de su recuerdo.

La muerte súbita e inexplicable del bebé

La "muerte súbita e inexplicable del bebé" continúa siendo un fenómeno desconocido cuando no viene a golpear al propio hijo.

El bebé no estaba enfermo, quizá tenía apenas un leve resfriado. Lo había acostado como siempre en su cuna. No se ha asfixiado entre las mantas, no ha gritado, no ha vomitado, se encontraba en perfecto estado de salud, y, sin embargo, su madre lo encuentra muerto en su cuna; esto ocurre sobre todo entre los dos y los cuatro meses de edad. El bebé muere en silencio, repentinamente, como se apaga una vela. La medicina se muestra perpleja y no encuentra aún una respuesta a este fenómeno: las autopsias practicadas en estas circunstancias no aportan ninguna información complementaria.

La muerte súbita alcanza en Francia a uno de cada setecientos bebés por año. En los Estados Unidos, de ocho a diez mil niños mueren de este modo en su primer año de vida, y los porcentajes son los mismos al margen del país que consideremos.

Para los padres, esto es lo más inquietante. Esta muerte aparece como un misterio, y la ausencia de respuestas los sume en una búsqueda febril para encontrar siquiera el más pequeño indicio que les ayude a comprender. Pasan revista a todo lo que, durante el desarrollo del embarazo y en sus últimos meses, pueda aportar algún elemento de respuesta a ese "por qué" obsesivo. «Habría tenido que taparlo mejor… Habría tenido que esperar a que eructara… Habría tenido que quedarme con él… Habría tenido que poner la calefacción un poco más alta.»

Habría tenido que.. Habría tenido que… El **sentimiento de culpa** es sobre todo más fuerte cuando la policía decide a veces intervenir para llevar a cabo una investigación acerca de las circunstancias de la defunción.

La incomprensión es absoluta. Se duda de uno mismo, de lo que se ha hecho y lo que se ha dejado de hacer… El padre o la madre se preguntan sin cesar si no habrán cometido, sin saberlo, algún error que ha acarreado la muerte de su bebé…

Cuando la muerte es tan repentina, tan inesperada, pueden despertarse las sospechas de los vecinos o de la familia. «Tiene que haber una razón», pueden llegar a pensar, «un niño no muere así como así». La alusiones se vuelven más explícitas si existe la sospecha de malos tratos a niños en la familia; se instala la duda, aparecen los reproches y los padres pueden llegar a acusarse el uno al otro, pues es muy grande el peso de la sospecha y de la angustia: tienen la impresión de luchar a ciegas contra un adversario cuyo rostro no consiguen desvelar…

El padre y la madre se hacen mil preguntas: «¿Podremos tener otros hijos? ¿Es hereditaria la muerte súbita? ¿Hay algún medio de predecirla? ¿Se puede prevenir? ¿Quién puede aconsejarnos? ¿Quién podrá comprendernos? ¿Qué ocurrirá si tenemos otro bebé y también se muere?».

Tras la muerte inexplicada de su hijo, es muy difícil arreglárselas solos. Los padres necesitan saber que no están solos atravesando esta pesadilla, y que hay personas que comprenderán de verdad lo que están viviendo. Hay en Francia centros médicos que están a disposición de los padres para ayudarlos a responder a sus preguntas. También se ha formado una asociación: la AEPMSIN (Asociación para el Estudio y la Prevención de la Muerte Súbita Inexplicada del Bebé). He aquí un extracto del folleto *Nacer y vivir* de esta asociación:

> «La AEPMSIN está compuesta por un equipo de médicos y por una serie de padres que han vivido este drama y cuya experiencia con la muerte súbita ha suscitado en ellos el deseo de ayudar a otros padres. Esta asociación reúne a las familias en sus esfuerzos para conocer mejor este síndrome y afrontar los sentimientos de culpabilidad.
>
> Apoya la investigación médica para el estudio y la prevención de este síndrome e informa al público y a los profesionales competentes».

Tener otro bebé

Al margen de la causa de la muerte de un niño de corta edad, a menudo se aconseja a los padres que «tengan otro en el menor tiempo posible». «Os ayudará a olvidar lo que ha pasado», repite un entorno que ya no sabe cómo responder al dolor de los padres.

En materia de duelo no hay respuestas universales. Es perfectamente posible que un nuevo hijo, que nazca poco tiempo después de la muerte del anterior, sea recibido con alegría y que ayude a los padres a progresar en su duelo. Pero el conocimiento del proceso del duelo obliga a los padres a hacerse, a pesar de todo, algunas preguntas fundamentales, a fin de evitar que aparezca lo que se ha dado en llamar el fenómeno de "**el hijo sustituto**": «¿Estamos lo suficientemente preparados para recibir a un nuevo bebé? El que está a punto de nacer,

¿tiene un verdadero lugar en nuestro corazón y en nuestra vida? ¿Acaso el bebé muerto no ocupa aún muy intensamente nuestros pensamientos? ¿No corremos el riesgo de "confundirlo" con el que ha de nacer?».

Un hombre de treinta años confesó un día este doloroso testimonio: «A los siete años supe, por medio de mi padre, que me trajeron al mundo para "reemplazar" a un hermano que murió un mes antes de que me concibieran. "Había que consolar a tu madre", me dijo mi padre, "era necesario que olvidara"».

«Supe que mis padres me habían puesto el mismo nombre que a él. Me vistieron con las ropas que habían comprado para él, jugué con sus juguetes... Sólo mucho más tarde comprendí que yo no podría nunca llenar el vacío que su muerte había dejado en el corazón de mi madre. [...] Siempre he tenido la impresión, respecto a mis padres, de ser alguien que había ocupado el lugar de otro y que ya no quedaba cariño para mí, porque ya lo habían dado todo... Estaba condenado a decepcionarlos... y he tratado durante toda mi vida de conseguir un amor que no me pertenece...»

Heridas tan profundas no son tan infrecuentes como podemos creer, pero, sin llegar a un ejemplo tan amargo, es cierto que no siempre pueden calibrarse las consecuencias del duelo por un hijo si nos negamos a expresarlo.

Renunciar al duelo por un hijo concibiendo otro enseguida obstaculiza el indispensable acto de "dejar marchar" al bebé desaparecido. Se tiene la esperanza de que el tiempo del duelo puede cortocircuitarse, cuando se sabe a ciencia cierta que esto es imposible. El bebé muerto sigue estando presente sin cesar en la mente de sus padres. A veces, sólo buscan en su nuevo hijo el recuerdo del que han perdido. Tener demasiado pronto otro bebé es una decisión muy seria para los padres que aún están en proceso de duelo, ya que el niño que deciden concebir ha de poder existir *por sí mismo*. No podrá nunca convertirse en el "hijo sustituto" que viene a llenar la ausencia y a ayudar a los padres a culminar su duelo. Debe encontrar su verdadero lugar en el seno de la familia, y esto dependerá estrechamente tanto de la calidad del proceso de duelo del padre y de la madre como de su capacidad para diferenciar claramente el bebé muerto del que ha de nacer.

La pareja después de la muerte del hijo

No existe un camino universal en la evolución del dolor. Cada padre debe, en función de su personalidad y de su modo de vivir, enfrentarse a su manera al duelo por su hijo. El trabajo del duelo de la madre será necesariamente diferente al del padre, puesto que se trata, a fin de cuentas, de dos personas diferentes. Sus duelos no evolucionarán ni a la misma velocidad ni al mismo ritmo. No comprender esto es exponerse a reproches e inútiles malentendidos que no harán sino aumentar el desasosiego de ambos.

«Mi marido no entiende lo que siento», cuenta una joven. «Ahora pasa su vida en la oficina, se encierra bajo un montón de trabajo… y yo me quedo completamente sola. Nunca habla de nuestro hijo… Es como si lo hubiera olvidado.»

«Le guardo rencor a mi mujer», dice un padre, «le tengo rencor por la muerte de nuestro bebé. Es más fuerte que yo, no consigo entrar en razón. Me pide que comparta con ella lo que siento, pero no lo consigo, ¡es imposible!»

El duelo de cada uno de los padres evoluciona en "olas" sucesivas que no se dan simultáneamente. De este modo, uno de los padres puede encontrarse hundido cuando el otro experimenta una momentánea tregua en su dolor y se siente con un ánimo más sereno. Puede que el más deprimido en ese momento no comprenda este desfase: erróneamente se percibe a sí mismo como el único que sustenta el duelo por su hijo. Lle-

175

gan a formularse reproches absurdos, y, en este clima de intensa tensión emocional, cada uno se encierra en su soledad para no sufrir más los ataques de la pareja.

Hay que seguir insistiendo en cómo es vital para la pareja el hecho de progresar **juntos** en el proceso, al margen de la experiencia individual de cada uno.

Siempre habrá inevitables dificultades para ajustar lo que vive uno mismo y lo que vive nuestro compañero: se considera que las dificultades conyugales y sexuales son frecuentes tras la muerte de un hijo. Es necesario saberlo y permanecer alerta respecto al equilibrio potencialmente amenazado de la pareja.

Algunos dirán que es inútil hacerse daño recordando lo ocurrido. Piensan que "respetan" al otro en su dolor si guardan silencio y que es preferible que cada uno lleve su propio dolor, apartado del otro. No hay peor error, porque si esta solución parece viable a corto plazo, ambos se percatan rápidamente de que destruirá la relación, consumiéndola a fuego lento. Defender el silencio entre los cónyuges como un medio para facilitar la confrontación con el duelo es un enorme bulo que a la larga amenaza con firmar la sentencia de muerte de toda comunicación sincera. A veces hace falta más valor y respeto hacia el otro para hablar y compartir las emociones que para encerrarse en la seguridad ilusoria de un silencio destructor.

La pérdida del hijo sume también a la pareja en un serio cuestionamiento de los lazos que los unen. ¿Cuál era en realidad el lugar que ocupaba el hijo? ¿Qué papel desempeñaba en la cohesión de la pareja? ¿Servía de muralla afectiva y de refugio a uno de los padres? ¿Cuántos conflictos no se silenciaron ante su mera presencia? Si el niño servía de coartada para preservar una situación conflictiva, ¿qué será de la pareja tras su muerte?

Es cierto que los estudios muestran un aumento de las dificultades conyugales en el año siguiente a la muerte del niño, y es preciso tener en cuenta este dato. Pero sería un error hacer de esto una regla general. Numerosas parejas están ahí para testimoniar lo contrario. La muerte de su hijo no ha significado necesariamente el fin de su relación. Por el contrario, la pérdida del hijo ha podido acercarlos, y cada uno ha encontrado en el otro la tranquilidad, el amor y la comprensión que necesitaba.

El niño en edad escolar

Una de las causas principales del fallecimiento del niño en edad escolar es la **muerte por accidente**. El niño comienza a descubrir su entorno entre los cuatro y los cinco años, sin comprender todos los peligros. Explora la casa, el jardín, la calle, la orilla del mar y los ríos, y su curiosidad lo expone a múltiples peligros. La muerte que sobreviene en estas circunstancias es casi siempre violenta e inesperada.

Al margen del dolor que se abate sobre ellos, la primera reacción de los padres es sentirse directamente responsables de la muerte de su hijo, aun cuando los acontecimientos que lo han conducido a ella escapan completamente a su control.

Así, una madre se acusa de haber dejado jugar a su hija en la playa. Otra se reprocha no haber ido al colegio a buscar a su pequeño que fue atropellado por un coche en el camino de regreso. Un padre no puede perdonarse haber regalado a su hijo una motocicleta con la que se mató en un accidente de tráfico.

A pesar del hecho de que los padres no pueden, en toda circunstancia y ocasión, ser los responsables de lo que les ocurra a sus hijos, insisten en pensar lo contrario durante mucho tiempo: se aferran a la convicción de que habrían *podido*, de que habrían *debido* hacer algo para impedir que su hijo muriese, y se obligan a arrastrar el peso de esta culpabilidad durante años. Por otra parte, el duelo puede también permanecer cristalizado mucho tiempo alrededor de un "si solamente" que impide toda progresión en el proceso. Porque si fuera posible encontrar un responsable de la muerte de su hijo, sería más fácil hacérselo pagar. Esto siempre sería más fácil que permanecer con la manos vacías, impotentes frente a un hecho absurdo y que escapa a todo control.

El padre o la madre pueden entonces designarse inconscientemente a sí mismos como responsables; se deja paso, por tanto, a un compromiso que evitará enfrentarse directamente con la realidad de la extremada precariedad y la incertidumbre de toda existencia, donde nada es definitivo, donde todo puede desaparecer de un día para otro... como su hijo. Así, cuando se empeñan en buscar en el exterior las respuestas que no existen, es a veces preferible *designarse* como diana de su propia cólera y su propia culpabilidad, a fin de preservar su sentimiento de seguridad y cohesión interna.

¿Pero puede mantenerse indefinidamente esta posición sin destruirse? ¿Qué más, aparte de la muerte de su hijo, reclama este sentimiento de culpa? ¿Acaso no es suficiente? ¿No se ha sufrido bastante?

Ahora más que nunca, es necesario expresar este sentimiento de culpa; ha de ser compartido con alguien que sabrá escuchar sin juzgarlo y que sabrá respetarlo sin tratar de reprimirlo. La culpabilidad "se gastará" al contacto con el otro, que aceptará recibirla continuamente. Sólo con esta condición soltará su presa. Sólo con esta condición llegará el día en el que quizás se podrá reconocer que no se ha sido *en nada* responsable de la muerte del hijo...

La **muerte por cáncer** es la segunda causa más frecuente de muerte en el niño. Cuando se diagnostica una leucemia o un tumor que amenaza la vida de su hijo, los padres niegan que los médicos tengan razón. Con la esperanza de invalidar el primer diagnóstico, buscan otras opiniones, porque es impensable que esto pueda ocurrir. Al miedo se une la ira ante tamaña injusticia. Es un niño vivo, feliz, inteligente... entonces, ¿por qué? El rechazo de los padres se hace extensivo a veces a los demás niños, a los que reprochan tener una buena salud, mientras que su hijo está condenado...

Los primeros tratamientos permitirán recuperar la esperanza. Se espera una remisión completa y definitiva pero, unos meses después, los exámenes indican una recaída... y hay que continuar luchando...

Por primera vez los padres se enfrentan a sus límites, pues se sienten impotentes ante una enfermedad que, cada día que pasa, debilita más y más a su hijo. El papel que se atribuyeron con su nacimiento es hoy cuestionado: llega un momento en el que ya no pueden ayudar a su hijo, en el que no pueden aliviar su dolor y en el que ya no pueden encontrar soluciones, como en el pasado... Sólo cabe resignarse a la lenta aceptación de lo que ocurre. La enfermedad está ahí y, al margen de lo que se haga, hay que aceptarla, aunque se esté dispuesto a luchar hasta el final...

Los padres se dan cuenta entonces de que no son los únicos que emprenden este combate... El niño, con una lucidez desconcertante, tiene a menudo conciencia del hecho de que sus días están contados. Pero sólo se permite compartir esta certeza si siente que los padres están preparados para escucharla: tratará incluso de protegerlos de lo que presiente que le va a ocurrir. Es, pues, esencial demostrarle que se quiere compartir con él todos sus sentimientos y hablar con total sinceridad.

De un modo muy inquietante para el adulto, el niño es capaz de ayudar a sus padres a aceptar la muerte que se avecina. Intentará hacer comprender su mensaje con la excusa de una frase, o indirectamente, a través de un dibujo que regalará a uno de sus padres. Si tienen confianza en esta sabiduría innata que les supera, los padres pueden aprender a dejarse guiar por el conocimiento intuitivo que el niño posee sobre su propia muerte.

«Me ayudó», reconoce una joven madre. «No se cómo lo hizo, pero me ayudó a aceptar su muerte... Sólo tenía ocho años, y no comprendo de dónde pudo sacar tanta fuerza de voluntad y energía para sostenerme, cuando era yo quien tenía que hacerlo... Él me transmitió su valor, y yo tengo que estar a la altura de ese valor [...]. Mi pequeño me ha dado la fuerza para continuar viviendo sin él...»

El hijo adulto

A la edad de dieciocho años, el hijo muere en un accidente de coche... A los veinticinco, la hija fallece a causa del sida... A los cuarenta y cinco, un infarto de miocardio se lo lleva en pocos minutos... Es un adulto el que muere, pero, al margen de su edad, el que muere es también hijo de alguien.

Hacía mucho tiempo que abandonó el mundo de la infancia; las relaciones con sus padres habían cambiado con el paso de los años, cada uno respetaba el lugar que ocupaba el otro. Por otra parte, no es extraño que lentamente se haya producido un viraje en la situación, y que ahora los padres sean los que dependan en mayor o menor medida de su hijo o hija... Dependientes materialmente, o emocionalmente, cuando el hijo se convirtió en el confidente al que siempre pedían consejo. Con su sola presencia, les aseguraba un futuro tranquilo, y entraban confiados en la vejez.

Su muerte viene a oponerse frontalmente al "orden natural de las cosas" y amenaza todo cuanto se pensaba que era sólido y definitivo. «¿No es acaso normal que yo muera antes que él? ¿Qué me queda ahora?».

«Esos años le pertenecían de pleno derecho», cuenta una madre cuyo hijo ha muerto de sida. «Yo no los necesito, ya soy demasiado vieja. Él habría podido vivir mucho más que yo...»

La conciencia del tiempo robado por la enfermedad abruma a los padres, que se sienten injustamente castigados después de una vida de esfuerzos y sacrificios.

El dolor se calibra también a través de las oportunidades perdidas: los proyectos que no se realizarán, la casa que no habitarán las risas de los nietos; ya no habrá nadie que se oponga a que los confinen en un geriátrico... Todo será muy diferente a partir de ahora.

El niño convertido en adulto había tomado las riendas de su existencia; llevaba su propia vida, conforme a sus elecciones y deseos, y desde hacía mucho tiempo sus padres no intervenían en sus decisiones. Había integrado en su vida a personas que los padres no habían tenido nunca la ocasión de conocer... y es a estos **extraños** a los que el padre y la madre, asombrados, ven aparecer en la habitación del hospital. Los padres se dan cuenta de que su duelo ha de encontrar su lugar, porque estas personas que han compartido la intimidad de su hijo exigen hoy su parte de tristeza y de consuelo... Cada uno quiere tener una cierta "prioridad", pero no hay competición en el sufrimiento... A fin de cuentas, el juego absurdo de «Yo sufro más que tú» no hace más que aumentar el dolor de todos.

A veces, los padres se sienten traumatizados al ver cómo su dolor pasa a un segundo plano en relación, por ejemplo, al de la mujer de su hijo, a quien apenas conocen: «¿Por qué esta mujer recibe tanto consuelo, cuando nosotros también lloramos a nuestro hijo?».

Es verdad que ciertas decisiones escapan al control de los padres, y que éstos se encuentran entonces impotentes ante las condiciones que se les imponen... Desean un entierro, y el cónyuge opta por la incineración. Quieren conservar la vieja casa familiar, y los herederos la ponen en venta sin pedirles su opinión. Ven cómo objetos cargados de recuerdos pasan a manos de completos desconocidos, cuando pensaban que les correspondían a ellos de pleno derecho. Aceptan a regañadientes que sus nietos sean criados por alguien distinto a su hijo o hija, cuando el cónyuge decide volver a casarse... ¿Acaso no temen que algún día se pueda olvidar a su propio hijo o hija?

Repentinamente se percatan del hecho de que, en tanto padres, no tienen todos los derechos que ellos creían... Desde luego, conviene que piensen que en este momento se encuentran ante la expresión de la independencia de su hijo y que los obstáculos que encuentran hoy son el resultado de su capacidad para definirse como persona responsable. A pesar de todo, sigue siendo difícil sentirse desposeído de una parte de lo que el hijo ha sido...

Al final, esto deja una sensación agridulce, porque, ¿llegarán los padres a convencerse de que esta capacidad para llevar su propia vida de manera autónoma (cuyas consecuencias padecen hoy) no es sino el resultado de todos los esfuerzos que se le consagraron desde que era pequeño?...

¿Hacer el duelo por el hijo?

De todos los rostros que encarna el amor, el más incondicional era el del hijo. Al margen de los conflictos, su vida podía resumir la de sus padres: era su promesa de inmortalidad...

Mirando el calendario, los padres se sorprenden todavía hoy contando, año tras año, la edad que tendría su hijo. La Navidad, la fecha de su cumpleaños, el matrimonio de su hermano, son otros tantos momentos dolorosos que traen a la memoria el recuerdo de su ausencia. Al margen del tiempo que haya vivido, continúa existiendo por todo cuanto ha podido aportar y cambiar en la existencia de sus padres. Les será necesario volver a menudo al pasado para reencontrar los recuerdos de entonces. Tendrán que volver atrás para reconstruir el pasado. Es en esta lenta reconstrucción como lo inconcebible llegará a encontrar su lugar en la vida de quienes lo han amado.

Se mantendrán siempre preguntas sin respuesta, pero puede que un día, con la sabiduría que aporta el tiempo, se pueda comprender lo que ocurrió realmente... Pero, por mucho tiempo que se viva, los pensamientos que se abriguen hacia él llevarán siempre la impronta de su ausencia. Es así, nada puede ser cambiado: han llegado a darse cuenta, con un asombro fatigado, de que a pesar de todo han podido volver a vivir...

Pero, en el fondo de su corazón, ¿podrán concluir alguna vez el duelo por su hijo?

Los abuelos en duelo

No me concedo el derecho de mostrar mi dolor a mi hija, que acaba de perder a su pequeño. Y sin embargo, yo también estoy en duelo por mi nieto, pero no puedo esperar nada de ella…

Cuando muere un niño, sus abuelos también se encuentran en duelo. La atención se vuelca legítimamente sobre los padres, y, con frecuencia, los abuelos actúan para apoyar a su propio hijo. No obstante, a menudo se encuentran en una situación difícil, pues su duelo no siempre halla la dimensión externa de la que tienen necesidad. Por lo general se les pregunta más cómo está su hijo o hija que cómo están ellos mismos, y no siempre se permiten hablar de lo que ellos sienten, por temor a parecer indecentes o egoístas. La situación más penosa se produce cuando se establece una especie de competición entre el padre y el abuelo del niño. Cada uno reivindica el reconocimiento a su propio dolor, y esto sólo crea tensiones añadidas, añade sufrimiento al sufrimiento.

Una abuela cuenta lo siguiente: «Mi hija me dijo claramente que ella era la que más sufría y que no podía estar pendiente de mí. Lo comprendí… pero me dolió mucho. No quería saber nada de mi dolor; era demasiado para ella… Así que me callé».

He aquí una opinión diferente en una chica en conflicto larvado con su madre tras la muerte de su hija: «No soporto que me diga: "¿Cómo es posible que nos haya pasado esto?". Tengo la impresión de que niega mi sufrimiento y lo asume como suyo propio, cuando realmente no es lo mismo… Tengo la sensación de que trata de apoderarse de nuestro dolor, sólo para quejarse. ¡Esto me solivianta!».

No es extraño que las desavenencias entre padres e hijos resurjan en un contexto así, por ejemplo, cuando el padre siente la necesidad de ejercer su autoridad "bienhechora", tomando a su cargo a su hijo adulto hoy debilitado y vulnerable. Éste puede rechazar con aspereza o irritación esta ayuda que le recuerda situaciones de dependencia del pasado, y los viejos conflictos se reactivan… Por suerte, esto no ocurre sistemáticamente. En el mejor de los casos, abuelos y padres emprenden un apoyo recíproco que respeta el papel de cada uno. Puede además ser la ocasión para descubrir otra faceta del propio hijo, como adulto que ha construido su propia existencia y que asume valientemente los retos de su vida. Ya no es el niño del pasado. Ahora se enfrenta a circunstancias que el abuelo no ha experimentado nunca. El abuelo constata dolorosamente su impotencia ante una desolación que no sabe cómo atenuar. Sólo puede estar presente y ofrecer de un modo sostenido su cariño y su apoyo, aun cuando estos últimos sean torpes o inoportunos. Ofrecer su presencia puede ser también una manera de acompañar al propio sufrimiento y atribuirle un sentido.

Si tienen la suerte de tener otros nietos, los abuelos desempeñan un papel decisivo. A corto plazo, pueden aliviar a los padres asumiendo una parte de la "logística" familiar y asegurando el "ínterin" durante el que los padres encontrarán algún consuelo. También pueden tomar el relevo de los padres por un tiempo, cuando éstos no se sienten capaces de dar a los niños el afecto, la ternura y atención que requieren. A más largo plazo, los abuelos son los que a menudo reciben las preguntas y las confidencias, acerca del hermanito o hermanita desaparecidos, que los niños no se atreven a formular directamente a sus padres por temor a herirlos, o porque no les prestan atención. Los niños esperan asimismo que el abuelo les hable de su hermano muerto, y así se convierte en el depositario de los recuerdos de cara a sus otros nietos…

Los abuelos tienen las mismas necesidades que las demás personas en duelo. Han de aprender a cuidar de sí mismos. Es necesario que se enfrenten al impacto de la desaparición de un niño al que habían aprendido a querer de un modo diferente a como habían querido a su propio hijo o hija. Necesitan expresar su indignación o su cólera contra lo que parece contrario al orden de la naturaleza: ¡ellos tenían que morir primero, no su nieto!

Con el niño también desaparece una proyección sobre el futuro. Los abuelos pierden la motivación de vivir que el nacimiento del bebé había estimulado. Habrán de encontrar otros caminos para seguir adelante y atribuir un sentido al tiempo que aún les quede por vivir... Si se trata de un hijo único, muchos se preguntarán qué podrán ofrecer y a quién a partir de ese momento... ¿Cómo dar de otra manera? Espero que el último capítulo de este libro ofrezca pistas para ayudar a recuperarse.

Por último, hay que señalar que las mismas características vinculadas al sexo aparecerán en la expresión del duelo (véase "Ser un hombre en duelo", a continuación): el abuelo emprenderá con frecuencia un duelo solitario y silencioso en el que encontrará a su nieto a su manera, mientras que su mujer sentirá la necesidad de hablar y expresar más abiertamente su dolor. Es así, y hay que respetarlo. Cada uno caminará a su ritmo, con sus propios recursos.

Ser un hombre en duelo

Mi marido no dice nada. Veo que sufre, pero se queda callado cuando trato de hablar con él...

Mi hermano no expresa nada después de la muerte de nuestro padre. No nos muestra ninguna emoción, y aún menos cuando está presente nuestra madre. Temo que no pueda hacer su duelo.

¡Este silencio es insoportable! Quiero que muestre su dolor, pero él aprieta los dientes y no hace más que trabajar...

Ser un hombre en duelo[1] no es empresa fácil, ya que el *status* masculino interfiere a menudo con la expresión de la experiencia del duelo. En efecto, el hombre en duelo se encuentra atrapado en los condicionamientos sociales que modelan su identidad masculina desde su niñez. Aunque no se formule explícitamente, se espera de él que sea un soporte física y psicológicamente, que manifieste pocas emociones en público (o ninguna en absoluto), y que no se muestre muy afligido o vulnerable. Se espera de él que apoye a sus allegados antes de que lo apoyen a él y, por tanto, a veces se duda a la hora de ofrecerle ayuda para no dar la impresión de que se lo considera débil o necesitado de cariño... ¡Y luego nos sorprende "que no exprese sus emociones", "que no exteriorice su dolor"! Nada más normal: el hombre no hace más que adaptar la experiencia de su duelo a las exigencias tácitas de la sociedad en la que vive.

En concreto, podemos decir que lo dicho antes corresponde sobre todo a la experiencia de hombres de más de cincuenta años. Parece que las generaciones más jóvenes se permiten con mayor facilidad la expresión de sus emociones. Películas como *La habitación del hijo* (Nanni Moretti, 2001) o *In America* (Jim Sheridan, 2003) muestran a jóvenes padres en duelo que manifiestan abiertamente su sensibilidad y debilidad; proponiendo de forma implícita nuevos modelos de comportamiento, contribuyen a la evolución de la mentalidad.

Entonces, ¿qué ocurre con el hombre en duelo? Según ciertos estudios, parece que los hombres no están tan expuestos a riesgos somáticos graves, como teme su entorno femenino. Por supuesto, en el primer año de duelo los hombres sufren más problemas físicos y una mayor vulnerabilidad a las enfermedades. En cuanto a las mujeres, estadísticamente presentan

---

1. Este capítulo está inspirado en el excelente trabajo de Carol Staudacher, *Men and grief*, New Harbinger Publications, 1991.

más problemas de salud en los dos o tres años posteriores a la defunción. Por otra parte, los hombres consiguen reintegrarse con rapidez en su ambiente social; se "recuperan" mejor socialmente, mientras que encuentran más dificultades a nivel emocional por su mayor reticencia a manifestar abiertamente su sufrimiento. Asimismo, a pesar de la susceptibilidad a las enfermedades y la mortalidad que padecen los hombres en el primer año que sigue al fallecimiento, parece comprobado que su adaptación física, social y emocional a largo plazo es más satisfactoria cualitativamente que la de las mujeres.

Comprender para aceptar mejor

A algunas esposas, compañeras, madres o hermanas les cuesta trabajo comprender que la manera en que los hombres viven el duelo es diferente a la suya. Tienden a juzgar cómo el hombre *debería* vivir su dolor según la medida de su propio sufrimiento. Insisten, en ocasiones pesadamente, para que expresen sus emociones, las compartan con ellas y hablen de lo que sienten... Pero, aun cuando sus intenciones son de las más sinceras, deben comprender que el trabajo del duelo en el hombre no deja de hacerse porque éste permanezca en silencio. Pretender conducirlo a donde no puede o no quiere ir es someterlo a una presión inútil.

El proceso de duelo es universal, pero cada uno lo vive de acuerdo a lo que es, con su bagaje familiar y cultural. Los hombres padecen el peso de una presión social que les empuja a minimizar, o incluso a inhibir, las manifestaciones del duelo. Sólo hay que observar lo que ocurre inmediatamente después de la muerte: el tratamiento que se reserva a los hombres es desde el principio diferente al que se concede a las mujeres. Por ejemplo, tras la muerte de un hijo, los familiares se presentan ante el padre para preguntar cómo se encuentra la madre. Se presupone que él está bien, o que al menos se encuentra lo suficientemente entero como para cuidar de su mujer, mucho más afectada que él. A veces, estos mismos familiares olvidan preguntar al padre cómo afronte la situación. Como no se interesan por sus sentimientos, el hombre considera que no es oportuno darlos a conocer a los demás. Es una especie de negación de su propia desolación.

Todos estos mensajes inconscientes no le estimulan a hablar. Se comprende que sólo porque sus compañeras o amigas les digan que expresen sus emociones (lo que es en sí un buen consejo), no van a ser necesariamente capaces de hacerlo. Para ello hará falta tiempo, ya que las dificultades emocionales están profundamente arraigadas. No hay que reducirlo al simple hecho de que los hombres, por orgullo o amor propio, no acepten mostrarse vulnerables...

Un duelo silencioso y solitario

«¡Vamos, di algo! ¡Dime algo! ¡Tu silencio me atormenta!» ¿Cuántas parejas se han distanciado así tras la muerte de un hijo, por falta de comunicación y comprensión? ¿Cuántos hombres y mujeres se han hecho daño por emociones que no conseguían compartir, cuando existían viscerales y devastadoras en el fondo de su corazón?

Para el hombre, el silencio es a menudo el recurso más inmediato tras la muerte de un ser querido: oculta su dolor, permanece en silencio incluso cuando le preguntan, bien porque no sabe qué decir, bien porque nunca aprendió a explicar lo que le ocurre. Los demás pueden verlo como insensible o distante, o incluso indiferente. Se le acusa de haber pasado rápidamente a otro asunto. Ante un entorno que le exige un nivel de comunicación que no siempre consigue alcanzar, el hombre se encuentra sometido a una doble presión: la del dolor por la pérdida, y la de los familiares que le exigen ser diferente de lo que es.

Por supuesto, el silencio no es la mejor manera de caminar en el duelo; pero cuando se impone hay que respetarlo. No podemos obligar al otro a hablar.

Otro aspecto que hay que tener en cuenta es que muchos

hombres prefieren vivir su duelo en solitario. Esto no quiere decir que rechacen sistemáticamente la ayuda que se les propone, pero encuentran en la soledad el espacio que necesitan para acoger su dolor, lejos de las miradas, lejos de un intercambio emocional con los demás que no necesariamente les ayuda a recuperarse. Para el hombre, la soledad es un espacio privilegiado en el que activa ciertos "rituales" que le ayudan a avanzar. Ésta es una forma bastante específica del duelo masculino: la actividad ritualizada y solitaria.

La visita al cementerio es uno de estos rituales. Los hombres acuden con mayor frecuencia que las mujeres, y solos. Allí se permiten llorar, a veces hablan durante horas, se muestran heridos y vulnerables y, finalmente, desarrollan su trabajo de duelo. Regresan a casa o a la oficina con los ojos secos, cansados pero consolados, dispuestos a retomar los papeles que nuestra sociedad les asigna. Es como una cita secreta e íntima con el ser que han perdido. Esto ocurre durante meses sin que a veces nadie se percate de ello.

Si no es el cementerio buscan cualquier otro lugar solitario. En ocasiones es la habitación del hijo desaparecido: un padre cuenta cómo todas las tardes conecta el ordenador de su hijo; navega por Internet durante horas, como hacía su hijo, y el vínculo se reanuda... A veces este lugar es el coche, que conduce por la autopista cuando regresa del trabajo. Ha pretextado una cita importante, pero lo ha hecho para darse un poco de tiempo antes de regresar a casa. En la seguridad de su coche se permite dar rienda suelta a su dolor... En otras ocasiones sale de casa y no se le vuelve a ver en todo el día: «¿Dónde has ido?». «He salido a pasear...», y da a entender que es inútil hacerle más preguntas...

Si necesita estar solo para asumir sus emociones, el hombre en duelo ha de aprender a decirlo, sin suponer que los demás deben saberlo. El entorno femenino teme que se encierre en sí mismo, y esto ocurre, en efecto, en algunas ocasiones. Entonces, el hombre en duelo debe estar atento para no romper su relación con los demás y mantener un vínculo con su entorno. El duelo es un camino solitario, por supuesto, pero no estamos obligados a recorrerlo solos...

La acción

El hombre intenta afrontar el caos emocional que lo inunda tras la defunción mediante la acción. En un mundo en que el hombre existe en buena medida a partir de aquello que hace, este comportamiento traduce la necesidad de volver a tomar el control de una situación... intrínsecamente incontrolable. La acción es un medio de contrarrestar el sentimiento de impotencia originado por el fallecimiento.

De hecho, el hombre construye principalmente su trabajo de duelo a partir del "actuar", antes que a partir de la expresión de las emociones, aunque éstas sean profundamente vividas, canalizando su energía en la acción. Se muestra entonces pragmático, buscando, con más o menos éxito, soluciones a los diversos problemas que acarrea la defunción. Se constata así que en apariencia el hombre tiene más facilidad que la mujer a la hora de salir ocasionalmente de su sufrimiento, procurándose "compartimentos estancos" para alejarlo de sí. Es verdad que el ejercicio de una actividad profesional puede ayudar notablemente (tanto a hombres como a mujeres) a desconectarse por un tiempo de la gravedad del duelo.

El hombre ha de permanecer atento a esta sobrecarga de acción, que corre el riesgo de aislarlo por completo de su contenido emocional. Por ejemplo, debe encontrar –o hay que ayudarle a encontrar- el equilibrio entre una entrega excesiva al trabajo y un saludable exutorio a su dolor a través del trabajo. Lo mismo puede decirse de las actividades de ocio: corre el riesgo de agotarse físicamente para anestesiar lo que duele. En algunos casos se persigue el mismo objetivo en una actividad sexual muy intensa, que no tiene otro objetivo que alejar el sufrimiento (véase pág. 62).

La acción es, por tanto, útil para el hombre. Ayuda a amortiguar y a integrar la violencia de la ausencia. El reto consiste en darle la dimensión adecuada a fin de que no ocupe el primer plano y que el proceso interior tenga el suficiente espacio para desarrollarse. Sabemos que pasa necesariamente por la expresión de las emociones: el hombre no tiene nada que perder si acepta describir lo que siente. Pero para ello ha de encontrar unas circunstancias favorables. Por ejemplo, el encuentro con otros hombres que han pasado por la misma experiencia puede ser la ocasión, para el padre, el hijo o el amigo en duelo, de hablar sobre temas que no trata con su compañera u otras personas de su entorno. Al compartir con otros hombres (tengan o no un duelo), muchas veces se genera una especie de solidaridad masculina, señal de pudor y respeto de los límites de cada uno. Nuestra cultura latina aún no ha asumido el ejemplo de las terapias grupales de hombres en duelo y, según mis informaciones, aún no existen tales grupos en Francia; pero las experiencias anglosajonas y canadienses de este tipo muestran hasta qué punto son beneficiosos estos grupos específicos. Sólo falta buena voluntad para que esto cambie en nuestro país.

Por supuesto, estos grupos no constituyen la única modalidad de asistencia en el duelo, y todo cuanto se describe en el último capítulo de este libro («La ayuda», pág. 193) es, evidentemente, válido para el hombre en duelo. Lo importante es incorporar la ayuda a la propia experiencia y no tratar, a cualquier precio, acorde a un modo preestablecido, de caminar con el dolor.

4. LA AYUDA

Ayudarse

El camino del duelo ha comenzado de golpe, con una comprobación desconcertante: «De ningún modo me encuentro preparado para enfrentarme a lo que está pasando ahora en mi vida». Sin embargo, esto es cierto tanto para cada individuo como para la sociedad en su conjunto.

Todo cuanto nuestra educación nos ha transmitido se vuelve obsoleto e inútil frente a la necesidad de encarar una pérdida tan importante. Nos han enseñado a adquirir, a asimilar, a razonar... pero no a perder a un ser querido. Y lo que es peor, nos han impregnado de informaciones completamente erróneas a la hora de afrontar la pérdida.

De hecho, constatamos que a menudo son las falsas ideas y los prejuicios ilusos de nuestra sociedad de cara al duelo las que lo vuelven aún más difícil de lo que ya es. Las personas en duelo se encuentran inconscientemente sometidas a un condicionamiento que les dicta comportamientos y modos de pensar que no se adecuan a su realidad psicológica: es innegable que existe una presión social que obliga a la persona en duelo a actuar "como si" no hubiera pasado nada. Poniendo de relieve la razón y la voluntad, negando las emociones, se encierra todavía más a la persona en duelo en su soledad, cuando el objetivo es sacarla de ella.

Ya hemos tratado algunos de los prejuicios que causan tantos estragos:

– No hay que mostrar las emociones. Están fuera de lugar (sobre todo en el hombre).

– El duelo sólo afecta a las personas vulnerables o psicológicamente débiles.

– Es cuestión de personalidad y de fuerza de carácter.

– Hablar demasiado de la persona fallecida es pernicioso y mórbido.

– El duelo dura algunas semanas, como mucho algunos meses. Una vez concluido, este dolor no volverá a padecerse en toda la vida.

– No es normal perseverar en el duelo transcurrido un año.

– Es mejor hacer el duelo solo, sin importunar a los allegados con nuestras preocupaciones. Hay que "respetarlos".

– Con el tiempo se termina por olvidar.

– No es bueno volver continuamente a recuerdos tan dolorosos. Esto es recrearse en el propio sufrimiento. Es mejor mirar hacia adelante.

– Los rituales del duelo son prácticas anticuadas e inútiles.

–No hay razón para sentir cólera durante el duelo.

– Los niños no entienden nada respecto a la muerte; por tanto, es mejor no decirles nada.

– Con el paso del tiempo, el dolor se irá diluyendo. No se puede hacer nada salvo esperar que pase el tiempo, etc.

Las personas que hacen estas afirmaciones no se imaginan lo ponzoñosas que resultan para las personas afectadas: son, en efecto, diametralmente opuestas al desarrollo "normal" del duelo. Además, es lamentable que incluso algunos profesionales de la salud mental continúen sosteniendo estas falsas ideas, llevando a la persona en duelo a pensar que en realidad tiene un problema que debe resolver.

Así, la primera etapa que hay que superar para ayudarse a sí mismo es la de conocer la realidad del proceso del duelo. Éste es el principal objetivo de este libro: proporcionar unos puntos de referencia básicos con el fin de poner de su parte todas las bazas posibles.

No hay "recetas" que resuelvan el duelo. La persona sólo puede remitirse a su propio duelo y a cuantas estrategias pueda desarrollar para atravesarlo del mejor modo posible, aprendiendo a vivir sin el ser querido... Este capítulo quiere ser lo más práctico posible a fin responder a esta necesidad de claridad que tanta falta hace cuando la mente queda atrapada por la vorágine de los pensamientos.

Al margen de lo que se haga, se diga o se piense, no existe medio alguno de evitar el dolor por la pérdida. Por un tiempo se puede tratar de negarla, de minimizarla, de eludirla: todo esto no cambiará esencialmente en nada el hecho de su omnipresencia, y en el de que el único medio de liberarse será enfrentándose a ella.

...Y, sin embargo, nadie quiere sufrir. La experiencia cotidiana pone en evidencia la idea inevitable de que hay que vivir el dolor por la pérdida si un día queremos atenuarlo. No hay salida ni escapatoria posible.

Si se elude ahora, habrá que enfrentarse a él más tarde, bajo una forma más o menos disfrazada que provocará más daño psíquico que una confrontación directa en el momento presente. El único camino para apaciguarlo es la entrada consciente y de lleno en el trabajo del duelo. Porque, a pesar de los tormentos y la desorientación que este trabajo implica, no ha de olvidarse nunca que este camino tiene un sentido; hay en él una esperanza indefectible a la que hay que aferrarse, cueste lo que cueste, cuando se tiene la impresión de que la vida no merece la pena vivirse: afirma que se podrá continuar viviendo sin la persona que se ha perdido. No se la olvidará nunca. Uno se sentirá diferente, cambiado hasta el final de su vida, pero se sentirá de nuevo con derecho a una existencia en la que habrá nuevos encuentros y nuevas oportunidades de alegría y de placer, sin negar ni traicionar la memoria del ser querido.

Expresar las emociones

Si uno imagina que va a poder vivir su duelo manteniéndose "fuerte", sin dejar el menor espacio para las emociones, cargando con ellas, sin compartir nada de ello con los demás, se puede estar seguro de que nunca se saldrá del propio sufrimiento.

Claro está que puede parecer que todo va bien en un nivel superficial, pues se intentará durante años "llenar de cemento" las grietas más pequeñas para que nada aparezca, pero tarde o temprano habrá que pagar un precio por esta negación...

En efecto, **reconocer, validar y expresar todas las emociones** son las tareas esenciales del trabajo de duelo. Negarse a ello es correr el riesgo de no poder "resolverlo" nunca. Los obstáculos para expresarse son por desgracia numerosos y a menudo impiden lo que debería hacerse espontáneamente.

En ocasiones, uno de los primeros obstáculos consiste en que simplemente no se sabe *cómo* actuar... en realidad, la persona se da cuenta de que no ha sabido *nunca* nombrar realmente lo que sentía. Nadie nos lo ha enseñado nunca. Nuestros padres siempre nos enseñaron a controlar nuestras emociones, y es esta lamentable lección la que hoy nos paraliza y nos incapacita para procurarnos la ayuda que necesitamos. De hecho, hay que reconocer que no queda nada claro que sepamos con precisión si nos sentimos realmente encolerizados, o realmente ansiosos, o realmente culpables, o realmente deprimidos, cuando desde pequeños nos han enseñado a ignorar o a no hacer caso a la verdadera naturaleza de nuestros sentimientos. Pero, tanto si lo queremos como si no, existen de verdad. Este encuentro con ellos, para el cual se está tan poco preparado, resulta al principio aterrador, pero... finalmente, con valor y confianza en los propios recursos, nos damos cuenta de que aceptar mostrarse angustiado o deprimido no significa que se renuncia a luchar. No significa que la persona sea "débil" ni "vulnerable", ni que vaya a "romperse en mil pedazos". Tampoco por sentir cólera o violencia se convierte uno en una "mala" persona, poco digna de amor y respeto.

La mirada del otro supone un freno importante para la libre expresión de las emociones. Se siente en sí mismo la necesidad de llorar, de gritar, de expresar el propio sufrimiento, la vergüenza o el miedo, y, sin embargo, la persona reprime con dificultad sus lágrimas por miedo a ser incomprendido, juzgado o rechazado, por miedo de hacer daño a los que le rodean, queriendo vanamente protegerlos puesto que ellos también sufren.

Un equipo de investigadores británicos decidió un día llevar a cabo un experimento que presentaba como objetivo proyectar una nueva luz sobre la necesidad de expresar las propias emociones durante el duelo. Pidieron a personas cuyo duelo se desarrollaba con dificultad que formaran dos grupos. El primer grupo tenía por consigna hacer todo lo que fuera necesario para olvidar su pérdida: se les aconsejó que no hablaran de ello, que buscaran todos los medios posibles para distraerse y mantener la mente alejada de su duelo. Se propuso al segundo grupo la posibilidad de expresar todo lo que sentía, ya fuese en grupo o en consulta privada: el objetivo era asegurar una completa libertad en la expresión de los sentimientos.

Después de varias semanas, se hizo que cada persona contestase un cuestionario destinado a evaluar, según niveles muy precisos, su estado general, físico y psíquico. El primer grupo obtuvo resultados catastróficos y muy inferiores a los del segundo grupo. Como era de prever, el estado general de los sujetos del segundo grupo había mejorado considerablemente tanto a nivel físico como psicológico y relacional.

Validar las propias emociones, cualesquiera que éstas sean, significa que uno acepta sentir lo que uno siente. Esto parece una obviedad, pero no es tan fácil de poner en práctica. Se trata de afirmar y aceptar con plena conciencia: «Lo que siento ahora es cólera, y es preciso que encuentre la manera de expresarla»; o también: «Lo que siento en este momento es angustia, desamparo y tristeza. Los reconozco y debo hacer algo para manifestarlos y exteriorizarlos. Puedo hablar de ello durante horas por teléfono con mi mejor amigo. Puedo golpear con rabia los cojines, llorar, gritar, exteriorizar mi violencia mientras no me ponga a mí mismo ni a nadie en peligro. Puedo quedarme postrado en mi habitación, sollozando durante horas, con la conciencia de que estoy abriendo de forma deliberada las compuertas. Puedo irme al campo o a la orilla del mar, donde podré gritar mi desesperación sin asustar a los demás. Puedo emborronar páginas y páginas, para vaciarme de la emoción que expreso libremente. Puedo poner a todo volumen la música que a él o a ella le gustaba y pasar el día padeciendo el horror de su ausencia...». El objetivo es tratar de no ahogar dentro de sí las emociones que emergen, por intranquilizadoras, devastadoras y desestabilizantes que sean.

Esto no significa que uno se deje arrastrar por todas las emociones simultáneamente: a pesar de todo siempre nos queda la capacidad interior de distinguir las diferentes emociones que se sienten y afrontarlas una tras otra. Nadie nos pide que nos quedemos aplastados de golpe por la masa monolítica de todas nuestras emociones. Esto no quiere decir que nos regodeemos en ellas, sólo reconocemos lo que hay sin pretender negarlo.

Es preciso tomarse el tiempo necesario para habituarse a ello, manteniéndose atento a las imágenes, a las impresiones o a los pensamientos que la expresión de esas emociones suscita en nosotros. Es una manera de explorarlas y dejarles que nos digan lo que tienen que decirnos, sin oponer una resistencia inútil. No vamos a ser destruidos en esa avalancha de emociones. En un caso extremo, si uno se siente incapaz de sobrellevarlas solo, no debe dudar en llamar a los amigos que podrán servir de apoyo, o recurrir a la ayuda profesional que tendrá la capacidad de canalizar la oleada de los sentimientos.

Contrariamente a lo que suele pensarse, no hay nada malsano en hacerle sitio a emociones que se consideran violentas o negativas.

Pues, en definitiva, ¿cuál es la finalidad de esto? Uno se da cuenta imperceptiblemente de que actuando así la energía de las propias emociones "se consume" con el tiempo. Si se dejan circular sin descanso dentro y fuera de sí, si se comparten *una vez, y otra, y otra* con aquellos que saben escucharlas, uno siente de manera progresiva que esta "ventilación" voluntaria y sostenida de las emociones agota su fuerza y su intensidad. Al final, la persona advierte que, lejos de ser destruido por la marejada de las emociones, se logra, lenta y progresivamente, encontrar una mayor paz interior. En efecto, esto requiere tiempo, mucho tiempo. Es necesario saber que esta libre circulación de las emociones no puede hacerse de una vez por todas. El proceso ha de repetirse muchas veces. Esto implica volver una y otra vez y durante meses sobre las mismas emociones, sentimientos, pensamientos e imágenes.

Por otra parte, esta repetición incesante dará la impresión de que no se progresa… y, sin embargo, a pesar de lo fuerte que sea la certeza de que no se verá nunca el final del túnel, se avanza: es una certeza a la que es necesario aferrarse, incluso si se está convencido de permanecer estancado.

La importancia de los rituales

Si bien es cierto que el sufrimiento es psicológico, también es espiritual. Uno se da cuenta de que es imposible ignorar la dimensión espiritual de su pérdida, pues remite directamente a la propia mortalidad y a los interrogantes acerca del sentido de la propia existencia.

Así, desde el principio de los tiempos, los hombres se han encontrado frente a la necesidad de conciliar el dolor psicológico con la búsqueda existencial cuando uno de los miembros de su comunidad desaparecía.

De estas necesidades ancestrales nacieron los **rituales**. Por lejos que nos remontemos al principio de la historia de la humanidad, siempre encontramos huellas de rituales bajo modos muy diversos. Uno de los más antiguos ejemplos que se han podido encontrar es una corona de ramas que fue depositada junto al cuerpo de una joven en una sepultura prehistórica.

Es importante no confundir su auténtico sentido, pues la palabra "ritual" está cargada de significados erróneos y de ideas preconcebidas que hacen que se la rechace sin saber lo que en realidad representa. El ritual no tiene necesariamente una connotación religiosa. Tiene su espacio en el duelo, al margen de las convicciones religiosas e incluso de cualquier creencia particular. Debe ser entendido desde una perspectiva mucho más amplia, y su campo de acción va más allá del sentido estrecho y reductor que se le atribuye por norma. En efecto, si se logra situar en su justo lugar, uno se percata de que se convierte en uno de los medios más efectivos que una persona puede procurarse para progresar en su trabajo de duelo.

El ritual posee una función simbólica que nos pone en contacto con quien hemos perdido. Cumple la misión de un "rito de paso" entre una ausencia real y objetiva presente y la integración progresiva de esa realidad en la propia vida psíquica.

Pero al fin y al cabo, ¿qué es un ritual? ¿En qué consiste?

Existen rituales "públicos" y rituales "privados".

Los **rituales públicos** son aquellos que conocemos mejor. Remiten a todas las ceremonias, a las conmemoraciones que tienen por objetivo honrar públicamente la memoria de las personas desaparecidas: es, por ejemplo, la visita al cementerio en el día de Todos los Santos, la celebración de una misa de difuntos, etc. Los rituales de este tipo son precisamente aquellos que mucha gente rechaza porque no ven en esas manifestaciones "oficiales" y "codificadas" más que convenciones anticuadas y vacías de sentido y de todo carácter emotivo... lo cual no es siempre del todo falso.

Sin embargo, más allá de las nociones preconcebidas que nos hacen rechazar de plano la idea misma de que una ceremonia fúnebre entrañe ningún beneficio, es importante recordar aquí las funciones psicológicas esenciales que cumplen los funerales (ya se trate de un entierro o de una incineración).

Básicamente, tengan o no una connotación religiosa, los funerales están ante todo destinados a los vivos. Es, pues, de capital importancia para ellos conceder a esta última ceremonia la dimensión adecuada a lo que están viviendo. Los funerales ayudan a confirmar una vez más la realidad de la defunción. Permiten a las personas directamente afectadas la posibilidad de percibirse en estado de duelo, y les ofrecen un marco socialmente refrendado para la expresión natural de sus emociones.

Estas personas también son reconocidas *por los demás* como portadores del duelo, y eso les concede el "margen de comportamiento" del que hemos hablado anteriormente. Además, la reunión del grupo social es la ocasión de poner de manifiesto, implícita o explícitamente, la nueva distribución de los papeles de cada uno en el sistema familiar o de amigos en el que ha sobrevenido la defunción. La persona empieza a percatarse de que va a asumir las funciones o las responsabilidades de la persona desaparecida y cómo esos papeles van a ponerse en marcha.

Asimismo, una ceremonia ayuda a crear un sentimiento de unidad y de comunidad. Se percibe la constitución de una red de apoyo que se va a necesitar en los meses subsiguientes, e incluso si se sabe perfectamente que algunas promesas apresuradas o manifestaciones generosas de afecto se extinguirán con rapidez después de algunas semanas, poco importa. En este día se tiene la necesidad de oír decir que se es amado y apoyado en esta prueba... Este día lleva la impronta del dolor, y necesita un vislumbre de esperanza y de calor humano, por efímero que sea.

Por último, los funerales ayudan a comprometerse en uno de los factores primordiales del trabajo de duelo: la exploración de todos los aspectos de la relación con el difunto. Esta búsqueda se alimenta a menudo de anécdotas, comentarios, episodios que uno u otro cuenta sobre el difunto; se forja al compartir emociones con los que lo conocieron. Gracias a esto, la persona comienza también a calibrar las pérdidas secundarias que suceden al fallecimiento, y se activan las nuevas competencias que habrá que asumir. Así, la ceremonia de los funerales ayuda en el trabajo de duelo empezando por modificar el clima emocional de la relación con el difunto.

Los **rituales privados** se dan en función de la imaginación y de las necesidades de cada cual... Un joven plantará un árbol junto a la carretera en la que su hermano se mató en un accidente de coche; una madre escribirá los pensamientos que la conducen a su hijo muerto, todas las mañanas, en un cuaderno; un chico cuidará de que, cada noche, la fotografía de su papá esté bien a la vista en su mesita de noche. Por estas razones es completamente apropiado hablar de la función *terapéutica* del ritual.

Al margen de su modo de expresión, el ritual ofrece un marco o una estructura en la que pueden organizarse los pensamientos. Su repetición regular, día tras día, semana tras semana, invita a reproducir los mismos gestos y las mismas actitudes. De este manera se carga con una energía que poco a poco resulta placentera, y en la que aprendemos a sumergirnos con confianza. El ritual obtiene su fuerza de esta regularidad. Crea un punto de referencia saludable en un período de la existencia en el que se ignora dónde se está: es un principio y un fin. Así, la persona se procura, a lo largo del día, un momento especial en el que focalizar más fácilmente sus pensamientos sobre su trabajo de duelo, en lugar de dejarlos en suspenso y sin anclaje. Si por ejemplo decimos que dedicaremos media o una hora de la tarde a un repliegue silencioso sobre sí mismo mediante el recurso al ritual, será más fácil concentrarse en las actividades del día para no dispersar las fuerzas. El ritual ofrece la posibilidad de "olvidar" el duelo por un tiempo, sin sentirse culpable...

> Tras la muerte de su marido, una joven viuda hizo una ampliación de una de las mejores fotografías de su marido y la enmarcó. Una vez por semana, ella y sus hijos de ocho y once años se reunían, por la noche, junto a la fotografía. En cada ocasión encendían una vela para señalar este momento especial en el que hablaban libremente del marido y del papá desaparecido. La madre se permitía mostrar su pena ante sus hijos.

De este modo, los niños recibieron el mensaje de que es posible, en un entorno apropiado y que les proporcione tranquilidad, compartir las lágrimas y los recuerdos, sin vergüenza y sin juicios recriminatorios. Los niños aprendieron a su vez a mostrar lo que sentían en lo más profundo de sí mismos.

Este ritual permite curar las heridas… Con el tiempo, seguramente se irá abandonando poco a poco, pero esta familia pone su pundonor en reproducirlo cada año, para señalar el aniversario de la muerte…

El ritual ayuda en la transición entre un ayer en el que se compartía el día a día con el difunto y un mañana en el que habrá que vivir solo. Preserva el vínculo con aquel que se ha marchado.

El ritual abre un espacio que trasciende el tiempo. Cuando, por ejemplo, a la caída de la noche, se adopta el hábito de recogerse en un sillón del jardín en el que el difunto acostumbraba a descansar, pasado y presente parecen fusionarse y se produce un diálogo silencioso. Al fin se encuentra la ocasión para decirle al otro lo que nunca le habíamos dicho antes. Quizá gracias al ritual podrá "repararse" el sentimiento de culpa o el rencor del pasado. Noche tras noche, se sucede un largo monólogo en este mismo lugar, en el que sabemos que podremos expresar, en voz baja, nuestro amor… o nuestra amargura. Se podrán encontrar las fuerzas para confesar cuanto habita en el fondo de los pensamientos y apaciguar la pena. Es un momento de emoción, de llanto acaso, pero es también un momento de recogimiento y replanteamiento interior.

Cumplir un ritual es un acto de una profunda intimidad. Sin embargo, invitar a un allegado, también afectado por la defunción, a compartir el ritual es concederle un gran privilegio y mostrarle un gesto de gran confianza. Este intercambio, que de pronto se carga de una gran intensidad emocional, recrea un sentimiento de comunidad en el que cada uno siente que forma parte de una estrecha red de apoyo y cariño: cada uno se da cuenta de que no está solo en su desesperación. Cada cual extraerá del ritual aquello que le es más necesario. Quizás se comprenda entonces que, a pesar de todo, se puede hacer algo con este dolor y que es posible hablar de él... Al compartir el ritual, conocemos un poco mejor al otro, uniéndonos a él, por unos momentos, en el camino de nuestro propio duelo. Advertiremos que los corazones no están tan lejos unos de otros, como pensamos a menudo.

No obstante, el ritual ha de concebirse como lo que realmente es: un barquero que ayuda a cruzar hasta la otra orilla del río. No puede ni debe existir por sí mismo, no **es un fin en sí mismo**, porque en estas condiciones se desvía de su función inicial y pierde toda su significación.

Encontramos estos rituales despojados de su sentido en algunos duelos crónicos:

> Una mujer pierde a su hijo en un accidente de coche. Durante meses lleva acabo el duelo por su hijo. Llena la casa con sus fotografías y cambia cada día las flores de su dormitorio.
>
> Se concede, no obstante, largos momentos de meditación en los que toda su atención se dirige a su hijo desaparecido... Pero, un mes tras otro, continúa cambiando las flores y retrayéndose en su silencio. No parece que haya ningún cambio. La habitación cobra un cariz de santuario en el que no se ha cambiado nada desde la muerte. Tres años después, la mujer parece continuar en el mismo punto. Es incapaz de ir más lejos... El tiempo ha quedado petrificado, y ella se encierra en un supuesto ritual que, en realidad, no sirve más que de excusa a un duelo imposible.

En este momento es apropiado abrir un paréntesis en este capítulo dedicado a los rituales y a la expresión de las emociones. En efecto, por individual que pueda parecer el camino del duelo, en ocasiones adopta un desarrollo que de una manera evidente lo aparta del proceso habitual. Esto se debe en parte a la dificultad de enfrentarse a las emociones vinculadas a la pérdida, pero, sin embargo, sería un error considerar estos duelos "complicados" solamente a la luz de esta explicación. Hay otros parámetros que entran en juego.

Los duelos complicados

Se dice que estos duelos son complicados en la medida en que se encuentran "bloqueados" en uno u otro momento de su evolución, de tal modo que la libre circulación de energías psíquicas, necesaria para una resolución "armoniosa", se encuentra obstaculizada.

Así, se han podido identificar tres tipos de duelos complicados. Aquí sólo los abordaremos brevemente, porque las formas patológicas del duelo no son el propósito de este libro.

La idea de **duelo inhibido** fue esbozada en 1937 por la psicoanalista Hélène Deutsch. Había comprobado que muchos de sus pacientes presentaban dificultades psicológicas, como la depresión o la ansiedad, o problemas físicos para los que no acertaba a encontrar causas evidentes. Profundizando en su investigación, le asombró descubrir que un buen número de los trastornos que presentaban sus pacientes remitían directamente a un duelo del pasado… o más bien a la *ausencia* de toda manifestación, de todo comportamiento o emoción que tuviera una relación directa con la pérdida de otro tiempo. Llegó a pensar que estos pacientes ejercían inconscientemente una inhibición completa de sus emociones del pasado, y esto de modo duradero, a lo largo de muchos años.

«Puede afirmarse», concluye, «que la tendencia general a las depresiones que conocemos como "carentes de motivo" es la consecuencia y la expresión de reacciones emocionales que fueron reprimidas en otro tiempo y que han permanecido larvadas hasta ese momento, esperando liberarse.»

Sin embargo, la energía psíquica que moviliza el duelo ha de encontrar las sendas por las que expresarse, y a menudo esto se hará a través del cuerpo. Se observa entonces todo un cortejo de achaques físicos que adoptan la forma de migrañas, de úlceras gástricas, asma y dolores diversos que sumen en la perplejidad a los médicos de cabecera... En otros casos, la consulta viene motivada por trastornos psíquicos.

Es cierto que, en el caso del duelo inhibido, la persona ha reconocido la defunción intelectualmente, durante la mayor parte del tiempo, pero la vida ha seguido su curso, como si no pasara nada. No ha habido una implicación emocional. Así, desde una perspectiva terapéutica tendente a "promover" el duelo inhibido, le compete al profesional permitir que se exhumen, con gran paciencia, todas las emociones adormecidas y que no han encontrado aún su legítima expresión.

> Una mujer pierde a su marido en un accidente de coche. Ella misma organiza el funeral y se hace cargo de la situación con un valor y una dignidad ejemplares. Su entorno elogia su fuerza de carácter cuando, dos días después de los funerales, decide volver al trabajo. Todos se asombran un poco por la ausencia de lágrimas y de cualquier rastro de abatimiento... «Es inútil lamentarse», dice ella, «la vida continúa, hay que pasar a otra cosa...»
>
> Seis meses más tarde se encuentra en el paro por regulación de plantilla... Entonces todo se hunde, y sólo a partir de ese momento empieza a manifestarse el duelo por su marido.

Como su propio nombre indica, el **duelo diferido** no aparece inmediatamente tras la muerte, sino sólo después de un tiempo de latencia más o menos prolongada que, en este caso, supera con creces las dos o tres semanas. Como en el duelo inhibido, la persona reconoce la muerte, pero esta toma de conciencia no viene acompañada de ninguna emoción ni del comportamiento característico del duelo. Este duelo permanece "larvado".

El sufrimiento que deriva de la pérdida se mantiene en una suerte de silencio. Se trata, en efecto, de un proceso inconsciente que pretende proteger a la persona. Ésta no consigue abandonarse al dolor, que presiente como demasiado peligroso. Esto exige, inconscientemente, una vigilancia permanente durante semanas, meses e incluso años, ya que las energías del duelo acechan la menor "brecha psíquica" para poder abismarse en ella. Como en el ejemplo citado, en el que el duelo se inicia tras un despido por regulación de plantilla, a menudo con la excusa de otra pérdida (no necesariamente ligada a una muerte) afloran estas "energías", y no se establece de inmediato la relación entre ambos hechos. Así, los psicólogos han descrito la aparición de verdaderos duelos tras la muerte de un gato, un perro o un canario en personas que, en un pasado no muy lejano, no habían podido manifestar ninguna emoción tras la muerte de alguien que les importaba. Este intenso dolor, muy desproporcionado en relación con la muerte del animal doméstico, remite, de hecho, al antiguo duelo, que nunca se afrontó realmente. No es extraño además que estos duelos "mal resueltos" del pasado, o ciertas emociones o sentimientos que se silenciaron, se reactiven de este modo mediante el duelo presente. Es como si también ellas trataran de conseguir que se reconociera su existencia, gracias al campo de expresión que les abre el trabajo de duelo actual.

...y hay duelos que no acaban, estancados en rituales y hábitos vacíos de sentido: son los **duelos crónicos**.

El más famoso ejemplo de duelo crónico es el de la reina Victoria, que durante diez años hizo el duelo por su marido, el príncipe Alberto.

Algunos meses antes de la muerte de Alberto, Victoria ya había perdido a su madre, con la que mantenía unas relaciones ambiguas y conflictivas. La muerte de su marido bastó entonces para precipitarla en un duelo manifiestamente patológico. Aunque rodeada por muchas personas, Victoria estaba en realidad sola y aislada. Sólo vivía para Alberto, excluyendo de su vida a todos los demás. Tras su muerte, Victoria, que estaba a la cabeza de uno de los imperios más poderosos del mundo, confesaba en la intimidad no ser apenas más que «una pobre huérfana, una niña abandonada...».

Le resultó imposible hacer el duelo por Alberto y se apegó a su dolor para poder sobrevivir: aunque siguiera cumpliendo con sus funciones de soberana, transformó su vida privada en un santuario dedicado a la memoria de su esposo desaparecido. El dormitorio permaneció como estaba, no se cambió ni se guardó nada. Todas las mañanas exigía que los trajes de su marido estuvieran preparados, así como sus utensilios de aseo. Se preparaba el agua para su afeitado y las sábanas de su cama se cambiaban regularmente...

Victoria hizo enmarcar el retrato de Alberto, fotografiado en su lecho de muerte, con el fin de llevarlo a lo largo y ancho de Europa, para ponerlo en la cabecera de todas las alcobas en las que tuviera ocasión de pernoctar... Así creó, a finales del siglo XIX, la imagen de la viuda perfecta, completamente fiel a su esposo.

Estremece pensar que este modelo patológico de duelo ha servido de referencia social durante generaciones... Por otra parte, ¿nos hemos librado completamente de él?

El duelo crónico supone un compromiso imposible para no despedirse. La persona está convencida de que el final del duelo conlleva la amenaza de perder para siempre a alguien que a pesar de todo ya se ha ido. Preservar el ambiente en el que vivió, no cambiar nada, repetir hasta la extenuación una serie de rituales que ya no cumplen su función, son otros tantos medios para mantenerse apegado al difunto y distanciarse de la insoportable realidad de su ausencia.

«No cambié nada en la casa», cuenta un viudo de sesenta años, tres meses después de la muerte de su mujer, «todo está exactamente como ella lo dejó...».

La persona se aferra desesperadamente a estos signos exteriores porque el difunto no ha podido encontrar un lugar en *su interior*. Es una etapa del duelo que no puede superarse: el proceso está bloqueado; no se puede avanzar más. Los familiares se desesperan. La persona se estanca en esta etapa y, a veces, se niega empecinadamente a la idea de que la ayuden a salir de su estado.

¿Por qué? ¿Qué fuerza la mantiene en un duelo imposible? ¿Qué riesgos le reportará renunciar a él? ¿Acaso busca inconscientemente pagar alguna deuda? ¿Su sentimiento de culpa? ¿El poco amor que sentía por el difunto? ¿Qué es lo que trata de reparar en estos momentos?

¿Qué es lo que le impide "soltar la presa"? ¿El miedo? ¿La cólera? ¿La convicción de que la sinceridad de su amor se mide por la duración del duelo, o bien el hecho de que aún quedan demasiadas cosas por decirse como para detener ahí la relación? La persona en duelo está sola para encontrar *su* respuesta. Mientras no se decida, sola o acompañada por un profesional, a replegarse sobre sí misma para encontrar la clave en su inconsciente, se ofrecen pocas oportunidades para concluir algún día su dolor.

Los tres tipos de duelos complicados que se han descrito brevemente han de ser matizados según cada caso particular; pero subrayan con claridad cómo el duelo es un proceso al que algunas personas no pueden acceder.

Ya hemos visto que uno de los obstáculos es la ausencia de reconocimiento social de la pérdida, bien porque el entorno no conocía la relación que unía a la persona en duelo con el difunto, bien porque este mismo entorno no considera la muerte como una verdadera y auténtica pérdida que merezca "poner en marcha" un duelo. Esto ocurre claramente en las parejas homosexuales, cuando uno de los dos muere de sida; la relación (y, por tanto, la necesidad de hacer el duelo) puede no ser reconocida por el entorno.

El miedo a emprender un duelo constituye otro obstáculo:

miedo a las emociones que vamos a encontrar, miedo a hundirse para siempre en el dolor, miedo a que duela demasiado, miedo a descubrir facetas de uno mismo que habíamos procurado evitar, miedo a ser incapaz de hacer frente a todos los cambios y trastornos que el duelo impondrá en la propia existencia... Estos miedos son legítimos, pero no bastarán por sí solos para borrar la necesidad de afrontar el duelo... Cada uno se tomará el tiempo indispensable para entrar en el proceso; no es necesario tratar de ir más rápido de lo que es preciso; cada uno ha de respetar su ritmo interior y confiar en su capacidad de asumir los acontecimientos con toda la tranquilidad posible, a su debido tiempo... Sólo más tarde podrá estimarse la sabiduría que hay en esta confrontación.

Las tres preguntas esenciales del trabajo de duelo

Llegamos ahora a lo que constituye la trama del trabajo de duelo. Tres preguntas fundamentales permiten cubrir la casi totalidad del camino que hay que recorrer. Este trabajo puede efectuarse en solitario, frente a uno mismo –en cuyo caso es útil hacerlo por escrito– o bien con alguien de nuestra confianza. Nunca se calibra la necesidad de testimonios ante lo que estamos viviendo. Escribir lo que se siente es una cosa. Escribir lo que sentimos es una cosa; formularlo junto a alguien que nos escucha de verdad es otra, y la diferencia es considerable.

Un aspecto es importante: mediante *la repetición y la insistencia en las mismas preguntas* avanzamos poco a poco. Es un avance progresivo, casi imperceptible al principio –y requiere mucho más tiempo del que esperábamos–. Pero el tiempo importa poco si sabemos adónde vamos y por qué vamos hacia allí...

1. ¿A quién has perdido?

Esta pregunta puede sorprenderle al principio: «¿A quién he perdido? ¡A mi hijo! ¡A mi pareja! ¡A mi madre!... ¿Qué sentido tiene esta pregunta?». Por evidente que sea, implica, sin embargo, la esencia del sufrimiento porque nos estimula a explorar la naturaleza de la relación que nos unía a la persona desaparecida.

En efecto, no sólo hacemos el duelo por una persona; también hacemos el duelo por una relación y por todo lo que ésta entrañaba de felicidad y tristeza, de profundo y superficial... Por esta razón hay que examinar todo el territorio de la relación, ya que bajo esta condición conseguiremos reapropiárnosla.

– ¿Cuáles eran las cualidades de la persona que hemos perdido? ¿Cuáles eran sus virtudes, sus peculiaridades? No dudéis en indagar en todos los detalles. Examinad todos los aspectos de la relación. Buscad con insistencia...

– ¿Cuáles eran sus defectos, su lado oscuro, sus carencias, sus errores?

-¿Qué recuerdos te vienen a la memoria y reflejan lo que era esta persona, tanto en lo positivo como en lo negativo? No tengas miedo de evocar lo que te molestaba o desagradaba en ella. Es una manera de no caer en la trampa de la idealización, lo que permite recuperar la realidad de alguien que, como todo ser humano, estaba compuesto por múltiples facetas.

– Haz un recuento de todo lo que a tus ojos hacía a esta persona única en el mundo.

Y también:

– Penetra en la esencia de vuestra relación: ¿de qué estaba forjado nuestro vínculo? ¿De complicidad? ¿De indiferencia? ¿De odio? ¿De amor? ¿De conflictos e incomprensiones mutuas? ¿De diferencias y peleas?... ¿O era una mezcla de todo esto? Contempla la ambivalencia que había en vuestra relación; los momentos en que tú o el otro no fuisteis "claros"; los momentos en los que hubo equívocos o mentiras, los momentos de honestidad y apertura. Evoca los recuerdos, las conversaciones, las imágenes del pasado... Habla de ellos continuamente...

Sin duda, explorar a fondo la pregunta "¿Qué has perdido?" hará que sientas todo tipo de emociones. No hay que dejar de hacer este trabajo sólo porque afloren las lágrimas o el corazón se encoja. Una vez más, no hay nada nocivo en actuar así; al contrario, es profundamente "terapéutico". Por eso, incluso si ahora esta evocación parece hacerte daño porque es muy dolorosa, no pierdas el valor y persevera. De esta manera te proteges realmente.

2. ¿Qué ha ocurrido?

Responder a esta pregunta corresponde a una necesidad casi visceral. *No puede hacerse otra cosa* que volver, incansablemente y durante mucho tiempo, sobre las circunstancias que han rodeado la muerte del ser querido. No hacerlo crea un obstáculo para el buen desarrollo del proceso de duelo.

Así, es esencial repasar detalladamente todo cuanto pasó antes, durante y después de la defunción.

Esto también es importante en los grupos de padres de la asociación. Familiarizarse con la ausencia y el relato detallado de las circunstancias de la muerte ocupa dos sesiones completas. Cada padre dispone de un turno de palabra en el que puede evocar, sin ser interrumpido, cada momento de la muerte de su hijo, desde el diagnóstico o el accidente hasta los funerales, y a veces hasta mucho tiempo después. Para muchos padres, ésta es la primera vez que se les concede la oportunidad de hablar así y experimentan un alivio real al constatar que todos los miembros del grupo están atentos.

– Tómate el tiempo necesario para evocar los momentos más duros de lo que ha ocurrido: el anuncio del diagnóstico y lo que sentiste en ese instante, la primera hospitalización, la actitud de los médicos, de las enfermeras, todo lo que se compartió con la persona ahora desaparecida, todo lo que no se le dijo… Rememora las circunstancias del accidente, lo que te contaron, lo que viste, los bomberos, la policía, las ambulancias, el servicio de urgencias, la espera…

– Recuerda y evoca las conversaciones de los primeros momentos y de los días y semanas que siguieron; los gestos, los silencios, las incomprensiones del entorno, las desavenencias, la cólera, la esperanza y el miedo… Recuerda el regreso al colegio después de la primera sesión de quimioterapia, las últimas vacaciones en que retenías el aliento temiendo que fueran las últimas… La última vez que hicisteis el amor… Las últimas palabras, los últimos gestos.

– Y el después, sobre todo el después. El cadáver sin vida, la habitación silenciosa, el tanatorio… Y luego todas las gestiones… Tu estado de *shock*, el rechazo… Las palabras reconfortantes o desafortunadas de quienes querían ayudarte… La ceremonia, la elección de la música, de los textos, lo que habrías querido no olvidar en el último adiós… El regreso a casa, la vuelta al trabajo, la reacción de los demás… Y el principio del caos.

Sólo la larga y lenta respuesta a la pregunta "¿Qué ha ocurrido?" ya lleva un tiempo considerable. No es sorprendente sentir la necesidad de volver sobre los hechos uno o incluso dos años después de la defunción. Es normal. Nunca decimos lo mismo, y, gracias a que el relato de los hechos evoluciona en su "tono" e intensidad a lo largo del tiempo, el sentido comienza a emerger –porque le dejamos el tiempo necesario.

Todavía hay que esperar una oleada de emociones. Pero si se mantiene el rumbo, nos percatamos de que incluso el modo de sentir evoluciona. Piensa en el ejemplo de un libro que te emociona especialmente: la primera vez que lo leíste sentiste una sacudida interior, debido a su novedad. Pero si vuelves a leer el libro varias veces, algo distinto sucederá en ti. Lo que te emocionó y subyugó en tu primera lectura continuará haciéndolo, pero de un modo más integrado, más distanciado. No habrá cambiado nada en la historia que se cuenta, pero tu sentimiento sí habrá cambiado.

Así, contrariamente a lo que pueda sugerirte tu entorno, es

saludable volver de manera recurrente sobre la pregunta "¿Qué pasó?". Repetir los hechos crea una distancia entre tú y los acontecimientos que relatas, un espacio entre tu sufrimiento y tú. Esto no cambia su naturaleza; continúan siendo lo que son. Lo que evoluciona es tu relación emocional con los hechos. Aprendes progresivamente a familiarizarte con el dolor; ya no te inunda con violencia. Sigue estando presente, pero aprendes a controlarlo, liberándote poco a poco de su influencia. Sólo la repetición de las circunstancias que rodearon la muerte de la persona desaparecida puede conducirte a este resultado. ¡No descuides esta etapa!

Sobre todo, quédate tranquilo: después de un cierto tiempo te darás cuenta de que ya no sientes la necesidad de volver sobre estos acontecimientos, no porque nadie quiera escucharte –¡lo que, como bien sabes, es bastante normal!–, sino porque sentirás íntimamente que ya no es necesario. Habrás adquirido algo que volverá inútil la necesidad, tan imperiosa al principio, de evocar el pasado. Después de un tiempo es como si, siendo consciente de la imposibilidad de olvidar, pudieras permitirte no conservarlo en el recuerdo de un modo omnipresente. Está contigo desde ese momento, forma parte de tu vida. Sabes que no olvidarás y sabes que no traicionarás al ser querido si dejas de pensar en él de vez en cuando...

3. ¿Dónde estás ahora?

Es una pregunta muy amplia... Tras haber explorado la esencia del sufrimiento con las dos preguntas anteriores, nos dedicamos ahora a la experiencia cotidiana. Como ocurría con las precedentes, no conviene contentarse con hacérsela una o dos veces y considerar concluido el asunto. Ésta también es una pregunta sobre la que hay que volver una y otra vez y que seguirá siendo válida desde el primer día del duelo hasta su completa resolución (es decir, toda la vida...). Cambiamos continuamente, y las respuestas que damos a estas preguntas también cambian con el paso del tiempo.

Esta pregunta se desglosa en cinco ejes que corresponden a cinco retos específicos en el camino del duelo: físico, material, psicológico, social y espiritual.

¿Cómo te encuentras físicamente?

El corazón está en duelo, el cuerpo está en duelo. Él también sufre la violencia de la ausencia y la carencia del otro, y reacciona de manera inmediata y visceral. En este momento comprendemos cómo el sufrimiento del duelo puede experimentarse físicamente. Hay, por tanto, que atender al cuerpo, incluso si a veces nos sentimos desconectados de él y cubrimos sus necesidades porque no tenemos elección.

Ocuparse de uno mismo consiste en:

– Procurarse el sueño suficiente, aun cuando sea necesario tomar somníferos durante un tiempo.

–Comer lo mejor posible (una mala alimentación redunda en malestar orgánico).

– Hacer un mínimo de ejercicio físico (aunque no apetezca); hoy sabemos que una actividad física realizada tres veces por semana al menos durante media hora, incluso una tan moderada como pasear, tiene virtudes antidepresivas; siempre es preferible a tomar medicamentos…

– Si se sigue un tratamiento médico regular (por ejemplo, para la diabetes o la hipertensión arterial), es esencial no descuidarlo. Nos encontramos ante una disposición anímica en la que todo carece de importancia, y corremos el riesgo de ponernos gravemente en peligro. El duelo viene acompañado frecuentemente de la desidia; no tenemos energía para cuidar de nosotros mismos: «¿Para qué? Ya nada tiene sentido, es ridículo e inútil… Lo mejor es morir cuanto antes…». Si esta negligencia para con uno mismo va demasiado lejos, podemos encontrarnos ante un principio de depresión: es el momento de consultar al médico.

El cuerpo también necesita descansos. El duelo exige tanta energía que es imposible mantenerla las veinticuatro horas.

Hay que recuperar las fuerzas y reposar. El hecho de concedernos un pequeño placer (ir al cine, aceptar una invitación a cenar en casa de los amigos, o que nos hagan un masaje) no significa que traicionemos el recuerdo de la persona desaparecida. No te sientas culpable de la tregua que te concedes de vez en cuando. Tienes derecho a tratarte con cuidado y atención.

¿Cómo te encuentras materialmente?

El duelo no se limita sólo al vacío emocional. Su influencia se manifiesta en múltiples niveles, y el aspecto material también forma parte de él. En algunos casos, éste es el mayor reto en los primeros momentos, ya que la muerte del ser querido puede sumir a su familia en una crisis financiera preocupante. La presión material es a veces tan intensa que es imposible concentrarse en el trabajo de duelo.

En efecto, cuando piensas que tú y tus hijos no disponéis de suficiente dinero para pagar el alquiler, para la comida o la ropa, no hay, o casi no hay, lugar para ocuparse de la dimensión emocional. Por supuesto, hay que tenerla en cuenta y acogerla cuando se presenta, pero lo más urgente no está ahí. Hay cosas que priorizar, ciertos aspectos de la vida, a fin de crear un entorno seguro y unas condiciones lo suficientemente estables para, en una segunda etapa, involucrarse en el aspecto emocional del duelo.

Concretamente, esto significa que en ciertas situaciones el camino del duelo pasa en primer lugar por arduas gestiones administrativas y financieras. A menudo, la persona necesita consultar con un notario o con un abogado para hacer valer sus derechos, o incluso con un asesor financiero para informarse de la última voluntad del difunto, etc. Si de pronto nos encontramos sin recursos, habrá que asesorarse acerca de las posibilidades de una ayuda económica transitoria, de la formación profesional o de un reciclaje de las capacidades laborales. En los casos más difíciles nos encontramos en la obligación de mudarnos rápidamente, porque no tenemos recursos suficientes para pagar el alquiler. Por último, la muerte de un padre o de la pareja puede significar una caída del nivel de vida, y esto es un cambio que hay que asumir.

Estar pendiente del aspecto material cuando estamos en pleno duelo es un factor de estrés añadido. Puede complicarlo y ralentizar su evolución si dejamos que nos supere sin pedir ayuda. Por desgracia, no tenemos otra opción que enfrentarnos a ello, haciéndonos la promesa de volver al aspecto emocional cuando nos sintamos íntimamente predispuestos. Es el enfoque más saludable que cabe adoptar. En estas circunstancias, la ayuda de los demás puede revelarse indispensable, en la medida en la que nos atrevemos a pedirla explícitamente. En esta faceta, como en las otras, hay que actuar de modo que el camino del duelo no sea un camino solitario.

¿Cómo te encuentras socialmente?

El estado anímico en el transcurso del duelo depende en gran medida de la calidad de la atención y la presencia de las personas que nos rodean. Sabemos muy bien que no necesitamos expertos en materia de duelo; los amigos y algunos miembros de la familia pueden ser sólidos aliados para caminar con nosotros, si bien es cierto que han de mostrarse realmente receptivos, lo que no siempre ocurre.

Hace algunos años se realizó en el Reino Unido un estudio muy interesante con un grupo de mujeres que habían perdido a su marido. Se pidió a estas viudas que dijeran qué les ayudaba o les había ayudado en el desarrollo de su duelo. Una vez reunidas todas las respuestas, se estableció una clasificación de los recursos que resultaban más útiles a lo largo de un duelo. Lo que apareció en primer lugar en la lista fue: «**la percepción subjetiva de una red de apoyo de calidad**».

La expresión "percepción subjetiva" subraya el hecho de que, por más que estemos rodeados por mucha gente en el transcurso del duelo, *si no nos sentimos apoyados,* la capacidad del entorno es puesta en entredicho y no cumple su función. En otras palabras, podemos sentirnos terriblemente solos en una concurrida reunión familiar, así como puede encontrarse un consuelo inmenso junto a dos o tres personas que estén sinceramente atentas. Esto es lo que significa la expresión "de calidad". El tercer elemento es el concepto de "red". Existen redes de todo tipo: profesionales, religiosas, asociaciones, redes de amigos, etc. Son grupos de personas que se forman y se relacionan unos con otros de un modo formal o informal. En el contexto del duelo, las que cuentan son las redes familiares, las redes de amigos y las redes asociativas (como complemento o sustitución de las redes familiares y de amigos, cuando éstas son débiles o inexistentes). Las direcciones que se ofrecen en el anexo de este libro podrán ayudar a contactar con estas redes de apoyo.

Así, la pregunta "¿Cómo te encuentras ahora desde el punto de vista social?" es una invitación a evaluar la calidad de la red de apoyo de que disponemos, antes que la cantidad de personas que nos rodean. Si comprobamos que tenemos una red débil o incapaz de responder a nuestras necesidades, es importante entrar en contacto con los recursos susceptibles de compensar estas carencias. Los grupos de ayuda son un elemento a considerar seriamente. Podemos hacernos mucho bien dándonos la oportunidad de que nos ayuden y apoyen de un modo que antes quizá no habíamos tenido en cuenta. Merece la pena intentarlo, sobre todo si estamos aislados socialmente (también si no lo estamos). En efecto, desde siempre el duelo ha sido un asunto de la comunidad y del grupo: en esos momentos de dolor, avanzamos gracias a la relación con los demás. Entonces, ¿por qué no volver a esas raíces que, generación tras generación, han dado pruebas de su pertinencia y su eficacia?

¿Cómo te encuentras psicológicamente?

Ser conscientes de la dimensión emocional del duelo ha sido el propósito de los capítulos anteriores, y nos hemos detenido a explorarla detalladamente.

Es importante tener presente **el aspecto no lineal del sufrimiento**. La cólera, la tristeza, la culpabilidad, el miedo, la desesperación, etc., evolucionan cíclicamente con incesantes altibajos que dan la impresión de un magma aterrador. De ahí la importancia de sopesar *regularmente* el estado interior (escribiéndolo, o, mejor, contándoselo a alguien). Al principio fluctúa de un día para otro, casi de una hora a otra. Con el tiempo las oscilaciones se espacian, pero esto no significa que las "oleadas del duelo" sean menos dolorosas; siempre precisan atención y cuidados. Por ejemplo, el haber estado "bien" durante una semana de vacaciones a la orilla del mar no implica que un mes más tarde, de regreso a casa, no podamos caer de nuevo en el fondo del pozo. En este caso no hay ni estancamiento ni vuelta atrás en el duelo, tan sólo se trata de la dinámica normal del proceso. Cada uno de estos movimientos exige ser identificado y supervisado.

Por último, es esencial no hacer juicios de valor acerca de lo que sentimos. En un momento determinado nos sentimos de una manera determinada, eso es todo. No quiere decir nada sobre nosotros, ni sobre lo que somos como personas. Es inútil, estéril y agotador juzgarnos o condenarnos, porque no "deberíamos" sentir lo que sentimos. Las emociones van y vienen durante el duelo, desestabilizadoras e impetuosas pero también fugaces, sin más peso que una sombra proyectada en un muro; esto no quiere decir que no duelan cuando nos asaltan –¡duelen mucho!–, pero no deben dominarnos. No deben cristalizar más de lo necesario en nosotros. Es importante guardar una distancia adecuada: experimentamos una emoción, pero no somos esa emoción. Esto sería darle una realidad que no tiene. No somos nuestra cólera, ni nuestra culpabilidad, ni nuestro miedo, ni nuestra experiencia depresiva. Por violenta que sea no durará eternamente, en la medida en que no activemos mecanismos para que se recrudezca o se enquiste…

De ahí la importancia esencial de hablar, de dar nombre a los sentimientos (o de expresarse de una u otra manera). La pregunta "¿Cómo me encuentro ahora psicológicamente?", formulada con constancia y perseverancia a lo largo del camino del duelo, es una herramienta muy simple pero muy eficaz para cumplir con éxito esta tarea. Gracias a este trabajo de hormiga, en el que avanzamos con una gran lentitud, canalizamos progresivamente la oleada tumultuosa de las sacudidas anímicas, y recuperamos poco a poco la autonomía y la paz interior.

La época de fiestas o vacaciones

Llega el buen tiempo… o fin de año, época de "fiesta" en la que estamos obligados a ser felices y en familia… y la angustia, insidiosamente, se insinúa en nosotros.

Con la muerte del ser querido, el período de vacaciones adquiere de pronto otro sabor. En efecto, aquello que antaño era fuente de una anticipación gozosa se transforma a partir de ahora en objeto de malestar y temor. Las vacaciones eran el momento para estar con la familia o la pareja, al menos es así como se las esperaba. Era el momento en que construíamos los recuerdos, estos mismos recuerdos que ahora nos hacen sufrir tanto…

Las próximas vacaciones o las fiestas, sin él o ella, se viven de ahora en adelante con la inquietante perspectiva de un desierto de soledad, una soledad que no tiene por qué ser necesariamente "física" –podemos estar muy acompañados en estos períodos–, sino interior, y que se vuelve tanto más amarga y virulenta cuando contrasta con la atmósfera de convivencia y regocijo.

Cuando estamos en duelo somos más vulnerables a los períodos de vacaciones y fiestas, porque no disfrutaremos de la alegría de compartirlas y estar juntos. Serán momentos difíciles. Aquí es necesario –quizá más que nunca…– dejar espacio al dolor. Los momentos de desolación cumplen su función, incluso ante una agradable piscina o un hermoso paisaje. Por supuesto, no hay nada anormal en sentirse así. Esto es en especial cierto ya que éstos son los momentos que más habríamos querido compartir con nuestro ser querido. Nuestras lágrimas tienen derecho a aflorar, dejémoslas venir, tanto si lo permite el entorno como si tenemos que aislarnos para llorar. Dejémonos atrapar por esta nueva ola del duelo, lloremos tanto como nos haga falta. Esta sacudida emocional, por fuerte que sea, no nos hará daño. Pero lo mejor es no marcharnos, no abandonar este lugar en el que también necesitamos aprender a vivir sin él, sin ella. Es muy importante. Después de la avalancha de sollozos, seguramente estaremos agotados, hundidos, pero seguiremos aquí, anclados en nuestra nueva realidad, aunque por el momento parezca intolerable... De este modo, poco a poco, etapa tras etapa, aprenderemos a acostumbrarnos a los períodos de vacaciones en que se mezclan, con ambivalencia, el placer y la turbación.

El tiempo del duelo es un tiempo de reorganización que nos abocará a modificar ciertas costumbres o tradiciones familiares, simplemente porque mantenerlas es fuente de sufrimiento. Sea cual sea la decisión que adoptemos, conviene hacerla válida únicamente para la temporada presente. El hecho de que hagamos algo concreto o diferente estas vacaciones no implica que esto sea válido para el año que viene. El proceso en que nos encontramos inmersos es profundamente mudable y nos obliga a ser lo más flexibles que podamos, sobre todo en las decisiones que tomamos ahora. Lo que en este momento es válido puede no serlo dentro de un mes o un año; es la lógica misma de la dinámica de reconstrucción con la que nos hemos comprometido. El año próximo habremos avanzado en nuestro duelo y ya tomaremos las decisiones que convengan en ese momento. No condicionemos el futuro de acuerdo a lo que sentimos hoy. Forzosamente será diferente porque seremos diferentes.

Con el tiempo las vacaciones se volverán, poco a poco, agridulces: amargas porque subrayarán la ausencia del ser querido, dulces porque al fin nos permitiremos vivir esa tranquilidad. Así, pasárselo bien ya no será sinónimo de traicionar el recuerdo del difunto. Simplemente, será darnos permiso para ser felices cuando tengamos la oportunidad, así como nos damos permiso para vivir plenamente nuestro dolor cuando sentimos esa necesidad. Este movimiento interior es algo normal que debemos aceptar, sin prohibirnos ni reprimir nada. Si insistimos en reprimirnos o inhibirnos, será mejor que nos detengamos a preguntarnos por qué nos negamos esos pequeños momentos de paz...

¿Cómo nos encontramos en el terreno espiritual o filosófico?

El ser humano no se limita a su cuerpo y su mente, ni a sus rasgos psicológicos y sociales. También se define –¿acaso en primer término?– como un ser dotado de conciencia, lo que nos ubica en una dimensión espiritual. Como "espiritual" entiendo todo lo que comprende una forma de trascendencia en nuestra vida, sea o no religiosa. Lo espiritual remite a nuestras creencias, a nuestras convicciones; a nuestros puntos de vista filosóficos y a todo lo que otorga un sentido a nuestra vida.

El duelo también nos hunde en este nivel, aun cuando no necesariamente lo definamos como "espiritual". Es esencial tenerlo en cuenta porque la onda de choque del duelo es determinante en este aspecto. El duelo se convierte entonces en una búsqueda interior en la que indagaremos en las diversas corrientes religiosas, espirituales y filosóficas que los hombres han elaborado a través de los siglos para responder a las mismas preguntas que nos hacemos hoy acerca de la vida y de la muerte.

Esta búsqueda es a menudo un camino íntimo de silencio, de reflexión y de lectura. Puede ser también la ocasión de encuentros en los que nunca habíamos pensado antes, con un sacerdote, un pastor, un rabino, un imán, un lama u otro ministro del culto. En este campo es importante tomarse su tiempo, observar, preguntar a conciencia, hasta que aparezca el sentido del camino a seguir. Esta búsqueda de sentido en el nivel espiritual es un trabajo de fondo que se inicia imperceptiblemente años después de la defunción. Es esencial no descuidarla, pues puede representar un giro fundamental en la propia vida, y constituir uno de los más valiosos regalos que el ser querido nos deja en herencia...

Dejarse ayudar

Cuando se intenta ayudar a alguien en duelo, a veces se oyen respuestas como «No necesito a nadie», «Puedo hacerlo solo (a)», «Soy fuerte», «No necesito que me ayuden; otras personas lo necesitan, pero yo no...». Podemos efectivamente sentir que no necesitamos ayuda para avanzar en el camino del duelo, y está bien que sea así. Puede ser una opción cuando nuestros allegados son pocos o no nos son accesibles. Sin embargo, el rechazo a ser ayudado puede ocultar otras cosas... Puede haber vergüenza –o amor propio, no siempre apropiado en estas circunstancias– a mostrarse débil o vulnerable, cuando lo que querríamos es ser fuertes y autónomos. Este rechazo también puede ser el reflejo de una baja autoestima: no nos juzgamos dignos de la atención que los demás pueden ofrecernos... A veces, la reticencia revela la idea que la persona tiene del valor: piensa que consiste en librar la batalla en solitario y ser el único responsable de su victoria o sus fracasos. Pero en este caso, ¿se trata realmente de valor? ¿Y si el verdadero valor es pedir ayuda? ¿No es hacer gala de ecuanimidad y de una verdadera lucidez reconocer el derecho a ser ayudado y apoyado en un momento tan difícil de la vida? Ciertamente nos hacemos más cargo de nosotros mismos –y ésta es, seguramente, una de las definiciones del valor– cuando pedimos explícitamente ayuda que cuando nos callamos, ahogados y desesperadamente solos en un dolor contenido. Ser valiente es aceptar los riesgos, y aquí el riesgo consiste en mostrarse a los demás simplemente como un ser humano que necesita de otros seres humanos para hacer juntos un trecho del camino.

Ya he señalado lo importante que es dejarse ayudar por una "red de apoyo", formada por la familia o los amigos. Pero éstos no son los únicos recursos a los que podemos acudir. Hay otros dos en los que merece la pena detenerse: la ayuda de un psicólogo y los grupos de terapia de personas en duelo.

¿Ir a un psicólogo?

A veces es demasiado duro. A veces tenemos la impresión de que no podremos salir por nuestros propios medios, y la idea de dejarse ayudar por un profesional aparece como una opción válida. Pero en seguida se presentan numerosos prejuicios: «No estoy loco, no necesito un psicólogo», «Puedo arreglármelas solo. Después de todo, ¿qué sabe un psicólogo de mi dolor?», «¿Qué podrá cambiar un psicólogo? No hará volver a quien quiero. Entonces, ¿para qué?», «¡De todos modos, están más locos que sus pacientes!».

En la mayoría de los casos no es necesario ir a ver a un psicólogo cuando se hace el duelo, y esto es bueno: demuestra que nuestra sociedad aún es capaz de atender a las personas en duelo y que las redes de ayuda y apoyo (espontáneas o de tipo asociativo) son eficaces y de calidad.

Entonces, ¿cuándo conviene acudir a la consulta?

– Una de las mejores razones para acudir a un psicólogo es cuando la persona siente la necesidad de hacer esta gestión, aunque finalmente todo se reduzca a unas pocas sesiones.

– Nos hemos percatado (o nos han hecho ver) que nuestro duelo no sigue la evolución "normal": inexistente, diferido, excesivo, prolongado durante demasiado tiempo, crónico (pero es raro que en este caso se acuda a la consulta), síntomas demasiado agudos y persistentes más allá del tiempo "normal".

– Nos sentimos bloqueados en nuestro proceso de duelo e incapaces de avanzar después de un tiempo prolongado.

– Nos sentimos bloqueados por una emoción concreta –cólera, sentimiento de culpa, depresión…– sin percibir una evolución al cabo del tiempo.

– El curso de nuestra vida cambia en direcciones que nos resultan inquietantes: accidentes, desempleo, degradación de la situación profesional o económica, relaciones nocivas, cambios nefastos en nuestro ritmo de vida, un comportamiento afectivo /sexual errático...

– Se nos presentan problemas de salud física y mental: hipertensión arterial, úlceras, estrés constante, fobias...

– Nos encontramos solos, sin nadie a nuestro lado para hablar de nuestra pérdida y acompañarnos en el duelo.

– Tenemos la impresión de estar sumidos en una depresión y no en una experiencia depresiva "normal".

– Tenemos un pasado depresivo, con cuadros de ansiedad u otros problemas psíquicos que se añaden al duelo.

– Abrigamos pensamientos suicidas, estamos pensando en la idea del suicidio, o desarrollamos comportamientos autodestructivos.

– Se recrudecen nuestras conductas adictivas (alcohol, tabaco, drogas), y descuidamos nuestra salud.

– Por último, también podemos consultar con un psicólogo para comprobar que todo está bien y que el trabajo interior se desarrolla "con normalidad". A veces tenemos tan pocos puntos de referencia acerca de lo que es el duelo que no siempre sabemos si estamos bien encaminados, o si hemos descarrilado. Una única consulta con un profesional que conozca a fondo el duelo puede ayudar a reconducir las cosas, volviéndolas a poner en su normalidad.

¡Un psicólogo, sí... pero no cualquiera!

Una regla de oro: un "buen" psicólogo es un psicólogo que nos conviene y con el cual nos sentimos a gusto y tenemos confianza. El mejor psicólogo no es el que está "especializado" en el duelo, sino el que nos ofrece la atención y recepción que necesitamos. Por supuesto, es mejor si tiene conocimientos específicos sobre el duelo, pero ésta no es una condición *sine qua non* para que nos ayude eficazmente.

También es importante comprender que el profesional al que consultamos no es neutro en su experiencia del duelo y de la pérdida: quizá él también ha sufrido una experiencia personal de la que ha podido recuperarse o no; si abriga sentimientos fóbicos en relación a todo lo que significa el duelo y la muerte, puede apresurarse en hacernos salir lo más rápidamente posible de un proceso que él mismo no comprende, o con el que se siente incómodo. Fiémonos de nuestro instinto y nuestro buen juicio: el psicólogo no posee un saber acerca del duelo que no sepamos nosotros; somos nosotros quienes lo guiaremos por los meandros de nuestro sufrimiento; él sólo nos acompañará. Si un psicólogo no nos conviene, acudamos a otro. El único criterio válido es que nos sintamos realmente acogidos, respetados y comprendidos en nuestro dolor.

¿Qué podemos esperar del trabajo con un psicólogo?

Es esencial que seamos lo más claros posible acerca de lo que esperamos de un psicólogo. Si deseamos acudir a uno, hagámonos las siguientes preguntas: «¿Por qué vengo a ver a este profesional?», «¿Necesito ayuda profesional especializada o bien una atención y un apoyo para superar mi dolor? ¿Hay otros medios y personas que puedan ofrecerme esto?», «¿Cuáles son mis objetivos a la hora de consultarlo? ¿Tengo dificultades específicas que escapan a su competencia?». Comprendamos bien que el psicólogo no es omnipotente; carece del poder de acallar el sufrimiento de nuestro duelo. No nos tomará a su cargo –ni puede hacerlo– ni se ocupará de nosotros, en el sentido de que no vivirá nuestra vida en nuestro lugar, ni nos descargará de nuestro dolor. Tan sólo podrá caminar a nuestro lado procurando trabajar los aspectos de nuestro duelo que nos impiden avanzar en él.

Seguimiento del duelo y psicoterapia

Es importante diferenciar claramente lo que llamamos seguimiento del duelo y la psicoterapia. El seguimiento del duelo no requiere necesariamente de un psicólogo; un asistencia atenta (individual o en grupo) en el seno de una asociación puede cumplir la misma función. La persona que nos asiste desempeña el papel de "mediador" al abrirnos un espacio para la confesión y la expresión de las emociones. Ayuda a identificar las etapas del duelo y valida los sentimientos que las acompañan. De hecho, a menudo constatamos cómo confirma la normalidad de lo que estamos viviendo relativizando el discurso del entorno, que percibe ciertos comportamientos como anormales o patológicos.

Este seguimiento se inscribe en el marco de un duelo sin complicaciones; si no es así, es deseable acudir a un profesional para un trabajo más específico. En efecto, el seguimiento del duelo no tiene como objetivo activar ciertas estrategias psíquicas desde una perspectiva psicoterapéutica. El asistente interviene simplemente como la enfermera que venda la mano quemada, confiando en el proceso de cicatrización que se pone en marcha de modo natural. El seguimiento del duelo dura una media de un año, con reuniones mensuales o bimensuales.

El enfoque psicoterapéutico es competencia del profesional de la psicología: lo requieren prioritariamente los duelos complicados, o las situaciones en que un problema concreto altera el devenir del duelo. También puede ser la continuación de un seguimiento del duelo (tenemos que saber que ciertos autores desaconsejan que el seguimiento del duelo y la psicoterapia sean realizados por el mismo terapeuta). El objetivo es diferente: la dinámica del duelo no se encuentra en primer plano. Sirve para revelar otros problemas interiores que necesitan cambios a nivel consciente o inconsciente. La psicoterapia tiene una duración indefinida.

Las terapias grupales

El duelo es un proceso fundamentalmente solitario, pero es también una dinámica que se alimenta de la presencia y el apoyo de los demás. Y este apoyo es vivido de manera tanto más pertinente y profunda cuando proviene de personas que comparten nuestra experiencia. Éste es el propósito de las terapias grupales: encontrar y compartir con otras personas que se hallan en la misma situación de duelo.

Con una tradición de varios decenios en los países anglosajones, empiezan a desarrollarse en Francia y a tener un gran éxito. A menudo provienen de asociaciones, como Vivir el duelo, Asumir la ausencia, Jalmalv... (véanse anexos). En general, un grupo de terapia está formado por unos diez participantes; lo dirige bien alguien que en el pasado ha vivido una experiencia de duelo, bien un psicólogo profesional, o bien por ambos si existe una co-dirección. Existen diversos tipos de grupos, destinados a categorías diferentes: encontramos, por ejemplo, grupos específicos para los padres en duelo, o para personas en duelo después de un suicidio, o incluso grupos "universales" que comprenden todos los tipos de duelo; generalmente hay también grupos de terapia para adolescentes o jóvenes en duelo. Algunos son grupos "cerrados" (y tienen sesiones, por ejemplo, una vez al mes durante un año), otros son "abiertos" (con reuniones todos los meses o cada trimestre), y acogen a cualquier persona que quiera asistir a una, dos o más sesiones, sin comprometerse con la duración. De hecho, cada asociación tiene su funcionamiento específico, y lo mejor es informarse directamente sobre lo que nos proponen. El único factor que limita es desgraciadamente la escasez de estos grupos. Relativamente desarrollados en las grandes ciudades, se encuentran poco extendidos en muchas regiones de Francia, y ésta es una carencia que hay que suplir a la mayor brevedad posible...

A primera vista podemos tener la impresión de que este asunto no está hecho para nosotros. Podemos temer encontrar solamente sufrimiento y desolación en un grupo así, y nos decimos que ya nos basta con el nuestro propio como para cargar con el de los otros. Y sin embargo, lo que ocurre es justo lo contrario. Evidentemente, los que participan del grupo sufren, pero también es cierto que en este lugar privilegiado consiguen, por fin, hablar libremente de lo que sienten, sin temor a ser juzgados. Es el lugar en el que pueden hablar de la persona desaparecida, meses o años después de su muerte, mientras que en su entorno ya nadie habla de ella. Están ante personas que "han pasado por esto", que "lo comprenden", y lo comprenden porque sus sentimientos son semejantes. Están pasando –o han pasado– por las mismas pruebas. En efecto, estos grupos funcionan con lo que Annick Ernoult ha dado en llamar la «eco-resonancia»: cada cual habla de su experiencia, y ésta resuena en otra persona que se siente comprendida y que siente que ella no es la única en albergar ese tipo de sentimientos. Esto produce un efecto tranquilizador; de nuevo nos sentimos "normales" y nos damos cuenta de que caminamos interiormente hacia nuevas etapas. Asimismo, dentro de estos grupos se escucha atentamente a los demás y se produce una relación de respeto mutuo a partir de la que se generan lazos de amistad y solidaridad en el dolor y más allá de éste. Por supuesto que se llora, pero también se ríe. Aunque nada puede compensar la ausencia, llegamos, no obstante, a marcar distancias en relación a nuestro dolor, y esto nos hace bien…

Por ello, incluso si nos mostramos reticentes a unirnos a un grupo de estas características, es realmente útil romper nuestra resistencia, aunque sólo sea para "echar un vistazo". Mientras no la hayamos experimentado nosotros mismos, no podemos saber hasta qué punto la terapia grupal es efectiva y poderosamente terapéutica. Es un lugar de apertura, de esperanza y de reconstrucción interior. Es un lugar de calor humano. Sería una lástima no intentarlo, sobre todo si encontramos uno cerca de nuestro lugar de residencia.

Volver al mundo

Hay que poner en otro lugar la energía emocional que se ha conseguido eliminar de la relación con el difunto. Esto no es en absoluto una actitud de sustitución. Es un proceso esencial e indispensable para poder satisfacer a la vez las necesidades de base (necesidad de compartir, de intercambiar emociones, de comunicarse con los demás, necesidad de integrarse en un grupo humano, etc.) y los propios deseos que poco a poco empiezan a reaparecer.

A partir de la experiencia de los meses anteriores, sabemos que esto llevará tiempo. Es preciso ser realista y no exigirse obtener resultados tangibles de un modo inmediato. El trabajo de duelo es un proceso lento que obliga a vivir, cada día, veinticuatro horas a un tiempo. No hay que forzarse a ir demasiado lejos ni demasiado rápido, como, por ejemplo, decidir hacer un viaje a las antípodas. Esto puede resultar muy desestabilizador en un contexto psicológico marcado aún por una gran precariedad.

De vez en cuando, algunos días de descanso en el campo, a la orilla del mar, en la montaña, en casa de los amigos o familiares aportan un alivio transitorio. El camino para el reestablecimiento se encuentra en el cúmulo de pequeños gestos que se hacen para uno mismo.

Volver a conferir un sentido al mundo, aprender de nuevo a disfrutar de placeres gratificantes, tratar de volver al cine, a la terraza de los cafés, recuperar el placer de las actividades a las que se había renunciado desde hace meses, es difícil, pero necesario para continuar viviendo.

Hay que reconocer lo que ha cambiado en nosotros, tanto a nivel físico como psíquico y social; **a partir de ahora somos diferentes**...

Por otra parte, es posible que nos percatemos de que el trabajo de duelo nos ha aportado algo. Así, si hemos ganado alguna cosa al final de este proceso (al margen de la naturaleza de esta ganancia), hemos de reconocerlo también. Esto no quiere decir que hayamos deseado este "beneficio indirecto"; consiste simplemente en hacer la siguiente afirmación: «He llegado a convertirme en lo que soy, he adquirido esta cualidad, esta capacidad, o incluso este bien material... Reconozco que me ayuda, es así».

Puede tratarse de un beneficio de orden material, como una herencia que mejora considerablemente el nivel de vida. Más tarde o más temprano habrá que enfrentarse al sentimiento de culpa que suscita el hecho de haber recibido con gusto las posesiones o el dinero a fin de aceptar disfrutarlos con serenidad. Puede tratarse también de un cambio en la personalidad, que se ve "premiada" con la adquisición de una madurez psicológica la cual permite afrontar mejor la vida. Hay que reconocer todos estos elementos, ante uno mismo y ante los demás. Establecemos así las fronteras de nuestra nueva identidad. Desvelamos el nuevo "paisaje" que los demás irán descubriendo poco a poco.

Aceptar la ayuda de los demás

Conferir un sentido al mundo es también aceptar lo que éste puede aportarnos. Ya hemos visto que el duelo es un proceso social. Esto significa que no puede hacerse completamente solo. La persona en duelo necesita a los demás. Hay que luchar contra el deseo, a veces irresistible, de aislarse, de encerrarse en uno mismo y no querer ver a nadie. La ayuda de quienes nos rodean nos es indispensable. Si saben cómo hacerlo, pueden convertirse en la garantía de nuestra seguridad, en una fuente de estabilidad, en nuestra referencia y nuestra conexión con la realidad.

La distinción entre lo que la persona se siente capaz de asumir sola y lo que es incapaz de llevar a cabo sin una ayuda exterior no siempre está tan clara como se piensa... Nos sorprendemos oscilando entre el deseo de, por una vez, dejarnos llevar por los demás y el de seguir controlando lo que elegimos y lo que decidimos: dudamos entre la comodidad de la dependencia y la seguridad de la autonomía... Sin embargo, no queremos padecer el paternalismo asfixiante de ciertas personas bienintencionadas por temor a sentirnos acosados y superados por un entorno que se arriesga a sobrepasarse en su cometido. Tememos mostrarnos vulnerables ante personas que nos prestan su sincero apoyo, pero que eventualmente podrían descubrir zonas secretas de nosotros mismos que no querríamos que se revelaran.

Una vez que nos hemos desnudado con plena confianza, podemos temer que estas personas utilicen contra nosotros los detalles de nuestra intimidad de los que han tenido conocimiento... Tememos ser traicionados, porque ¿quién garantiza la confidencialidad de lo que hemos compartido con ellos? Para muchos, abrir su corazón a los demás equivale a conferirles un poder que podrán emplear como les plazca... Tememos que se nos rebaje... que se nos juzgue... tememos ser manipulados por el mero hecho de habernos desmoronado.

Sin embargo, no hay que perder de vista que cada uno posee por sí mismo los medios para protegerse. Así, a pesar de las apariencias, la persona ejerce un cierto control sobre la situación: tiene siempre en sí misma un guardián vigilante que no revela sino lo que se quiere revelar, y nada más... Será el grado de confianza que se otorgue al interlocutor lo que provocará que la persona se atreva a hablar más abiertamente.

También se recupera el control de la situación cuando se establecen los límites que el entorno debe respetar. Es preferible darles siempre puntos de referencia claros, haciéndoles comprender lo que se necesita en realidad... Estas precisiones y delimitaciones en relación a las propias expectativas pueden plantearse con tacto, con un diálogo sincero, sin que nadie se sienta herido o rechazado en su deseo espontáneo de ayudar. Hay que comprender, a pesar de todo, que la situación de la familia está lejos de ser cómoda. Al no estar acostumbrados a tener frente a sí a una persona en duelo, navegan frecuentemente a la deriva, sin otra referencia que su intuición y sus experiencias pasadas. Por añadidura, si la persona en duelo no les dice nada, se encuentran impotentes por no saber cómo satisfacer sus necesidades. Si se recluye en un silencio obstinado, condena a sus allegados a la frustración de no saber si su apoyo es deseado o adecuado y les aboca a sentirse incomprendidos. En todo caso, es un buen modo de aislarse, porque los amigos, desanimados, se retiran. ¿Quién sabe si entonces la persona en duelo se encierra todavía más en un pliegue amargo en el que rumia un: «No hacéis nada para comprenderme», que no logra sino bloquear aún más la comunicación?

El duelo confiere a la persona afligida unos "derechos" frente a quienes la rodean, pero no se trata de *todos* los derechos, ya que a veces aparecen comportamientos intransigentes y tiránicos por parte de la persona en duelo, y ninguno de sus allegados se atreve a replicar por miedo a ser violentamente censurado. La ayuda y el apoyo que se obtienen no son nunca una obligación. La persona en duelo no ha de considerarlas nunca así; de lo contrario, corre el riesgo de perder de vista que los que están junto a ella también tienen derecho a ser respetados por lo que son y en por que ofrecen.

Quien ofrece su apoyo ha de tener claras sus motivaciones, ya que puede mantener inconscientemente al otro en un estado de dependencia afectiva, volviéndose tan indispensable que a la persona en duelo le resulta imposible vivir sin la presencia de su "salvador". ¿Podemos preguntarnos «quién ayuda a quién» en esta situación? ¿Quién se beneficia más? ¿Quien realmente lo necesita... o el otro, que se siente valorado ante sí mismo y ante los demás por la "notable" ayuda que aporta?

Por último, hay que ser realista acerca de lo que puede esperarse de los demás... Pueden hacer todo lo posible por ayudar, pero no se les puede pedír que nos alivien nuestro dolor. A veces, se oye decir: «¡No me ayudáis... sufro continuamente!». Pero ¿cómo podría ser de otra manera? ¿Cómo esperar que quienes ofrecen su ayuda supriman el dolor que ahoga el alma?

Algunas indicaciones para concretar

Después de muchos años, nos preguntamos dónde nos encontramos. No sabemos muy bien si hemos concluido nuestro duelo o no. Como siempre, en materia de duelo, no hay respuestas absolutas, pero pueden darse, no obstante, algunas indicaciones. Lo que viene a continuación está inspirado en el libro *How to go on living when someone you love dies*, de Therese Rando, autor estadounidense que ha trabajado el tema del duelo.

Respecto a las indicaciones que siguen (cuya lista no es exhaustiva), podemos evaluar en qué punto nos encontramos: «He llegado a este punto... aún no... en absoluto...».

Mi relación con los demás y con el mundo exterior

– He asumido en mi vida la pérdida del ser querido. De nuevo soy capaz de relacionarme con los demás satisfactoriamente, de trabajar y desenvolverme a un nivel similar al de otro tiempo.

– Acepto la ayuda y el apoyo de los demás cuando lo necesito.

– Acepto que el mundo continúe existiendo, sin resentimiento por el hecho de que no se detenga al haber muerto el ser querido. Acepto que los demás sean felices, incluso si esto me remite a veces al vacío que aún hay en la mía.

– No tengo expectativas poco realistas acerca de los demás y comprendo que no pueden ser exactamente como yo querría que fueran –he hecho las paces con mi ira o mi rencor, sin cinismo ni amargura, sino con lucidez y comprensión acerca de lo que cada cual es y puede ofrecer–. Comprendo que juzgar es inútil y fuente de sufrimiento: mi dolor me pertenece y a mí me incumbe ocuparme de él; es absurdo pretender que los demás lo hagan en mi lugar; es imposible.

– Ahora puedo afrontar más fácilmente la insensibilidad de los otros de cara a mi pérdida, sin que me supere la emoción, la desesperación o la indignación y sin pedir, o incluso exigir, que mi dolor sea tenido en cuenta.

– Poco a poco recupero el interés por los demás y por el mundo que me rodea. Acepto reconstruir, elaborar otros proyectos, mirar a otros horizontes, amar otra vez...

– Sin embargo, soy consciente de que no he olvidado. Ahora sé que nunca olvidaré. Es como un proceso de cicatrización: a veces no duele y vivo como si no existiera; otras veces, cuando las circunstancias lo propician, lo recuerdo y duele. Los cumpleaños y aniversarios seguirán doliéndome, pero ya no me hundirán. Las vacaciones continuarán siendo un poco dolorosas, pero también encontraré en ellas reposo y diversión. He aprendido a vivir con la ausencia, sin negarla nunca, sin ignorarla, pero ya no limita mi visión del mundo. Forma parte de ella.

– Ahora sé cómo ayudar a quien vive un duelo.

Reorganizar la vida social

No se decide recuperar la anterior vida social de la noche a la mañana. Es necesario un período de "convalecencia".

¿Cuántas invitaciones se han rechazado ya? ¿Fue porque no apetecía, o porque se tenía miedo a "desmoronarse", o incluso simplemente porque se tenía miedo a la mirada de los demás? Es cierto que la persona se sabe y se siente diferente, a veces incluso en claro desfase respecto a los demás. La confrontación con la mirada de los otros a menudo parece reforzar esa sensación. La persona teme ver en ellos compasión, indiferencia, curiosidad, incomodidad... Teme tener que "justificarse"... ¿De quién? ¿De qué? No lo sabe, pero siente que pesa sobre sus hombros una suerte de pregunta no formulada: «¿Cómo se las apaña? ¿Cómo se enfrenta a ello? ¿Hace falta que le hable?».

Nadie sabe demasiado bien cómo actuar: es casi inevitable que las primeras salidas, las primeras cenas estén marcadas por una cierta confusión o un malestar que entorpecerá las relaciones, antes más espontáneas. Hay que darse tiempo y, sobre todo, tratar de salir del pesado silencio que impregna los primeros contactos con el exterior hablando lo más directamente posible.

Todo esto es normal: no puede ser de otro modo. No podemos pedir lo imposible. Conviene empezar por pequeñas confrontaciones con el exterior, crecientes en intensidad, y no sumergirse de lleno al principio en veladas tumultuosas que no harán sino subrayar la soledad y el abandono en medio de una multitud jubilosa.

Reorganizar la vida familiar

Cuando sobreviene una muerte en la familia, se destruye por completo el equilibrio familiar. En efecto, la familia constituye un sistema cuyos miembros son interdependientes los unos respecto a los otros. Es como un organismo en estado de reposo. En el momento en el que se desplaza o se "suprime" un elemento, se altera el conjunto del sistema. Durante un cierto tiempo, el organismo oscilará hasta que encuentre una nueva posición de equilibrio. Cada elemento del organismo se encontrará en un lugar distinto al que ocupaba anteriormente, y esto a fin de preservar el equilibrio interno del sistema.

Cuando se habla de "equilibrio interno" se hace referencia a la seguridad y la supervivencia del sistema, que hará todo lo posible para conservar su cohesión interna y lograr un nuevo estado de reposo. Así, una muerte influirá en los individuos, pero también en la organización de la familia. Obedeciendo a la ley de equilibrio que rige todo sistema, cada miembro buscará, consciente o inconscientemente, ajustarse al nuevo estado para garantizar la seguridad de la familia. Esto se llevará a cabo mediante una nueva atribución de los papeles que ha de desempeñar cada miembro, y fundamentalmente de los papeles que tenía asignados el difunto...

Queda por saber cómo serán redistribuidos los papeles en la familia y quién los asumirá.

Estos ajustes no se realizarán sin turbación, y existe el riesgo de que aparezcan disfunciones familiares que hasta ese momento permanecían ocultas...

La redistribución ya ha sido abordada anteriormente, por tanto, no volveremos sobre este tema. Sólo hay que señalar que en esta nueva repartición de "tareas" se elaborará también la nueva identidad de la persona en duelo. Ésta se presentará al mundo con esta nueva configuración personal y familiar.

Mi relación con el difunto
    – He reencontrado en mí la realidad de la persona a la que he perdido, en lo positivo y lo negativo, y soy consciente de lo afortunado y lo desafortunado de nuestra relación, me siento lúcido sobre lo que ha sido resuelto y lo que quedará siempre por resolver. Ello no me hostiga tanto como antes. Finalmente he hallado la sabiduría de aceptar lo que ya nunca más podrá cambiar.
    – Me autorizo de vez en cuando a "olvidar" pensar en la persona desaparecida, sin ser aplastado por la culpabilidad y sin tener la impresión de traicionar su recuerdo.
    – Mi relación con el difunto se ha apaciguado; ya no necesito el sufrimiento para establecer un vínculo con ella.
    – Conservo algunos rituales y he renunciado a otros pues, a mis ojos, ya no tienen razón de ser (sin que me sienta culpable de que así sea).
    – El difunto ya no acapara todos mis pensamientos. Me autorizo a pensar con afecto y ternura en nuevas personas que, a partir de ahora, conozco en mi vida. Me agrada hablarles del difunto si están dispuestas a escuchar. Si no es así, ya no es tan grave...
    – La persona amada estará siempre en mi corazón.

Mi relación conmigo mismo
    – Creo haber regresado (más o menos) a mi antiguo nivel de funcionamiento, psicológica, social y físicamente, en todos los ámbitos de mi vida. Ya no estoy siempre en la brecha, agotado, tenso, dolido.
    – Ya no busco evitar lo difícil o doloroso, sino que acepto encararlo.
    – Controlo el dolor, éste ya no me controla a mí.

–Puedo ser feliz, sentir placer, deseo o dicha, sin sentirme culpable. Ya no me siento culpable de vivir.

La vida... después

Al llegar al final del camino, la persona se da cuenta de que existen otras verdades, otras vías, otros senderos, otras encrucijadas. Sea cual sea el camino que se disponga a seguir, sabe que en adelante estará marcada para siempre por los valles, las colinas, los precipicios y los barrancos que ha podido atravesar. De hecho, el duelo puede impregnar toda una vida, para lo mejor y para lo peor... Nunca se detendrá realmente. El dolor ya no estará en un primer plano, y la persona será capaz de "funcionar" lo más armoniosamente posible en una vida en la que el otro estará siempre ausente. Un dolor agridulce despertará de vez en cuando, con ocasión de una fiesta, una canción, un cumpleaños o un lugar de vacaciones, pero se siente, con una sensación de extrañeza en el fondo del corazón, que se ha logrado retomar la vida a pesar de la pérdida. Esta transformación interior ha pasado por una completa redefinición de la relación con el difunto, con el mundo y consigo mismo. Esto también significa que ya no se lucha contra la idea de que la persona ha muerto y que es necesario vivir sin ella. Se ha convertido en un acontecimiento inscrito para siempre en su historia personal, y ahora sabe que es posible escribir nuevos capítulos...

El trabajo de duelo hará emerger numerosas "opciones": la "opción" de la desesperación, la "opción" de la autonomía, la "opción" de reconocerse como uno es, como ser humano, a la vez grande e irrisorio, con sus virtudes y flaquezas. En estas opciones (tanto si se asumen como si no) se encuentra la verdadera dimensión de lo que significa "ayudarse". Esta dimensión atiende a una búsqueda ya muy antigua, de la que no siempre se ha sido consciente anteriormente.

La persona se siente perdida, luego se estabiliza, se encuentra cambiada, diferente; ya nunca volverá a parecerse a lo que era en un pasado muy próximo.

Se ha caminado solo, se ha caminado con aquellos que han sabido seguir los meandros del dolor y el sufrimiento. Quizás también se ha aprendido a verlos de otro modo.

Si durante el transcurso del duelo se logra comprender mejor al otro, aceptarlo en toda su dimensión, respetarlo, quererlo más, ¿no es porque, finalmente, en lo más profundo de su ser la persona ha conseguido percibirse sí misma con igual consideración? Una mejor comprensión de los otros remite a una mejor comprensión de uno mismo.

"Ayudarse" es aceptar armonizarse con el fuero interno y es también, paradójicamente, ir al encuentro del otro.

Abandonándonos para siempre, el ser querido ha abierto esta última puerta: ¿todavía hay que preguntarse quién hay detrás?

Ayudar

Un impulso humano espontáneo empuja a querer ayudar a quien sufre. En efecto, ¿quién, ante la desesperación de un ser querido, no ha deseado apaciguar su sufrimiento siquiera levemente? Este impulso es un instinto que empuja a proteger al otro, y a menudo la persona se arroja sin reflexionar al fuego de la acción... Intenta calmar por todos los medios este dolor cuya sola visión crea una atmósfera de desasosiego.

Sin embargo, la situación de duelo supera a menudo cuanto se ha conocido hasta el momento, y es muy probable que uno se encuentre completamente indefenso ante una persona que sufre... En esa situación uno se enfrenta a sus propios límites, porque para ayudar al otro se buscarán en uno mismo unos puntos de referencia que no son necesariamente apropiados a la situación.

Los obstáculos, los errores

No se puede ayudar realmente a nadie si no se comprende lo que esta persona está viviendo. Además, puede que uno mismo no haya perdido nunca a un ser querido, y, de este modo, en la **ignorancia del proceso de duelo**, no nos beneficiamos de las enseñanzas de la propia experiencia para orientarnos. Nuestra educación no nos ha enseñado nunca la dinámica del duelo, y por tanto, podemos percibir como "anormales" ciertas reacciones que son, sin embargo, naturales y previsibles. Frecuentemente escuchamos cómo las personas dan consejos o hacen juicios que no descansan sobre una base concreta, y puede que así la ayuda que creen aportar tenga un efecto opuesto por completo al que se quería producir.

Una de las **ideas falsas** respecto al duelo es que es preferible no hablar de la persona fallecida «para no poner el dedo en la llaga». La gente se comporta «como si no hubiera pasado nada», cambiando rápidamente el tema de la conversación si ésta deriva hacia el difunto. Sin embargo, esto es un grave error. Preferimos quedarnos en la ilusión de que si no hablamos de ese tema la persona en duelo no pensará en él.

Semejante razonamiento es absurdo: *la persona en duelo sólo piensa en eso*; si percibe que los demás prefieren callar respecto a la muerte, ella misma reprimirá su deseo de hablar. Si queremos ayudar, tendremos que romper con este silencio y conducir de modo directo la conversación hacia el tema que le obsesiona continuamente. Es inútil cambiar de tema, hay que dejar a la persona en duelo el tiempo necesario para que exprese su dolor.

Otra idea falsa es que el hecho de "distraerse" ayuda a pensar en otra cosa. Nos arriesgamos entonces a presionar inútilmente al otro para que "se mueva", se distraiga y actúe, ignorando por completo el hecho de que es incapaz de reunir la energía necesaria para ello. En el peor de los casos, la persona "se moverá" para complacernos y porque imagina que tenemos razón cuando la reñimos. Esto funciona durante un momento o incluso un día, pero no hace que el proceso avance un ápice. Retomando la comparación que hicimos anteriormente, es como si pidiéramos a alguien que corriera los cien metros lisos con una pierna fracturada.

Seamos claros: a menudo queremos que la ayuda que ofrecemos sea eficaz, y esta voluntad puede forzar a la persona en duelo a mostrar que se encuentra bien... al menos en apariencia, para complacernos. Puede temer que la abandonemos si no responde a lo que se espera de ella, y también puede sentirse culpable si sigue sufriendo a pesar de los esfuerzos desplegados para ayudarla.

Racionalizar la experiencia del duelo es también un error mayúsculo. El proceso de duelo es esencialmente **emocional**; es poco accesible a lo mental. Todo lo que corresponde al orden de la comparación, del juicio y del razonamiento pocas veces resulta apropiado en este contexto. La racionalización excesiva se hace inevitablemente en detrimento de la emoción. No hay que llamarse a engaño; a menudo se trata de una defensa que tiende a controlar las emociones manteniéndolas a distancia mediante un supuesto discurso racional y razonable.

Nuestra educación y nuestro entorno social exigen el control de las emociones. Éstas dañan porque no nos han enseñado nunca a aceptarlas y a lidiar con ellas. La única estrategia factible parece ser la de negarlas o controlarlas, incluso si esto resulta imposible. **Se temen las propias emociones**, y finalmente la persona se atrinchera tras una actitud inflexible.

Las emociones se avivarán si así lo queremos. Correrán las lágrimas. Esto es así, pero si la persona en duelo se da cuenta de que sus lágrimas no ahuyentan a quien le escucha y de que su desolación no da miedo, entonces se siente realmente acogida en su sentimiento: esto es lo que de verdad le resulta útil a la persona que cumple un duelo. La tristeza no es una enfermedad contagiosa. Aunque nos sintamos "sacudidos" por la exhibición de tanto dolor, no corremos el riesgo de involucrarnos en el sufrimiento ajeno en la medida en que no olvidemos dónde estamos y por qué estamos ahí: el secreto está en saber permanecer centrado en uno mismo, acompañando al otro, pero consciente de ser otra persona. Bien anclado en esta posición, no nos arriesgamos a perdernos nosotros mismos.

Aun cuando reconocemos que la persona en duelo necesita ayuda, a veces olvidamos que esta ayuda ha de ser **continua y perdurable** en el tiempo. Muy a menudo se observa una gran movilización del entorno durante el período de la agonía y justo después de la defunción, pero poco a poco se despeja el horizonte, y, apenas unas semanas después, ya no existe ningún apoyo real, ninguna llamada telefónica por parte de todas aquellas personas que, no obstante, habían prometido una ayuda indefectible.

Si recordamos la dinámica del duelo, sabremos que el dolor alcanza una de sus cimas muchos meses después del fallecimiento. Es en estos momentos cuando hay que demostrar que estamos ahí.

Asistir a un entierro es importante, desde luego, pero descolgar el teléfono dos meses después para invitar a un amigo o amiga a desayunar para preguntarle por su estado anímico reviste una gran importancia.

La verdadera ayuda ha de ser constante. Necesitará de una gran paciencia... No sólo porque la persona en duelo repetirá una y otra vez las mismas cosas (algo que es indispensable), sino también porque su comportamiento puede parecer excesivo o chocante. No olvidemos nunca que no existe un calendario preestablecido para la resolución del duelo. Al enfrentarse a su duelo, la persona lo hace en carne viva, y ha de atravesar numerosas etapas antes de que sobrevenga la cicatrización. Espera, por parte de quienes desean ayudarla, una constancia en la atención y una paciencia de la que habrá que ser consciente para no desanimarse a medio camino.

Volcamos una parte importante de nuestra energía en el apoyo a la persona en duelo, pero también es cierto que tenemos nuestra propia vida, nuestras propias preocupaciones, y es normal querer descargarse de vez en cuando de esta pesada responsabilidad. Es aquí cuando hay que comprender la importancia de implicar a otros miembros del entorno en este movimiento de apoyo: la unión hace la fuerza. Podremos entonces ofrecer la cantidad de energía que somos capaces de entregar sin sentirnos culpables por no dar bastante, puesto que sabemos que otros actúan en el mismo sentido.

Esto no siempre es factible, pero es cierto que la creación de una "red" de apoyo es un beneficio inestimable para la persona en duelo. Si nos encontramos solos para ayudar a la persona en duelo, a veces podemos querer huir literalmente de todo contacto con ella, porque psicológicamente no podemos resistirlo más, pero al mismo tiempo nos arriesgamos a acusarnos amargamente de demostrar egoísmo, inconstancia y cobardía...

Todo ser humano tiene sus límites; ha de aprender a reconocerlos y a respetarlos. A menudo nos negamos a reconocer nuestros propios límites ante la persona que ayudamos. No nos atrevemos a decirle que nos falta el aliento para continuar proporcionándole solos la presencia, el cariño y la comunicación que necesita. Sin embargo, diciéndoselo se evitarán situaciones penosas en las que nos sentiremos atrapados en una relación de ayuda que se vuelve cada vez más pesada y a la que no vemos ninguna salida.

Hay algunos "malos" motivos que pueden llevarnos a ofrecer nuestra ayuda... Uno de ellos ha de proscribirse imperativamente: nos referimos a las personas que acaban de perder a alguien y que deciden implicarse *inmediatamente* en una relación de ayuda a los demás.

Semejante deseo es encomiable y digno de respeto... pero, por sincero que sea, siempre es preferible disuadir a esta persona, que se encuentra en duelo desde hace poco, para que abandone su propósito. Evidentemente es difícil ser el "aguafiestas", aquel que viene a romper el entusiasmo y a obstaculizar una verdadera motivación interior, pero en este caso concreto tenemos la certeza de no equivocarnos cuando pedimos al otro que frene su impulso solidario. En efecto, no puede ignorarse que muy a menudo se trata de una "huida hacia adelante" y de un recurso inconsciente que tiende a aplazar el propio trabajo de duelo.

Así, por acuciante que pueda ser el deseo de ayudar a alguien que sufre, no es posible escamotear el propio sufrimiento contando con la anestesia de las emociones que procura el hacerse cargo de los demás. Hay que aprender a ayudarse a uno mismo antes de pretender ayudar a los demás. Y ayudarse a sí mismo supone ocuparse *en primer lugar* del propio duelo. Cuando se está en duelo todas las energías se concentran en la relación con el difunto: se está completamente entregado a este trabajo interior y, de este modo, no se puede estar a un tiempo fuera y dentro de uno mismo. La persona necesita ser atendida antes de atender a otros. Porque finalmente se arriesga a escuchar sólo lo que necesita escuchar... Sólo percibirá a la otra persona en duelo a través de su propio duelo y no logrará ayudarla como es necesario.

En primer lugar es preciso cuidar de uno mismo; no es egoísmo, es simplemente respetar el desarrollo natural de un proceso, y sólo con esta condición se podrá estar desde el punto de vista psicológico preparado para ayudar más tarde a otra persona en duelo.

Entonces... ¿qué hacer?

La primera idea que es preciso asimilar es que hay que **dejar que la persona en duelo siga su propio camino.** Es fundamental dejarla que dé "el primer paso" sin pretender conducirla donde no quiere ir... Desde luego, esto es una lección de humildad y una potencial fuente de frustración: hay que contentarse con acompañarla, sin esperar otra cosa que acoger lo que se presente sin pretender interferir en un proceso que le pertenece sólo a ella. Comprometerse en una relación de ayuda implica casi obligatoriamente exponerse a cometer errores. Es inevitable: pronunciaremos una frase desafortunada que lamentaremos enseguida; propondremos "soluciones" que a fin de cuentas resultarán vanas... Cada uno procura hacerlo lo mejor posible: no hay una "buena" o "mala" actitud que adoptar ante la multitud de situaciones que pueden surgir. Sólo podemos contar con lo que tratamos de hacer para ayudar, con lo que pensamos que es justo y apropiado: eso es todo.

Si no sabemos qué decir, puede sernos útil recurrir a las tres preguntas abordadas anteriormente: ¿a quién has perdido?, ¿qué ha ocurrido?, ¿cómo te encuentras física, material, social, psicológica y espiritualmente? Aquí tenemos la trama que nos permitirá entrar en el meollo de las preocupaciones de la persona a quien nos proponemos ayudar. Claro está que aflorarán las emociones, pero esto es precisamente lo que ayudará.

Aceptar y acoger las emociones

La recepción de las emociones se lleva acabo escuchando al otro; una atención auténtica, real, exenta de todo juicio y toda crítica. Así, frases como: «No hables de eso», «No deberías pensar eso», «Trata de olvidarlo», han de evitarse si queremos ayudar realmente al otro. Escuchar al otro es un proceso activo, dinámico, que consiste en ir al encuentro del otro dejándole la posibilidad de acudir o no a la llamada. Escuchar al otro de manera "activa" supone indagar directamente en las emociones e incitarle a que las exprese. «¿Cómo te sientes ahora? Concéntrate en la emoción que abrigas en tu interior. ¿Cómo es? Escúchala…, ¿qué te dice?»

Una persona en duelo necesita sentir que tiene a su lado a alguien que está sinceramente dispuesto a escucharla en todo cuanto tiene que decir. Necesita que la tranquilicen respecto al hecho de que no vamos a huir o a cambiar de tema porque no soportaremos el espectáculo de sus emociones. Necesita saber que puede decir que piensa en el suicidio sin que la persona que tiene al lado se asuste y le prohíba seguir hablando.

Respetar el silencio

Escuchar también significa respetar el silencio: saber callar, saber cuando no hay que hacer nada. Estar ahí, consciente de uno mismo, sentado silenciosamente junto a alguien que aprende a ser consciente de lo que está ocurriendo en su vida.

Puede que la conversación cese por un tiempo... y es cierto que al principio nos puede incomodar el silencio que se genera... pero después, si nos damos la oportunidad y el tiempo necesarios, nos familiarizaremos con él, aprenderemos a no temerlo... para finalmente llegar a respetarlo. Los momentos de silencio son tan importantes como los de conversación. Permiten que el otro se recoja en sí mismo, sabiendo que puede hacerlo tranquilamente, ya que se siente en presencia de alguien que comprende lo que le ocurre. La persona en duelo ve cómo se le concede, y se concede a sí misma, la posibilidad de reflexionar sobre lo que acaba de decir; deja que se avive en ella una emoción de la que se percata poco a poco... Esto no puede ocurrir si no es con tiempo y en silencio... No siempre tendrá necesidad de hablar. Permanecer sentados, sin sentirse incómodos, tomarla de la mano cuando las palabras se vuelven superfluas, o incluso dedicarse simplemente a las propias ocupaciones en una habitación contigua, a veces basta para apaciguar a la persona en duelo...

No hace falta estar siempre presente físicamente. La presencia a través del teléfono o del correo es asimismo valiosa, y muy a menudo nos percatamos de que la persona en duelo no abusará de estos medios. El simple hecho de saber que su llamada será bienvenida en cualquier momento tiene un impacto psicológico considerable, aunque no recurra nunca a esta posibilidad. Quien habla utiliza a menudo a su interlocutor como un espejo de sí mismo, incluso cuando no es consciente de ello. La persona en duelo no necesita necesariamente que los demás reafirmen la legitimidad de su miedo, su cólera o su sentimiento de culpa. Sólo espera del otro que escuche lo que tiene que decir. De igual modo, cuando hace una pregunta, no es siempre porque espere una respuesta, ya que muchas veces se trata de una pregunta que se dirige a sí misma y que hay que saber reconducir hacia ella. A menudo, las respuestas de los demás le resultan vanas, y aún más sus consejos, a no ser que los pida. El papel del interlocutor es el de ayudarla a encontrar sus propias respuestas.

Así, invitando a la persona a dejarse guiar por sus propias preguntas, permitimos que descubra en sí misma lo que acaso sabía desde siempre. Quien escucha pronto se da cuenta de que, en realidad, no hay nada que hacer. Comprende que no hay nada que añadir a estas confesiones, ya que es la persona en duelo la que, finalmente, se dará las respuestas que necesita...

Pero, en cambio, el punto fundamental que hay que comprender es que no podrá hacerlo si no estamos allí, presentes y atentos junto a ella, para que esto sea posible.

La ayuda práctica

Escuchar tiene un valor inestimable, pero apenas constituye una faceta de lo que podemos realizar por una persona en duelo. Así, aun cuando esto revista siempre una importancia capital, a veces hay prioridades que aplazan los momentos de conversación y consuelo.

Ofrecer una ayuda práctica supone un proceso activo, en el que en primer lugar se tratarán de evaluar las necesidades inmediatas, a medio y a largo plazo, antes de pasar realmente a la acción.

A corto plazo hay una serie de gestiones que podemos hacer por la otra persona (en relación a la empresa de pompas fúnebres, el hospital, el banco, el notario, una administración, etc.). ¿Podemos ayudar a preparar y organizar el entierro o la incineración? ¿Podemos llamar a los familiares y a los amigos para avisarles del fallecimiento? ¿Podemos ofrecernos para alojar en nuestra casa a los familiares que vengan de lejos? ¿Podemos ofrecer nuestra ayuda para hacernos cargo de los niños? Etcétera.

A medio plazo, ¿podemos descargar a la madre de la presencia de los niños pequeños, ofreciéndonos a cuidar de ellos un día a la semana? ¿Podemos ayudar a hacer las compras acompañándola al supermercado? ¿Necesita que la lleven en coche? Este padre... ¿no tiene dificultades para conciliar su vida familiar con sus niños pequeños con su actividad profesional? ¿Qué podemos ofrecerle como ayuda práctica? ¿Podemos invitarle a cenar y, por qué no, pedirle que se quede a dormir en casa de vez en cuando? Etcétera.

A largo plazo, ¿podemos ofrecernos a llevar a la persona en duelo al cementerio cuando ella quiera? ¿Hay salidas, actividades o vacaciones que podríamos planificar juntos? ¿Podemos organizar cenas en nuestra casa, para ayudar al otro a retomar contactos sociales y a hacer nuevos amigos? ¿Podemos enseñar a cocinar a nuestro hermano, a la vista de que es incapaz de freírse un huevo? Etcétera.

La lista se alarga hasta el infinito. Abre un campo de ofrecimientos ilimitados. Cada uno ha de estipular lo que quiere y lo que puede ofrecer. Es preferible, por ejemplo, comprometerse a llevar a los niños a la escuela (porque es el mismo camino que para ir al trabajo) que ofrecerse para hacer las compras todos los sábados sin poder mantener la promesa más allá de tres semanas.

Es conveniente comprometerse en algo que podamos cumplir con toda seguridad, ya que nuestros actos de apoyo serán valorados sobre todo por su *persistencia* y continuidad. De este modo, evitaremos promesas desproporcionadas que seremos incapaces de mantener, puesto que la persona en duelo sentirá un abandono añadido por parte de su entorno, y la persona que se ha precipitado a la hora de ofrecer su ayuda experimentará un sentimiento de culpa por no estar a la altura de sus promesas.

Ofrecer ayuda exige mucho tacto, ya que no siempre está claro si la ayuda que se quiere ofrecer será bien recibida. Ante la duda, lo mejor es exponer las intenciones lo más directa y claramente posible. Aquel que quiere ayudar debe, sin embargo, aprender a no sentirse herido si su oferta es finalmente rechazada.

Entre lo "poco" y lo que es "demasiado poco" existe un término medio. No obstante, no habrá que contentarse nunca con un simple: «Llámame si necesitas algo», ¡porque podemos estar seguros de que la persona en duelo no llamará jamás!

La ayuda social

El trabajo de duelo es un camino interior. Invita a recogerse sobre uno mismo para curar las heridas. Pero es cierto que este recogimiento conlleva a veces un verdadero retraimiento social en el que la persona en duelo se aleja poco a poco de todos sus amigos y familiares. La actitud que debemos adoptar es a menudo delicada, porque, si bien es cierto que en buena medida hemos de respetar este retraimiento, tenemos que tener en cuenta que en ningún caso ha de encerrar a quien sufre en un peligroso aislamiento.

El entorno desempeña aquí un papel importante, asegurando un vínculo con el mundo exterior. Adoptar el comportamiento adecuado es difícil ya que la persona en duelo puede oponerse activamente a todo contacto social. En ese caso, aun a riesgo de sufrir un rechazo, hay que seguir insistiendo: si se sabe, por ejemplo, que a una persona en duelo le cuesta aparecer ante los demás, podemos ofrecernos a acompañarle a las citas que tenga pendientes, o a cumplir los trámites administrativos que siguen a la defunción.

En una segunda etapa podremos sugerirle un almuerzo o una cena con un círculo limitado de amigos. Estaremos muy pendientes por si la persona en duelo se "fuerza" a poner buena cara ante los demás; en este caso mejor es no darle ayuda, porque puede sentirse todavía más aislada que antes. Tenemos que comprender que a veces puede avergonzarse de su duelo y sentirse culpable de su dolor. Si es preciso, las personas presentes podrán hacerle comprender que con ellos no es necesario que guarde las formas.

Hay que ajustar el propio ritmo al de la persona en duelo, proponiéndole de manera apropiada formas de abrirse al exterior. El esfuerzo es constante y a veces genera cierta frustración, porque se tiene la impresión de que todo lo que se intenta resulta inútil. Hay que mantener ese esfuerzo mediante cartas, llamadas de teléfono e invitaciones. Actuando así dejamos que la persona elija su camino asegurándole un contacto con su ambiente social. Aunque al principio parezca rechazarlo, reconstruirá su relación con los demás gracias a este vínculo.

Pero a veces hay circunstancias que nos superan. Aun a pesar de tener un profundo y sincero deseo de ayudar, llega un momento en el que podemos dejarnos sumergir por una exigencia demasiado intensa, o vernos completamente superados por dificultades que están más allá de la ayuda que podemos proporcionar...

El duelo es un poderoso mar de fondo que sacude al individuo en su base y hace emerger un conjunto de preguntas y problemas que se hunden profundamente en la historia vital de la persona. Las dificultades de la infancia, de la adolescencia y de la vida adulta se reactivan con una fuerza que puede asustar con toda razón. Y hay problemas que son competencia de los profesionales. A veces corremos el riesgo de perdernos en los meandros de un espíritu torturado si nos negamos a "pasar el testigo" a personas cuya profesión es encargarse de las dificultades psicológicas demasiado complicadas.

Así, por ejemplo, es cierto que en ocasiones nos encontramos frente a situaciones extremadamente delicadas en las que la persona en duelo habla en susurros, o incluso de manera muy explícita, de poner fin a sus días.

Este deseo de autodestrucción es a veces mucho más sutil, pero de todos modos es importante descubrirlo. Lo encontramos en un consumo cada vez más elevado de alcohol o drogas, y también, en otro nivel, en un verdadero "sabotaje" de su actividad profesional o de su *status* social o familiar...

Es peligroso aventurarse solo en un terreno tan movedizo. Puede encontrarse, además, en esta persona en duelo un enorme sentimiento de culpa en el que la necesidad de expiar una falta domina los pensamientos, así como es posible descubrir en ella una desesperación cercana a lo que se conoce como "depresión melancólica". En este caso se impone una intervención inmediata, pues el riesgo suicida es real.

Afortunadamente, estos casos extremos son raros pero no excepcionales... Desde una perspectiva más serena, una cosa es cierta: a menos que una persona se ponga realmente en peligro (en cuyo caso hay que actuar sin demora), siempre es muy difícil pretender ayudar a alguien contra su voluntad. Éste es uno de los límites más dolorosos que le toca vivir a quien quiere darlo todo. Pero no podemos hacer felices a los demás si ellos no están de acuerdo. Como último recurso queda la posibilidad de establecer un diálogo que tratará de alzar un puente entre uno mismo y el otro... pero incluso esto puede ser en vano...

Así, dejando aparte el caso especial de la amenaza suicida, no hay que olvidar nunca que, a pesar de la eficacia y de la sinceridad del apoyo, la persona en duelo tendrá, a fin de cuentas, la última palabra sobre el tipo de ayuda que decidirá proporcionarse... Sólo hará suyo aquello que esté dispuesta a recibir. Es su responsabilidad, por trágica que pueda ser su situación.

Y es aquí donde se detiene la responsabilidad de quien ayuda, aun cuando desee de todo corazón que sea de otro modo...

El *burn out*

«Cuando se ama no se mide el esfuerzo», dice el sentido común. Podemos encontrarnos muy implicados emocional y psicológicamente con la persona en duelo, sobre todo si se trata de alguien a quien queremos de manera especial. No medimos ni los esfuerzos ni el tiempo para ayudarle a atravesar esta prueba, ya que nos tomamos a pecho el ofrecerle todo cuanto necesite.

Sin embargo, se trata de un trabajo de largo aliento y, si su duración es intensa y prolongada, puede llegar el momento en que sintamos cómo aflora en nosotros un sentimiento que los anglosajones llaman el *burn out*. La traducción más fiel que podemos hacer es «un agotamiento físico y psicológico por parte de quien ayuda».

A fuerza de ayudar, a fuerza de estar presentes y atentos, de pronto nos damos cuenta de que nosotros mismos estamos en la últimas y que ya no somos capaces de dar más. Uno de los primeros indicios del *burn out* es el rechazo: nos percatamos de que empezamos a evitar encontrarnos con la persona en duelo por temor a ser "vampirizados" por su continua necesidad de conversación y atención. No respondemos al teléfono, o "filtramos" los mensajes dejados en el contestador...

El *burn out* se asemeja mucho a la depresión: las baterías están "descargadas" porque hemos realizado un gran esfuerzo, y de este modo el apoyo que ofrecemos se resiente: rápidamente decae su intensidad. El cansancio, el abatimiento, la tristeza, las dudas sobre uno mismo y sobre las propias fuerzas vuelven difícil todo esfuerzo suplementario.

Llegados a este estado es mejor no engañarse; no hay más alternativas. Hay que saber "deponer las armas" y distanciarse un tanto. Es necesario concederse un tiempo de descanso para recuperar las energías dispersas y centrarse sobre uno mismo, y esto al margen del estado en que se encuentre la persona en duelo. Ésta vive lo que tiene que vivir, y agotarse queriéndola ayudar no cambiará nada...

Se incurre en este extremo cuando se olvida, una vez más, que es imposible cargar con el duelo del otro, puesto que al final nos "destruimos" queriendo llevar un fardo que pertenece a otra persona...

Es fundamental, sobre todo en un ambiente de tensión, concederse momentos de descanso, de distracción y despreocupación. La vida también los incluye, y no se es menos valiente, humana y espiritualmente, cuando sabemos darnos estos pequeños placeres.

A fuerza de escuchar al otro sentimos también la necesidad de ser escuchados. Así, la posibilidad de contarle a alguien no implicado las propias dudas y dificultades es un buen medio para descargarse de un exceso de tensión acumulada y volver a centrarse en relación a uno mismo, a fin de no perderse en la desgracia del otro.

El *burn out* es un fenómeno bien conocido por los equipos médicos en aquellos servicios hospitalarios en los que la muerte mantiene una presencia continua, como en las secciones de oncología. No se trata a un paciente durante meses y meses, a lo largo de diversas hospitalizaciones, sin apegarse a él y sin percibirlo como un ser humano que, finalmente, se convierte en un amigo. Si acaba de morir, su nombre pasa a formar parte de la lista de todos estos duelos que no se ha tenido tiempo de hacer... porque hay que seguir ocupándose de los vivos. Y por último, se olvida que duele y se ahoga el propio sufrimiento. Este agotamiento físico y psicológico podría ser una explicación de la (relativa) deshumanización de ciertos servicios hospitalarios. Cada uno trata de protegerse contra un dolor continuamente renovado, llegando en ocasiones a "acorazarse" sin apenas darse cuenta de ello... ¿No es hora de reconocer el intenso sufrimiento del personal sanitario? ¿No urge acaso derribar los muros del silencio que aíslan a cada uno privándolo de compartir una palabra que exige ser pronunciada?

Todo el mundo saldría ganando con semejante reconocimiento, tanto el personal sanitario como los pacientes y familiares. Sólo mediante esta nueva apertura mental recuperará el hospital una vocación de acogida y atención que no debía haber perdido nunca...

¿Ayudar?

Acompañar a alguien en duelo lo es todo menos un camino

fácil. Es una senda árida, extremadamente caótica y desestabilizadora, desalentadora e ingrata. El deseo inicial de "hacerse el héroe" queriendo estar siempre a la altura puede "debilitarse" rápidamente ante el trabajo de largo aliento que hemos de acometer. No hay ninguna gloria en ayudar a alguien que sufre. Pretender esto es incurrir en una vana ilusión. La única satisfacción y recompensa que puede encontrarse es percatarse de que, a través de este largo camino, nos reconciliamos aún más con nuestra *propia* humanidad recibiendo la del otro.

Pasarán los días, las semanas... En cada ocasión trataremos de hacerlo lo mejor posible... Hay días en los que no lo conseguiremos, y otros en los que se tendrá la inefable sensación de participar en algo esencial. Esta persona en duelo a la que queremos tanto aprenderá a vivir sin el ser querido, y concederá a los que quieran estar junto a ella el ambiguo y difícil privilegio de acompañarla en este arduo camino. Aunque a veces se tenga la impresión de que no avanza, o que su proceso "va demasiado lento" en relación a lo que esperábamos, un día podremos ver cómo, más allá de las apariencias, esta persona está cambiando. Nuestra tarea es ínfima porque es *ella* quien ha hecho todo el trabajo, pero es cierto que en ocasiones tenemos el extraño placer de recoger los inesperados frutos de nuestro esfuerzo... Porque sólo después de un tiempo de reflexión e introspección seremos conscientes del grado en que nos ha afectado la experiencia de acompañar a la persona en duelo.

Sólo nos veremos afectados en la medida en la que aceptemos que esto nos afecte... Cada uno es el espejo del otro... y sólo veremos en él lo que ya vive en nosotros.

En su desolación, en sus dudas y en su búsqueda de sentido, la persona en duelo, silenciosamente, nos transmite una enseñanza. Pero sólo la recibiremos si de forma voluntaria abrimos nuestro corazón. Sin decir una palabra, nos conduce a las grandes preguntas sobre nuestra propia existencia.

Sin saberlo, nos lleva en silencio a lo más profundo de nosotros mismos.

EPÍLOGO

Un día, hace mucho tiempo, fue preciso aceptar abandonar los limbos etéreos del vientre materno.

Ésta fue la primera pérdida, la pérdida última que desde ese momento nos precipitó en un torbellino de múltiples e inevitables renuncias... Año tras año, desde el día de nuestro nacimiento, no paramos de añadir una línea a la lista, ya demasiado larga, de todos estos duelos, estas separaciones, de todas estas pérdidas del pasado...

Así ocurrió con la repentina salida de la infancia, cuando las certezas volaron en pedazos para ser sustituidas por otras, que dieron un nuevo impulso a la fogosidad de la adolescencia. Cayeron los ídolos y dejamos de creer en sus mensajes. El joven adulto, asaltado por las dudas y con una confianza vacilante, sacrificó la seguridad de su entorno familiar en aras de su libertad. Impuso a la vida sus elecciones y decisiones, y la vida se encargó de pagarle con la misma moneda...

¿A cuántos proyectos hemos renunciado? ¿Cuántas esperanzas frustradas dormitan para siempre en el fondo de nuestro corazón? Uno abandonó su país, otro vio desaparecer en las llamas de un incendio el trabajo de toda una vida... Un hombre renunció al amor de una mujer, una mujer aceptó un divorcio muy a su pesar...

Sin embargo, hay una pérdida que sabemos inevitable, pero que siempre nos negamos a tener presente en nuestra conciencia: la pérdida de alguien a quien queremos. Porque cuando acaba de morir un ser querido se apodera del corazón y del alma toda la desesperación del ser humano enfrentado a la implacable ley de la vida. Todo queda suspendido en el vacío, no alcanzamos a pronunciar palabra. Por un tiempo caemos presa del estupor, mientras se inicia, en lo más recóndito de uno mismo, el doloroso trabajo del duelo.

Aun cuando ahora surge con una intensidad nunca antes conocida, es el mismo proceso el que, desde la primera pérdida de nuestra existencia, se repite incansablemente.

Al margen de la herida que en el pasado nos infligieran la ruptura y la separación, el trabajo de duelo se activó para curar las llagas. Los recursos que movilizó siempre han estado acordes con la dimensión del trauma inicial... Entonces, ¿por qué nos sorprende ahora la amplitud de su acción?

Más allá del dolor que ha tratado de aliviar, el trabajo del duelo ha tendido y tenderá siempre hacia un mismo y único objetivo.

Extrayendo su fuerza del impulso que lleva al ser humano a ordenar el caos de su existencia, el trabajo de duelo tiene como fin último **conferir un sentido** a lo que acaba de ocurrir, a este desgarro cuyo absurdo hay que combatir a cualquier precio... Porque, sin esta íntima e indefectible convicción que garantiza que los abismos del dolor poseen un sentido en uno u otro nivel, el corazón y la mente vagan entre la angustia y el tormento buscando continuamente la manera de aliviarse...

La idea de "trabajo" cobra entonces su verdadera dimensión, ya que esta búsqueda de sentido es un camino voluntario, una búsqueda llevada a cabo a conciencia por el que sufre. La muerte del ser querido no presenta un sentido por sí misma. Al final sólo tendrá el sentido que consigamos otorgarle.

Encontrar un sentido a la pérdida será el resultado paciente de un largo proceso de introspección, ya que no se encontrará si no es a la luz de esta búsqueda interior... Renunciar a ella es privar al duelo de su energía vital, supone separarlo de todo lo que, al margen de las confusiones de lo cotidiano, hace que sea parte de un potente movimiento de vida... El duelo remite necesariamente a la soledad de cada uno, a ese lugar central de nuestro ser en el que se encuentra nuestro centro de gravedad... y donde se encuentran todas las respuestas, si sabemos hacer las preguntas adecuadas. Es ahí donde se cuestionarán todos nuestros valores, todas nuestras certezas y todas nuestras creencias. Es ahí donde haremos el aprendizaje de lo efímero, en el que el corazón se ve privado de lo que un día deseó... La juventud, la seguridad, la riqueza, el poder... la inmortalidad...

¿Apegarse para sufrir una pérdida mayor? ¿Para qué?

Sí, ¿para qué? Y sin embargo, desde que el mundo es mundo, cada cual se atreve aún a apegarse y a amar, con un violento impulso del corazón que se alza como un desafío a la precariedad de la vida...

Se sale completamente diferente de esta travesía por el desierto, transformado en lo más profundo de uno mismo si aceptamos que nos alcance la sinceridad de nuestras emociones y el mensaje que tenían que transmitirnos.

... Nos encontramos transformados tanto para lo mejor como para lo peor... Este hombre confiará en los demás, mientras que aquél se hundirá en el alcohol, la amargura y la soledad. Esta mujer de cuarenta y cinco años alcanzará su plenitud y al fin se aceptará como es, mientras que aquella se encerrará en su soledad y en el asco por sí misma...

Si el duelo invita a romper las cadenas del pasado, ¿no contribuye a veces a forjar las del presente? Si bien es cierto que no habríamos querido atravesar nunca semejante prueba, ¿podemos afirmar que el camino del duelo será lo que hagamos de él?

Desde la perspectiva de las personas que se debaten en un duelo inextricable, ¿es posible afirmar que, si queda alguna elección posible, es aquella de **cómo** se efectuará el duelo? ¿Podemos decir que esto es responsabilidad de cada cual, por difícil que sea de asumir?

Cuando nos sentimos zarandeados por el flujo y reflujo de nuestras propias emociones, ¿qué ocurre con nuestro libre albedrío y nuestra capacidad de elección acerca del modo de vivir el duelo? ¿No es una responsabilidad aplastante pensar que somos responsables de nuestra cólera, nuestra culpabilidad y nuestra angustia? ¿No violentamos acaso a quien sufre si le decimos que aliviar su dolor sólo depende de él?

Preguntas sin respuesta... salvo las que podamos darnos un día.

Llegados aquí renunciamos al control absoluto que desearíamos ejercer sobre nuestra propia existencia, y entonces se abre una puerta a los demás. Inseguros o agradecidos, aceptamos su ayuda, y, mediante este recurso inesperado, el duelo nos lleva a descubrir al otro. Se nos revela la profundidad de su amor o la frialdad de su corazón, aunque al fin y al cabo aprendamos que cada uno es sólo el reflejo del otro, que como en un espejo nos remite a nuestras propias virtudes y defectos...

Nunca podremos volver atrás. En adelante, todo estará fijado. No podrá borrarse ni una línea... pero, sin embargo, nos queda, en la punta de los labios, todo cuanto habríamos querido decir a quien se ha ido, todo lo que habríamos querido hacerle comprender. El amor que no nos atrevimos a mostrarle, los conflictos que no pudimos resolver a tiempo, los rencores que siempre se silenciaron...

¿Qué hacer ahora que es demasiado tarde? ¿A qué recurrir para acallar los remordimientos, para que la vida no se convierta en un eterno reproche? ¿Acaso el duelo lleva en sí la respuesta a esta expectativa? ¿No consiste también el lento trabajo del duelo en hacer las paces con quien se ha marchado, a pesar de todo lo que queda por compartir y perdonar? ¿No es ésta una condición esencial para que uno mismo acepte volver a la vida libre y aliviado?

Porque hacer las paces es quizá también perdonar... perdonar al otro y perdonarse a sí mismo, a pesar de las muchas zonas de oscuridad que constituyen nuestro ser. Significa abrir las puertas a una mayor aceptación de uno mismo, consciente de los límites pero respetando las propias capacidades.

La muerte del ser querido nos recuerda continuamente la precariedad de la existencia. Subraya aquello que nos obstinamos en ignorar, debido al miedo a enfrentarnos con nuestra propia finitud.

Y sin embargo, concienciándonos de esta increíble fragilidad, la mirada que dirigimos al mundo cambia de pronto y nos predispone a lo que considerábamos una evidencia, tan cerca la teníamos sin poder verla en realidad...

Vemos a nuestro hijo que juega en el jardín. Su risa nos hace sonreír y nos levanta el ánimo.

Distinguimos, a lo lejos, la silueta cansada de nuestra madre que baja lentamente la avenida que conduce a casa...

En la calle, cruzamos una mirada con una desconocida, y esbozamos juntos lazos de amor o amistad.

Observamos la multitud de transeúntes y nos decimos que entre ellos hay personas con las que podrían construirse cosas hermosas.

Nos damos cuenta, con una conciencia que nos cambiará la vida, de que las personas que nos rodean están ahí. Su existencia ya no es tan evidente. Nos hemos olvidado demasiado rápido de que su presencia es un milagro cotidiano...

¿Cómo podemos pensar todavía que siempre tendremos tiempo de mostrarles nuestro cariño, nuestro agradecimiento o nuestro amor?

¿Cómo conformarnos con la idea de que conozcan la profundidad de lo que sentimos por ellos, sin que necesitemos decírselo o hacérselo comprender?

Porque, a la luz de lo que acabamos de vivir, sabemos demasiado bien que, si la enfermedad amenaza su vida, el tiempo, que creíamos inagotable, se acorta desesperadamente cuando queremos recuperar las oportunidades perdidas... ¿Tenemos que esperar esos momentos para descubrir cuánto les queremos? ¿Necesitamos realmente enfrentarnos a una eventualidad tan terrible?

Ahora están aquí; viven, ríen, juegan con nosotros y junto a nosotros... Podemos hablarles, podemos tocarlos, podemos conocer su alma ofreciéndoles la nuestra... Descubrimos este curioso sentimiento de "urgencia" que nos lleva a expresar hoy lo que pensábamos decir mañana.

Todo se puede decir, sentir y hacer nacer aquí y ahora, más allá de todas las barreras que con demasiada frecuencia nos imponemos por temor o por pudor...

Lejos de encerrarnos en las angustias de la muerte, la precariedad de nuestra vida humana nos invita a paladear el sabor inestimable del momento presente.

Ésta es la última enseñanza de quien se ha marchado...

Con su muerte nos implica aún más en la vida... En una vida en la que aceptamos vivir sin él y en la que aprendemos, sintiendo su presencia silenciosa a nuestro lado, a decir «te quiero» con todo conocimiento de causa.

ANEXOS

LAS ASOCIACIONES

Esta lista no es exhaustiva. Los datos de todas las asociaciones que existen en Francia se encuentran recogidos en la excelente guía de Emmanuel Moreau, *Vivre le deuil*, Jacob-Duvernet, col. "Guide France Info", 2001.

Vivir el duelo (Francia, Bélgica, Suiza) - 7 rue Taylor, París; tel.: 01 42 38 07 08 ; mail: vivresondeuil vivresondeuil.asso.fr; atención telefónica en el 0142 38 08 08, terapias grupales, entrevistas.

Asumir la ausencia: terapias de grupo de padres en duelo - 5 rue Maurice Labrousse 92160 Antony; tel.: 01 46 66 53 61

Federación de asociaciones de cónyuges supervivientes (FAVEC) – 28 place Saint-Georges 75009 París- mail: favec01 planete.net –agrupación de asociaciones de viudas y viudos; contactar para las delegaciones provinciales.

Federación nacional Nacer y vivir – 5 rue la Pérouse 75116 París; tel.: 01 47 23 98 22; www.naitre-et-vivre.asso.fr – agrupamiento de asociaciones nacionales de padres en duelo por la muerte súbita inexplicada del bebé.

JALMALV -132 rue de Faubourg Saint-Denis 75010 París; tel.: 01 40 35 89 40; asistencia a enfermos y apoyo a las personas en duelo; contactar para las delegaciones provinciales.

Asociación para el desarrollo de los cuidados paliativos (ASP) – 44 rue Blanche 75009 París; tel.: 01 45 26 58 58; asistencia a enfermos y a personas en duelo.

Alliance – muchas delegaciones en Francia: 4 rue de la Bride BP 1076 24001 Périgueux; tel.: 05 53 07 03 83; 47 avenue Alsace-Lorraine 33200 Burdeos; tel.: 05 56 08 24 68...; asistencia a enfermos y a personas en duelo.

Faro padres e hijos – 13 rue Caumartin 75009 París; tel.: 01 42 66 55 55; mail: phare.enfants-parents@libertysurf.fr; familiares en duelo tras un suicidio, prevención del suicidio; contactar para las delegaciones provinciales.

SOS Amistad – tel.: 0 820 066 066 (delegación de París).

SOS Suicidio Phénix – 36 rue de Gergovie 75014 París; tel.: 01 45 42 45 88; mail: sos-suicide-phenix@wanadoo.fr; atención telefónica, apoyo a los familiares que han vivido un suicidio, atención telefónica ininterrumpida desde las 9 horas hasta medianoche en el 01 40 44 46 45.

Atención al suicidio – 5 rue du Moulin Vert 75014 París; tel.: 01 45 39 40 00; atención permanente las 24 horas.

La puerta abierta – tel.: 01 48 74 69 11; contactar con las delegaciones provinciales; atención telefónica ininterrumpida: 0 803 33 33 11; apoyo y atención sin cita previa.

Asimismo, puede obtenerse información en las unidades de cuidados paliativos cercanas a su domicilio o en las unidades móviles de cuidados paliativos para obtener las direcciones de las asociaciones locales.

LOS SITIOS WEB

Existen numerosos sitios en francés (Francia, Bélgica, Suiza, Canadá...), en español y en inglés que abordan temas relacionados con el duelo. Por ejemplo véase www.vivirlaperdida.com

BIBLIOGRAFÍA

Sobre el duelo en general

Association Le Cairn, *La Mort subite du nourrison: comment vivre sans lui?*, Ellipses, col. «Vivre et comprendre», París, 1997.

Augagneur, Marie-France, *Vivre le deuil: de la désorganisation à une réorganisation*, Éditions ouvrières, Lyon, 1991.

Bacqué, Marie-Frédérique, *Le Dueil à vivre, París*, Odile Jacob, 1992.

Cornillot, Pierre y Hanus, Michel, *Parlons de la mort et du deuil*, París, Frison-Roche, 1997.

De Broca, Alain, *Deuils et endeuillés, se comprendre pour mieux s'écouter et s'accompagner*, París, Masson, 1997.

–*Deuils, vivre, c'est perdre*, París, Autrement, 1992.

Davous, Dominique y Ernoult-Delcourt, Annick, *Animer un groupe d'entraide pour personnes en deuil*, L'Harmattan, 2001.

Ernoult, Annick, *Apprivoiser l'absence*, París, Fayard, 1992.

Hanus, Michel, Bacqué Marie-Frédérique, *Le Deuil*, P.U.F., col. «Que sais-je?», París, 2000.

Hanus, Michel, *Les Deuils de la vie*, París, Maloine, 1994.

Haussaire-Niquet, Chantal, *Le Deuil périnatal*, Le Souffle d'or, 2004.

Keirse, Manu, *Faire son deuil, vivre un chagrin – un guide pour les proches et les professionnels*, Bruselas, De Boeck-Belin, 2000.

Monbourquette, Jean, *Aimer, perdre et grandir –assumer les difficultés et les deuils dans la vie*, París, Bayard-Centurion, 1995. [Versión en castellano: *Crecer, amar, perder…y crecer*. Santander: Sal Terra, 2001.]

Reigner, Roger y Saint-Pierre, Line, *Surmonter l'épreuve du deuil*, Montreal, Quebécor, 1995.

Rolussier, Solange, *Veufs, la vie sans elle*, París, Bayard, 2000.

Relatos y testimonios

Adler, Laure, *À ce soir*, Gallimard, 2001.

Davous, Dominique, *À l'aube du huitème jour – Capucine*, París, L'Harmattan, 1997.

Deslauriers, Gilles y Dell'Aniello, Marie, *Rencontre entre un thérapeute et une famille en deuil*: la mort d'Yves, París, L'Harmattan, 2001.

Duperey, Annie, *Le Voile noir*, París, Le Seuil, 1992.

Edelman, Hope, *La Mort d'une mère*, París, Laffont, 1996.

Forest, Philippe, *L'Enfant éternel*, París, Gallimard, 1997.

Gril, Jo, *La Plongée, une passion interrompue*, París, L'Harmattan, 2001.

Haussaire-Niquet, Chantal, *L'Enfant interrompu*, París, Flammarion, 1998.

Poivre d'Arvor, Patrick, *Elle n'était pas d'ici*, París, Albin Michel, 1995.

Duelo e infancia

Asociación Vivir el Duelo, *Quelqu'un que tu aimes vient de mourir : tu vas ressentir ce qu'on appelle le deuil*, por correspondencia, 7 rue Taylor, 75010, París.

Deunff, Jeannine, *Dis, Maîtresse, c'est quoi la mort?*, París, L'Harmattan, 2001.

Hanus, Michel y Sourkes, Barbara, *Les Enfants endeuillés*: *portraits du chagrin*, París, Frison-Roche, 1997.

Folletos

Repères pour vous, parents en deuil, Asociación Sparadrap, Centre de recursos para el niño y el hospital, 48 rue de la Plaine, 75020, París ; www.sparadrap.org.

Vous êtes en deuil, Asociación Vivir el duelo, 7 rue Taylor, 75010, París.

Aider un ami en deuil, Le Suicide, L'Enfant en deuil, La Crémation, etc., folletos publicados por los servicios generales de pompas fúnebres.

Revistas

Passage, revista semestral de información temática del grupo OGF.

Reconstruire, guía editada anualmente por el OCIRP (véase más abajo).

Études sur la mort, revista de la sociedad de tanatología: «L'adolescent et la mort», «Les deuils dans l'enfance», París, L'Esprit du Temps.

Guías para las gestiones después de la defunción (ayuntamiento de París, servicios generales de pompas fúnebres...).

ESTUDIOS UNIVERSITARIOS EN CUIDADOS PALIATIVOS Y ASISTENCIA

Se refiere a los programas propuestos por las universidades de proximidad.

AYUDA MATERIAL Y SOCIAL

Fondo de subsidios familiares.

Ayuntamientos, servicios generales de pompas fúnebres...

Organismo de las instituciones de renta y previsión (OCIRP), sección «Diálogo y solidarida» – 10 rue Cambacérès 75008

París – tel.: 0 800 49 46 27 – 8 place du Colombier 35000 Rennes – tel.: 0 800 49 46 27 – www.ocirp.fr – asistencia profesional a cónyuges en duelo; atención telefónica, consejos, terapias grupales.

AYUDA AL DUELO EN LAS COMUNIDADES RELIGIOSAS

Comunidad católica

Servicio católico de exequias, diócesis de París – 9 rue Léon Vaudoyer 75007 París – tel.: 01 44 38 80 80 – atención telefónica las 24 horas.

SOS Oraciones – tel.: 01 45 44 31 31 (París).

Asociación Jonathan Pierres Vivantes – 55 rue Saint-Antoine 75004 París – tel.: 01 42 77 48 34 – mail: jonathanpierviva@free.fr – para los padres en duelo por un hijo; contactar para las delegaciones provinciales.

Esperanza y vida, movimiento cristiano de asistencia en los primeros momentos de la viudez – 20 rue des Tanneries 75013 París – tel.: 01 45 35 78 27 – asistencia telefónica ininterrumpida en el 01 43 07 22 46 (contactar para las delegaciones provinciales).

Comunidad protestante

Acudir directamente al pastor de la localidad.

Comunidad ortodoxa francesa

Información: 30 boulevard de Sébastopol 75004 París – tel.: 01 42 78 24 03

Comunidad musulmana

Mezquita de París – tel.: 01 45 35 97 33

Comunidad judía

Consistorio israelí de París – 17 rue Saint-Georges 75009 París – www.consistoire.org.

Movimiento judío liberal de Francia – 11 rue Gaston de Caillavet 75015 París – www.mjlf.col.fr.

Comunidad budista

Asociación Semdrel, Dhagpo Kagyu Ling – Landrevie 24290 Saint-Léon-sur-Vézère – tel.: 05 53 50 81 19 – www.semdrel.org.

DIRECCIONES EN FRANCIA

Cuidados paliativos y asistencia

Association pour le développement des soins palliatifs (ASP)
44, rue Blanche, 75009 París
Tel.: 01 45 26 58 58
(El boletín *Liaisons* publica informes sobre las unidades de cuidados paliativos en Francia.)

Albatros
67, quai Claude-Bernard, 69365 Lyon 07
Tel.: 04 78 58 94 35

JALMALV (Jusqu'à la mort pour accompagner la vie)
(Federación nacional y delegaciones locales; asistencia a moribundos, seguimiento del duelo, formación de voluntarios...)
132, rue de Faubourg-Saint-Denis 75010, Paris
Tel.: 01 40 35 89 40

CREFAV (Centre de recherche et de formation sur l' accompagnament de la fin de vie)

Unidad de cuidados paliativos, Hospital Paul-Brousse
B.P. 200 94 800 Villejuif Cedex
Tel.: 01 45 59 38 59

Duelo
Acostumbrarse a la ausencia
(Asistencia a niños enfermos y terapias grupales
de padres en duelo)
5, rue Maurice-Labrousse, 92160 Antony
Tel.: 01 46 66 53 61

Centre François-Xavier Bagnoud
7, rue Violet, 75015 París
Tel.: 01 44 37 92 00

FAVEC (Federación internacional de asociaciones de viudas
cabeza de familia)
28, place Saint-Georges, 75009 París
Tel.: 01 42 85 18 30

Vivre son deuil
7, rue Taylor, 75010 París
(Atención telefónica, entrevistas, terapia grupal.)
Tel.: 01 42 38 07 08

Padres en duelo
Choisir l'espoir
73, rue Gaston-Baratte, 59650 Villeneuve-d'Ascq
Tel.: 03 20 64 04 99

Jonathan Pierres Vivantes (delegación parisina)
4, place Valois, 75001 París
Tel.: 01 42 96 36 51

Naître et vivre
(Federación nacional y delegaciones locales; asociación de
   estudio y prevención de la muerte súbita en el niño de pecho.)
5, rue La Pérouse, 75116 París
Tel.: 01 47 23 05 08

Suicidio
SOS Suicide Phénix
   36, rue de Gergovie, 75009 París
   Tel.: 01 40 44 46 45

Phare Enfants/Parents
   13, rue Caumartin, 75009 París
   Tel.: 01 42 66 55 55

Sida
AIDES
   247, rue de Belleville, 75019 ParísTel.: 01 44 52 00 00 ;
Minitel: 3615 AIDS

Solidarité Enfants Sida (Sol En Si)
   35, rue Duris, 75020 París
   Tel.: 01 43 49 63 63

Dessine-moi un mouton
   (Enfants et parents touchés par le sida)
   35, rue Lune, 75002 París
   Tel.: 01 40 28 01 01

SIDA Info Service
   Servicio telefónico permanente 24 horas: 0 800 84 08 00
   (llamada gratuita)

Direcciones en España

Asociación AVES
   El Centre, C/París, 206, bajos
   08036 Barcelona

RENACER
   (Grupo de ayuda mutua para padres
   que han perdido a sus hijos)
   Hospitalet (Barcelona)
   Tel.: 93 338 77 51 y 93 761 30 45
   Web: www.renacer-barcelona.org

AMAD
   (Asociación de mutua ayuda ante el duelo)
   Tel.: 91 300 06 90
   Web: www.amad.es

Suicidio
Foro de contacto y ayuda mutua en la red:
   Web: www.groups.msn.com/Dueloporsuicidio

Otras asociaciones
DMD
   (Derecho a Morir Dignamente)
   Avd. Puerta del Ángel, 7, 4ºB
   08002 Barcelona
   Tel.: 93 412 32 03
   Fax: 93 412 14 54
   Web: www.eutanasia.ws
   E-mail: admd@admd.e.telefonica.net